dtv
premium

Robert Zimmer

DENKSPORT *PHILOSOPHIE*

Fragen, Argumente, Gedankenspiele

dtv

Ausführliche Informationen über unsere Autoren und Bücher
www.dtv.de

Von Robert Zimmer sind im dtv erschienen:
Das Philosophenportal (dtv 34118)
Das neue Philosophenportal (dtv 40029, E-Book)
Das große Philosophenportal (dtv 34582)
Arthur Schopenhauer (dtv 34750)

MIX
Papier aus verantwortungsvollen Quellen
FSC® C083411
FSC www.fsc.org

Originalausgabe 2015

Umschlagkonzept: Balk & Brumshagen
Umschlaggestaltung: buxdesign, München
unter Verwendung einer Illustration von Carla Nagel
Illustrationen im Innenteil: www.iconfinder.com bzw. www.icons8.com (iconset:windows-8-metro-style)
Gesetzt aus der DTL Documenta 10/13˙
Satz: Greiner & Reichel, Köln
Druck und Bindung: CPI – Ebner und Spiegel, Ulm
Gedruckt auf säurefreiem, chlorfrei gebleichtem Papier
Printed in Germany · ISBN 978-3-423-26051-0

INHALT

1 Beipackzettel: Eine kurze Gebrauchsanweisung zu diesem Buch 7

2 Einführung: Worum es in der Philosophie geht, warum sie auch ein Denksport ist und was sie schon alles hinter sich hat 17

3 Philosophische Themen und Probleme 41

4 Die Antike als Ursprung der westlichen Philosophie 59

5 Logik, Sprache, Argumentation: Aus dem Werkzeugkasten der Philosophie 85

6 Gott 117

7 Raum und Zeit, Kosmos und Geschichte 139

8 Kausalität, Zufall, Freiheit 165

9 Ich-Bewusstsein, Leib/Seele, Individuum 191

10 Gerechtigkeit 219

11 Moral und Glück 247

12 Anhang: Lösungen, Argumente und Ideen 273

KAPITEL 1

Beipackzettel
Eine kurze Gebrauchsanweisung zu diesem Buch

Ich danke Martin Morgenstern für die Durchsicht einzelner Kapitel und für seine Bereitschaft, die Entstehung des Buches kritisch zu begleiten.

Robert Zimmer

Dieses Buch hat eine Gebrauchsanweisung, weil es nicht im üblichen Sinne gelesen, sondern benutzt werden will. Es ist ein Philosophiebuch, aber keine philosophische Abhandlung. Es ist auch kein Lehrbuch, was aber nicht heißt, dass man nichts mitnehmen und lernen kann. Doch das Menü muss man sich selbst zusammenstellen. Die Menükarte ist ein Angebot zum Self-Service. Wer normal lesen will, sei gleich vorgewarnt: Es gibt hier keinen vorgezeichneten Weg, keinen fortlaufenden Text, der sich in einer von der ersten bis zur letzten Seite fortschreitenden Lektüre erschließt.

Stattdessen gibt es ein vielfältiges Angebot: ein Arsenal von Informationen, Anregungen und Aufgaben, sprich: Denkmaterialien, die zwar in einer bestimmten Weise angeordnet, aber in ihrer möglichen Zusammensetzung keineswegs festgelegt sind.

Doch einfaches Zugreifen und Konsumieren genügt hier nicht. ›Denksport Philosophie‹ ist ein Werkstattbuch, das aktive Mitarbeit einfordert. Man geht hinein, wie man in eine Werkstatt geht, in der man einige gesuchte Instrumente und Arbeitsmittel zu finden hofft. Philosophieren heißt immer »Selber denken«: Man will Gedanken kennenlernen, man will sich aber auch selbst Gedanken machen. Man will nicht nur Bauanleitungen zur Verfügung gestellt bekommen, sondern auch selbst etwas bewerkstelligen, ein Problem auch auf eigene Faust lösen. Wer philosophiert, lässt sich immer auf Versuch und Irrtum, auf eigene Probe- und Werkstücke ein.

Dass ein Philosophiebuch ein Werkstattbuch sein kann, sollte einen deshalb nicht überraschen. Die Philosophie steckt voller ungelöster Fragen und Probleme. Für diejenigen, für die Denken keine Last, sondern eine Lust ist und die sich nicht nur für Kreuzworträtsel, sondern für die grundlegenden Rätsel der menschlichen Existenz interessieren, sind diese Probleme eine gesuchte sportliche Herausforderung. Wer mit diesem Buch die Werkstatt betritt, hat sich bereits auf den »Denksport Philosophie« eingelassen.

Was aber findet man in der Denksport-Werkstatt?

Ein ausgewähltes, aber kein umfassendes Angebot: Informationen darüber, mit welchen Bauprojekten sich die großen Meister der Philosophie beschäftigt, welche Instrumente sie entwickelt haben, was sie mit diesen Instrumenten anzufangen wussten und welche fertigen und auch unfertigen Werkstücke sie uns hinterlassen haben. Auf Vollständigkeit wird hier jedoch keinerlei Anspruch erhoben: Nicht alle wichtigen Philosophen, nicht alle wichtigen Theorien und auch nicht alle philosophischen Probleme kommen hier zur Sprache. Es ist nicht der Ehrgeiz des Buches, das breite Spektrum philosophischer Themen abzudecken, das in der akademischen Philosophie behandelt wird. Auch auf jene sehr komplexen Instrumente, zu deren Benutzung man nicht nur eine spezielle Ausbildung, sondern auch lange Übung braucht, wurde hier verzichtet.

Um im Bild zu bleiben: Dieses Buch richtet sich nicht an den akademisch bestallten philosophischen Handwerksmeister, sondern an den interessierten philosophischen Heimwerker, an den, der sich einmal umschauen will, worum es in der Philosophie geht und sich selbst an dem ein oder anderen Problem versuchen möchte. Es wurde deshalb versucht, die Baupläne verständlich und ein Angebot an handhabbaren, aber dennoch nützlichen Werkzeugen zu machen. Gebrauchsanweisungen sind, soweit notwendig, beigefügt. Wie in einer Werkstatt kann man sich die notwendigen Instrumente selbst zusammensuchen und auch kombinieren. Man kann sie auch für verschiedene Aufgaben verwenden.

Dies bedeutet: Das Buch beschränkt sich auf einige, aber in jedem Fall grundlegende Probleme der Philosophie. Es liefert Informationen darüber, wie man im Laufe der Philosophiegeschichte mit diesen Problemen umgegangen ist. Und es liefert Schnittmuster zum Selberbasteln: Aufgaben, Kopfnüsse und Anregungen zum Argumentationsaustauch.

Jedes der im Buch behandelten Kapitel kann eigenständig gelesen werden. Die Reihenfolge bestimmt der Leser selbst. Hier dennoch eine kleine Orientierungshilfe, was man wo finden kann.

Die ersten Kapitel sind dazu da, einen Rundgang durch die Werkstatt zu machen. Für die Anfänger gibt es eine kurze Einführung, was Philosophie eigentlich ist und worum es in ihr geht. Wer mit der Philosophie bereits Erfahrung hat, kann dieses Kapitel gern überspringen.

Danach wird es schon etwas konkreter: Mit welchen Problemen haben wir es zu tun und, in Kurzform, was ist mit ihnen in der Philosophiegeschichte alles passiert?

Bevor sich jedes Kapitel dann einem zentralen philosophischen Problem zuwendet, werfen wir in Kapitel 4 einen Blick in jene philosophische Epoche, in der alles anfing und in der unser gesamtes Philosophieverständnis geprägt wurde: in die Antike, genauer gesagt in die antike griechische Philosophie. Hier kommt jeder irgendwann an, der in der Philosophie nach den historischen Wurzeln gräbt.

Auch dieses Kapitel kann der kundige Leser natürlich überspringen. Wenn er es aber nicht tut, wird er vielleicht mit Erstaunen feststellen, wie wenig von dem, was uns heute philosophisch beschäftigt, wirklich neu ist und wie sehr wir immer noch auf den Gleisen fahren, die die griechischen Philosophen gelegt haben.

Damit ist der Einführungsrundgang beendet. Nun kann der Leser intensiver in einzelne Problembereiche einsteigen. Das Kapitel 5 bietet einen Crashkurs für den Werkzeugkasten der Philosophie, für die Fragen, die sich im Umgang mit Sprache und Logik ergeben. Dann kommen die dicken Brocken: Welche Rolle spielt Gott in der Philosophie? (Kap. 6); welches Bild von der Welt entwirft sie? (Kap. 7); gibt es Weltgesetze, die uns begreiflich machen, was notwendig, möglich oder zufällig geschieht? (Kap. 8); und: Was meinen wir Menschen eigentlich, wenn wir behaupten, wir hätten Bewusstsein, Geist oder gar eine Seele? (Kap. 9)

Die letzten beiden Kapitel widmen sich den Problemen des menschlichen Handelns. Tiere fragen sich bekanntlich nicht, ob sie richtig oder falsch, angemessen oder unangemessen handeln. Der Mensch schon. Und wenn es ganz grundlegend wird, kommt die Philosophie zum Zug, mit Fragen wie Was ist Gerechtigkeit? (Kap. 10) oder Fragen nach der Begründung der Moral und den Maßstäben des Glücks (Kap. 11).

Die hier auf verschiedene Kapitel verteilten Themen entsprechen nicht immer den philosophischen Disziplinen, wie sie in der akademischen Lehre üblich sind. Sie folgen vielmehr der Intuition, dass bestimmte Fragen zusammengehören wie die Glieder eines Körpers. Schneidet man sie ab und steckt sie irgendwo anders hin, wirkt der Rest wie amputiert. Man wird auch sehr schnell feststellen: Alles hängt mit allem irgendwie zusammen. Immer wieder gibt es Fragen eines Problembereichs, die in einen anderen Problembereich übergreifen. Deshalb gibt es in jedem Kapitel Querverweise auf andere Kapitel. Kreuz und quer im Buch Herumsurfen ist deshalb ausdrücklich erwünscht. Niemand muss die Kapitel in der hier gewählten Reihenfolge angehen. Man wähle einfach ein Thema aus, das einen interessiert, und steige ein.

Jedes Kapitel enthält ganz unterschiedliche Texte: erstens solche, die Informationen zu Philosophen, philosophischen Begriffen oder philosophischen Themen liefern, und zweitens die Aufgabentexte, die sozusagen die konkrete Problemstellung liefern, mit denen sich der Denksportambitionierte auseinandersetzen soll. Es gibt in diesem Buch keine langen Traktate. Jeder dieser Texte ist kurz, prägnant und kann wie ein Baustein mit anderen Texten verknüpft werden, die dem Leser hierzu passend erscheinen.

Die unterschiedlichen Texttypen kehren immer wieder. Der Informationsvermittlung dienen drei davon: Jedes Kapitel enthält eine knappe »Einführung« in das behandelte Thema. In den »Info-Portal« genannten Texten erfährt der Leser, welche Schritte in der Philosophie im Lauf der Zeit gemacht wurden, welche Haltung bedeutende Philosophen zu einem Problem eingenommen haben. »Apropos« liefert eine Kurzinfo zu einem oder mehreren Begriffen, einem philosophischen Thema, einem Werk oder einer Person. Was »An die Pinnwand« kommt, ist weniger Information als eine kleine konzentrierte Infusion, die das Nachdenken anregen soll: Auch Philosophen haben manchmal richtig gute Sprüche drauf.

Ein Kernstück des Buches sind die philosophischen »Denksport-Aufgaben«. Aber Vorsicht! Philosophie ist kein Rätselraten, aber auch keine Mathematik. Zwar gibt es manchmal auch in der Philosophie eindeutige Antworten. Doch dies ist eher die Ausnahme als die Regel. Philosophische Probleme angehen heißt meistens, gute und bessere Argumente finden. Oder es heißt, eine Aussage auf ihre logische Schlüssigkeit und Widerspruchsfreiheit zu überprüfen. Es kann auch heißen: Brainstorming, Austausch von neuen Ideen.

Deshalb gibt es in diesem Buch ganz unterschiedliche Aufgabentexte: »Der kleine Philosophensteckbrief« fragt nach dem Namen eines bedeutenden Philosophen; »Die philosophische Kopfnuss« konfrontiert den Leser mit einem wichtigen philosophischen Grundsatzproblem, bei dem auch mal der Denkhochleistungsgenerator angeworfen werden muss. In »Pro und Contra« geht es um die besseren Argumente in weniger grundsätzlichen und konkreteren Fällen dort, wo philosophische Prinzipien mit dem Kopf auf die harte Realität stoßen. Der »Logik-Check« ist so etwas wie ein kleiner philosophischer TÜV: Hier werden Sätze und Begriffe auf logische Fahrtüchtigkeit hin überprüft. Und schließlich wird unter dem Titel »Denk dir was!« der Leser aufgefordert, seine philosophische Fantasie kreativ spielen zu lassen. Wie, in welcher Reihenfolge und mit welchem Ziel

Texttypen

Info-Texte

INFO-PORTAL

Informationen zu einem übergreifenden oder Kapitelthema, in Kurzabschnitte gegliedert

APROPOS

Kurzinfo zu einer im Text prominent erwähnten Person oder zu einem erwähnten Thema

AN DIE PINNWAND

Kurze eingestreute, prägnante, zum Thema passende philosophische Aussagen

sich der Leser den einzelnen Textbausteinen und Aufgaben zuwendet, bleibt ihm überlassen.
Wer es nicht aushält, kann ja in Kapitel 12 nachsehen. Dort sind die Lösungen und Lösungsvorschläge für alle Aufgaben aufgeführt.
Wer überhaupt noch nicht weiß, was Philosophie ist und was sie eigentlich soll, kann jetzt zu Kapitel 2 übergehen.

Aufgaben-Texte

DIE PHILOSOPHISCHE KOPFNUSS

Ein traditionelles philosophisches Problem, das den Sinn für philosophisches Fragen schärfen soll

DENK DIR WAS!

Eine philosophische Denkaufgabe, die konstruktive Fantasie erfordert

DER KLEINE PHILOSOPHENSTECKBRIEF

Gefragt wird nach einem bekannten Denker der Philosophiegeschichte.

DER LOGIK-CHECK

Hier werden Aussagen auf logische Widersprüchlichkeit überprüft.

PRO UND CONTRA

Hier wird ein Problem gestellt, zu dem die besten Argumente gesucht werden.

NATURÆ PERDISC
NORES.

KAPITEL 2

Einführung: Worum es in der Philosophie geht, warum sie auch ein Denksport ist und was sie schon alles hinter sich hat

Joseph von Keller: Die Philosophie (1833)

Warum überhaupt Philosophie? Was soll ich damit? Dem Wort jedenfalls begegnen wir des Öfteren auch im Alltag. »Unsere Philosophie: Glückliche Paare sind unser Erfolg« – so steht es z. B. in der Werbung einer Partnervermittlung. Aber hier hat sich wohl jemand ein Kleidchen umgehängt, das gar nicht für ihn geschneidert war. Hier geht es nicht wirklich um Philosophie, ebenso wenig wie es um Wissenschaft geht, wenn ein Kaninchenzüchter über seine Tätigkeit sagt, das sei eine Wissenschaft für sich.

Wo also stecken die »richtige« Philosophie und die »richtigen« Philosophen?

Sie kommen, so scheint es vielen, irgendwie in dicken und ziemlich schwierigen Büchern vor. Die meisten machen deshalb um sie herum lieber einen großen Bogen. Der Ruf der Philosophie ist nicht immer der beste. Für die einen handelt es sich um etwas Hochgestochenes und Abstraktes, das irgendwelchen intellektuellen Eierköpfen vorbehalten ist. Für die anderen ist es so ziemlich das Unpraktischste, was man sich vorstellen kann, etwas, was mit dem normalen Leben kaum etwas zu tun hat. Einige haben schon mal ein philosophisches Buch in der Hand gehabt und nichts oder noch weniger verstanden. Kurz gesagt: Philosophie ist anstrengend, nutzlos und macht keinen Spaß.

Jetzt könnten wir das Buch eigentlich schon wieder zuklappen, einen sarkastischen Kommentar auf Facebook hinterlassen und uns den schöneren Seiten des Lebens zuwenden. Komisch nur, dass die Leute immer wieder auf die Philosophie zurückkommen. Manche werden sogar magisch von ihr angezogen.

Dies hat einen ganz einfachen Grund: Philosophie ist etwas

Universales. Hier werden Fragen behandelt, auf die jeder irgendwann einmal stößt. Die Philosophie liegt sozusagen in der Luft. Wer die Philosophie abschaffen will, muss den Menschen abschaffen. Das hängt mit der Tatsache zusammen, dass der Mensch ein so merkwürdiges und einzigartiges Wesen ist, wie er es eben ist. Ein Wesen, das nicht mit sich im Reinen und sich nicht sicher ist, was und wer es ist, und welche Rolle es in der Natur spielt. Der Mensch ist das Wesen, das sich und die Welt nicht von selbst versteht. Er wird, so hat es einer der Granden unter den Philosophen, *Arthur Schopenhauer* (1788–1860), formuliert, von einem »metaphysischen Bedürfnis« getrieben, von dem philosophischen Bedürfnis also, sich und die Welt in einem größeren Zusammenhang erklären zu können. »Den Menschen ausgenommen«, schreibt Schopenhauer, »wundert sich kein Wesen über sein eigenes Daseyn.«

»Sich wundern« ist ein gutes Stichwort, wenn man in die Philosophie einsteigen will. Denn genau damit, mit dem »Staunen« – so ist es uns von *Platon* (427–347 v. Chr.), einem der Väter der westlichen Philosophie, überliefert – fängt die Philosophie an: Staunen über den Menschen und die Welt und Staunen darüber, dass überhaupt etwas ist und nicht nichts.

Es gibt also Philosophie, weil wir mit uns selbst noch eine Rechnung offen haben. Philosophie hat es mit den Fragen und Problemen zu tun, die wir zwar im Alltag normalerweise verdrängen, weil uns die praktischen Anforderungen des Lebens oft drängender erscheinen, die aber dennoch unmittelbar aus der menschlichen Existenz erwachsen. Endgültig wegschieben können wir sie nie, weil Philosophie zu unserer Natur gehört.

Die Philosophie und ihre Fragen

Wer Philosophie betreibt, fängt an zu fragen. Philosophie entsteht aus ungelösten Fragen, und zwar aus den großen und grundlegenden, die den Menschen und sein Verhältnis zur Welt betreffen.
Tiere stellen keine Fragen über sich selbst und schon gar keine Grundsatzfragen. Der Mensch dagegen stellt immer wieder mal solche Fragen wie: Was ist das für eine Welt, in der ich lebe, welchen Gesetzen gehorcht sie und wie kann ich diese erkennen? Was für ein Wesen bin ich eigentlich? Gibt es einen Kompass, eine Orientierungshilfe für mein Handeln? Damit haben wir bereits einige der wichtigsten philosophischen Fragen kennengelernt: die nach dem Wesen der Welt, nach den Grenzen unserer Erkenntnis, nach der Natur des Menschen und nach den Normen unseres Handelns. Die Frage z. B., was der Mensch ist und wodurch er sich vom Tier unterscheidet, ist eine der ältesten und bis heute diskutierten Fragen der Philosophie. *Immanuel Kant* (1724–1804) hat die großen Fragen der Philosophie folgendermaßen zusammengefasst: Was kann ich wissen? Was soll ich tun? Was darf ich hoffen? Gebündelt sieht er sie in der einen zentralen Frage vereint: Was ist der Mensch?
Am Ursprung allen Philosophierens steht jedoch eine Frage, die direkt aus dem Staunen Platons entspringt, eine Frage, die man fast als den Urknall des Philosophierens bezeichnen könnte: Warum ist etwas und nicht nichts? Wie lässt sich überhaupt erklären, dass es Wirklichkeit gibt? Ist es überhaupt denkbar, dass es sie nicht gibt?
Die Philosophie stellt scheinbare Selbstverständlichkeiten in Frage und hat damit bis heute das Denken auf Trab gehalten. Böswillige meinen, Philosophen machen sich Gedanken um nichts. Ganz falsch ist das nicht. Genauer müsste man sagen: Sie machen sich Gedanken um »Sein« und »Nichtsein«. Schon unter den ganz frühen europäischen

Philosophen gab es diejenigen, die nicht nur nach dem Ursprung der Wirklichkeit fragten, sondern die Wirklichkeit selbst in Frage stellten. Was auf den ersten Blick absurd erscheint, ist auf den zweiten Blick geeignet, unsere Augen für eine ganze Reihe von Problemen zu öffnen. An dem, was wir Wirklichkeit nennen, ist vieles nicht so selbstverständlich, wie wir meinen.

EINE GROSSE KOPFNUSS DER PHILOSOPHIE

Kann das Sein auch »nicht sein«?

Der frühgriechische Philosoph *Gorgias* (485–380 v.Chr.) gab auf die Frage: Warum ist etwas und nicht nichts? folgende überraschende Antwort: Dass überhaupt etwas existiert, können wir gar nicht nachweisen. In Wahrheit existiert nichts. Selbst wenn etwas existiert, ist es doch nicht erkennbar; selbst, wenn es erkennbar ist, ist es doch nicht mitteilbar. Der berühmte Spruch aus Shakespeares ›Hamlet‹: »Sein oder Nichtsein, das ist hier die Frage« hat also durchaus einen tieferen philosophischen Hintergrund.
Dieser vor mehr als 2400 Jahren formulierte, sehr weitgehende Skeptizismus scheint unserer normalen Erfahrung zu widersprechen.

- Gibt es Argumente gegen die These des Gorgias? Oder hat er etwas Richtiges gesehen?

Philosophie als Denksport

Zur Philosophie gehört zwar, dass unablässig diskutiert wird und alles in Frage gestellt werden kann. Doch es bleibt nicht beim Fragen. Klar ist inzwischen auch, dass Philosophie eine Herausforderung ans Denken ist. Philosophen streben auch nach Antworten, wenn es sich auch nicht immer um endgültige, sondern um vorläufige Antworten handelt. Es sind

Antworten, die dazu da sind, dass man weiterfragt. Nicht nur das Fragen hört in der Philosophie nie auf, sondern auch das Antworten. Das Wechselspiel zwischen neuer Frage und neuer Antwort ist es, was die Philosophie weiterbringt. Deshalb ist die Philosophie auch kein Bauchladen mit Welterklärungssystemen und lebensfernen Theorien, sondern eine an den Rätseln der menschlichen Existenz sich abarbeitende große und unentwegte Denkanstrengung, die die Menschheit über Jahrhunderte begleitet und die uns ununterbrochen Kopfnüsse vor die Füße wirft. Die Philosophie ist ein Diskussionsforum und ein riesiges Trainingsgelände für Denksportler. Dabei haben wir es nicht mit den kleinen Bällen, sondern mit den großen, sozusagen den Medizinbällen der Menschheit zu tun, die wir immer wieder stemmen müssen. Und wie bei allen anstrengenden sportlichen Tätigkeiten, kann man auch hier nicht erwarten, dass man auf Anhieb Höchstleistungen erzielt. Auch hier gilt: Übung, Übung, Übung. Wer sich regelmäßig mit philosophischen Fragen beschäftigt, wird feststellen, dass sie keineswegs abstrakt und abgehoben sind, sondern sehr viel mit den immer wiederkehrenden Problemen unseres Lebens zu tun haben. In diesem Sinne ist dieses Buch ein Übungsbuch: Wir machen mit unseren Hirnmuskeln ein paar erste Dehnübungen und später ein paar Übungseinheiten in Sachen Philosophie.

Wozu soll das gut sein? Auch hier hilft vielleicht der Vergleich mit dem Sport. So wie wir uns im Sport von unnötigen Pfunden befreien und unseren Körper fit halten, so befreit uns die Philosophie von unnötigen Vorurteilen und Fehlschlüssen. Und sie hält unseren Geist wach für das Abenteuer des Denkens.

Vielleicht könnt man sagen: Philosophie hat etwas mit geistiger Hygiene zu tun. Sie ist vielleicht manchmal ein bisschen anstrengend, aber es ist eine Anstrengung, die sich lohnt. Wir können von der Philosophie keine endgültigen

Antworten erwarten, aber sehr wohl Befreiung von Illusionen. Sie lässt uns fehlerhafte Begründungen durchschauen und sie bewahrt uns vor der Scharlatanerie derjenigen, die uns billig Überzeugungen und Theorien verkaufen wollen. Mit dem immer scharfen Messer der Kritik bleibt der Geist wach und klar.

AN DIE PINNWAND
Was Du für ein Geschenk hältst, ist ein Problem, das Du lösen solltest.
Ludwig Wittgenstein

Rationale Argumentation und Kritik sind die Werkzeuge, mit denen die Philosophen ans Werk gehen. Und dies bedeutet auch: Kommunikation, Diskussion, Austausch mit anderen. Philosophie entfaltet sich am besten dort, wo möglichst viele beteiligt sind: nicht im akademischen Elfenbeinturm, sondern in der Öffentlichkeit. Die ersten Zentren der Philosophie waren Handelsstädte, in denen Waren und Ideen ausgetauscht wurden. Die bekannteste und wichtigste davon war Athen. Von Beginn an gingen die Philosophen ganz verschiedene Wege, um ihre Philosophie zu entwickeln. Die einen gingen auf die Marktplätze und sprachen die Menschen direkt an. Andere versammelten Anhänger um sich und gründeten, abgeschottet von der Öffentlichkeit, philosophische Schulungszentren. Solche philosophischen Trainingscamps gab es in der Antike viele. Die antike Philosophie ist ein Tummelplatz konkurrierender Philosophenschulen. Ob hinter Mauern oder auf der Straße: Das Philosophieren wurde als eine Folge von Denk- und Lebensübungen, als eine »Lebensform« praktiziert.

APROPOS

Akademiker und Streetworker

Platon (427–347 v. Chr.), der berühmteste Schüler des Sokrates, gilt als der Urgründer der westlichen Universitäten und er ist zugleich der Namensgeber für alle, die sich »Akademiker« schimp-

fen. Im ehemaligen Hain des Akademos in Athen gründete er seine eigene Philosophenschule. Wie es sich für eine »Akademie« gehört, war das eine ziemlich elitäre Angelegenheit, eine Art Internat mit festem Lehr- und Tagesplan für ausgesuchte Schüler.
Epikur (ca. 341–271 v. Chr.), auf den sich jene Genussmenschen berufen, die sich zu Recht oder Unrecht »Epikureer« nennen, nannte seine Schule »Der Garten«. Auch dies war ein räumlich abgeschlossenes Areal in Athen, doch öffnete Epikur seine Schule für alle Schichten. Revolutionär für seine Zeit war, dass auch Frauen zugelassen waren.
Die akademische Tradition hat, wie wir wissen, viele Nachfolger gefunden. Die Zahl der Philosophieprofessoren ist Legion. Aber es gibt auch eine andere Tradition. Man konnte auch außerhalb der »Schulen« Philosophie lehren und lernen. Der berühmteste philosophische Streetworker der Philosophiegeschichte ist **Sokrates** (469–399 v. Chr.). Sokrates wählte den Marktplatz in Athen als Katheder: Er war berüchtigt dafür, dass er dort die Leute anquatschte und ihnen Fragen stellte wie »Was ist Tapferkeit?« oder »Was ist Gerechtigkeit?«. Er wollte ihnen demonstrieren, dass sie im Grunde keine befriedigenden Antworten geben konnten, aber auch die Grundlage für vorurteilsfreies Philosophieren schaffen, indem er zeigte, dass wir im Grunde noch nichts wissen.
2300 Jahre später trat ein anderer philosophischer Streetworker auf einem anderen Marktplatz auf den Plan. Man nannte ihn den »Sokrates von Kopenhagen«: der Däne **Sören Kierkegaard** (1813–1855). Auch er begriff Philosophie als eine Form der öffentlichen Kommunikation. Kierkegaard, ein etwas schief gewachsener Exzentriker, pflegte mit seinem Spazierstock umherzufuchteln, gegen Kirche und Staat zu stänkern und ein Leben zu kritisieren, das nur in der Anpassung an Konventionen bestand. Er wollte die Leute wachrütteln und ihnen klarmachen, dass sie für ihr Leben verantwortlich sind und eigenständige Entscheidungen treffen müssen. Im 20. Jahrhundert entdeckte man ihn wieder und machte ihn zu einem der Väter der Existenzphilosophie. ■

Man kann den Denksport Philosophie zwar auch immer zwischen den eigenen vier Wänden betreiben. Doch ganz allein ist man dabei nie. Wir bewegen uns im Medium der Sprache, die wir mit anderen teilen, und befinden uns damit immer in Auseinandersetzung mit den Gedanken anderer. *Ludwig Wittgenstein* (1889–1951), einer der Großen in der Philosophie der Moderne, war der Meinung, dass es keine Privatsprache geben kann. Sprache ist danach immer eine Form der sozialen Kommunikation. Dasselbe gilt für die Philosophie. Es gibt keine Privatphilosophie. Die Philosophie äußert sich in öffentlich zugänglichen Büchern, sie kann sich aber auch in direkterer Form, durch Gespräche, Interviews oder Diskussionen, in die Öffentlichkeit einschalten. Im Zeitalter des Internets eröffnen sich für die Philosophie dazu neue Formen. Philosophische Erkenntnis lebt von öffentlicher Auseinandersetzung, weswegen sie nicht im Elfenbeinturm verweilen darf. Sie muss sich dem Volk zeigen. Und die Philosophen müssen erklären können, was sie denken und warum sie es denken.

Philosophie, Religion, Wissenschaft

Alles schön und gut, sagt jetzt jemand. Aber das Ganze kann ich doch viel billiger haben: Wenn es um die letzten Fragen der menschlichen Existenz geht, wende ich mich an die Religion. Und wenn es um die Erklärung unserer Welt geht, haben wir ja noch die Wissenschaft. Warum also Philosophie?

Zunächst einmal: Philosophie, Religion und Wissenschaft stehen historisch in einem engen Zusammenhang. Bei den frühesten uns bekannten Philosophen kann man kaum unterscheiden, ob sie Philosophen, religiöse Gurus oder Wissenschaftler waren. Es gab noch nicht einmal die Begriffe, um diese drei Bereiche auseinanderhalten zu können. Die ersten Philosophen waren Lehrer, die Schüler um sich versammelten und ihnen mit Hilfe des gesamten damals bekannten Wissens die Welt erklärten.

Die heutigen empirischen Wissenschaften sind als eigenständige Disziplinen erst viel später aus der Philosophie heraus entstanden. Noch bis ins 18. Jahrhundert wurden die Naturwissenschaften als »Naturphilosophie« bezeichnet. Fast alle frühen Philosophen und viele der späteren waren gleichzeitig Philosophen und Wissenschaftler und haben bahnbrechende (natur-)wissenschaftliche Leistungen vollbracht. Auch Philosophie und Religion sind lange Zeit Hand in Hand gegangen. Im Mittelalter galt die Philosophie sogar als »ancilla theologiae«, also als »Magd der Theologie« und noch bis zur Aufklärung haben die meisten Philosophen die Grundlagen der Religion nicht in Frage gestellt. Wenn Immanuel Kant als eine der philosophischen Grundfragen formuliert: »Was darf ich hoffen?«, so spricht er nicht nur eine philosophische, sondern natürlich auch eine religiöse Thematik an. Gemeint ist die Hoffnung auf Gott, Freiheit und Unsterblichkeit. Kant glaubte noch, dass sich die Fundamente des christlichen Glaubens zwar nicht beweisen lassen, dass aber doch vieles auf sie hindeutet.

AN DIE PINNWAND
Wage es, Dich Deines eigenen Verstandes zu bedienen.
Immanuel Kant

Heute allerdings würden dies nicht mehr viele Philosophen unterschreiben. Philosophie, Religion und Wissenschaft haben inzwischen ihre eigenen Claims abgesteckt. Jedenfalls kann man einen wichtigen Unterschied herausstellen: Philosophie ist radikal offen und kritisch, sie vertraut allein der Erfahrung, der Logik und der Vernunft. Für sie zählt das, was sich in rationaler Argumentation bewährt. Sie setzt auf Beweisbarkeit und überzeugende Argumente und arbeitet ohne Netz und doppelten Boden. Anders als die Religion stützt sich die Philosophie auf keine Offenbarung und keine heiligen Bücher. In der Philosophie gibt es überhaupt keine Erkenntnistabus. Weder Gott noch seine Propheten können irgendeine besondere Autorität beanspruchen.

> **AN DIE PINNWAND**
> *Sichere Wahrheit erkannte kein Mensch und wird keiner erkennen Über die Götter und alle die Dinge, von denen ich spreche. Sollte einer auch einst die vollkommene Wahrheit verkünden, Wissen könnt' er das nicht: Es ist alles durchwebt von Vermutung.*
> Xenophanes

Esoterik, transzendentale Meditation und Ähnliches haben in der Philosophie nichts zu suchen, weil sie den Menschen vorgaukeln, im Besitz der allein selig machenden Wahrheit zu sein und sie auffordern, diese Wahrheit bedingungslos anzunehmen, statt sich kritisch mit ihr auseinanderzusetzen. Dies gilt natürlich auch für die Wissenschaft. Auch sie setzt auf Beweisbarkeit statt auf Glauben. Überhaupt sind Wissenschaft und Philosophie enger miteinander verbunden, als viele glauben. Der von vielen behauptete Unterschied, dass nämlich die Wissenschaft sicheres Wissen vermittelt, während wir es in der Philosophie mit eher lebensferner Spekulation zu tun haben, entpuppt sich jedenfalls bei näherem Hinsehen als nicht haltbar. Und mit der absoluten Beweisbarkeit hat es auch seine besondere Bewandtnis. Für den vielleicht bedeutendsten Wissenschaftstheoretiker des 20. Jahrhunderts, *Karl R. Popper* (1904 bis 1994), ist auch das wissenschaftliche Wissen nur vorläufiges Wissen, »Vermutungswissen« – ähnlich wie in der Philosophie auch. Sicheres Wissen kann es danach für den Menschen überhaupt nicht geben, weil wir nie ausschließen können, dass uns die Erfahrung irgendwann eines Besseren belehrt.

Überhaupt ist die Beziehung zwischen Philosophie und Wissenschaft sehr viel enger als die zwischen Philosophie und Religion. Philosophie und Wissenschaft haben sich immer gegenseitig beeinflusst. Beispiele gibt es von der Antike bis heute genug: Die Atomtheorie der frühgriechischen Philosophie, wie sie u. a. von *Demokrit* (ca. 460–371 v. Chr.), *Leukipp* (5. Jh. v. Chr.) oder *Epikur* (ca. 341–271 v. Chr.) vertreten wurde, war ursprünglich eine rein philosophische Theorie, die in der Neuzeit die naturwissenschaftliche Forschung inspiriert hat. Sie war, wie Popper sich ausdrückt, ein »metaphysisches Forschungsprogramm«, das bis heute von der Wissenschaft aufgenommen wird. Andererseits beeinflusst die wissenschaftliche Forschung wie die Neurophysiologie die heutigen philosophischen Theorien über den Menschen. Ob man z. B. Körper und Geist wirklich so deutlich trennen kann, wie dies die klassischen Philosophen taten, ist inzwischen höchst umstritten.

DER KLEINE PHILOSOPHENSTECKBRIEF

Gesucht wird: der Spion Gottes

Der Spion Gottes lebte in der Hauptstadt eines kleinen nordeuropäischen Landes und galt in jungen Jahren als Dandy, der das Geld seines reichen Vaters mit vollen Händen hinauswarf. Mit Ach und Krach beendete er sein Theologiestudium und predigte zuweilen auch bei Gottesdiensten. Doch ein bezahlter Pfarrer der lutherischen Staatskirche wurde er nie. Stattdessen trat er als einer der schärfsten Kritiker der Kirche auf, die er mit seinen scharfsinnigen, unter Pseudonym veröffentlichten Schriften verärgerte.
Sein Glaube an Gott war ein ganz besonderer: Er stützte sich nicht auf rationale »Gottesbeweise« und schon gar nicht auf die Praxis der bezahlten Kirchenfunktionäre. Er beruhte vielmehr auf einer grundlegenden »existenziellen« Wahl, mit der der Mensch – auch gegen alle Vernunft – sich Gott anvertraut und seinem Leben eine eindeutige Richtung gibt. Denjenigen, die es

sich in ihrer wohlsituierten »christlichen« Existenz bequem gemacht hatten, hielt er unablässig den Spiegel vor. Dass er sich dabei beliebt gemacht hätte, kann man nicht sagen. Manche hielten ihn für arrogant, andere für verrückt.
Erst nach seinem Tod machte er Karriere, aber nicht als Theologe, sondern als Philosoph. Im 20. Jahrhundert entdeckte man in ihm den Vater der Existenzphilosophie.
▶ Wer war's?

Dennoch sind Philosophie und Wissenschaft keineswegs dasselbe. Die Wissenschaft setzt ihrer Tätigkeit Grenzen, die für die Philosophie nicht gelten. Vor den berühmten »letzten Fragen« macht sie halt. Ein Beispiel: Die Medizin beschäftigt sich mit den körperlichen Funktionen des Menschen und den Mitteln, mit denen Störungen dieser Funktionen behoben werden können. So untersucht sie auch die Schwangerschaft der Frau und die Entwicklung des Fötus. Doch die Frage, wann die Fötus genannte Ansammlung von Zellgewebe »Mensch« genannt werden darf, mit allen »Menschenrechten«, die damit verbunden sind, kann und will die Medizin allein nicht lösen. Sie verweist die Frage an die Ethik, also an jenen Teil der Philosophie, der sich mit moralischen Regeln und Konflikten befasst. »Medizinethik« als Teil der »Praktischen Ethik« ist zu einer der neuesten Teildisziplinen der Philosophie geworden und zu einem Beispiel dafür, wie Wissenschaft und Philosophie kooperieren. Sie steht auch in engem Zusammenhang mit der philosophischen Anthropologie, die sich um die alte Frage kümmert, was der Mensch eigentlich für ein Wesen ist und wie er sich vom Tier unterscheidet.
Aber auch die Frage, was »Wissenschaft« denn eigentlich ist, welche Methoden und Arbeitsweisen die Wissenschaft von anderen Formen der Welterklärung unterscheidet, wird nur selten in den Wissenschaften selbst diskutiert. Auch hier übernimmt die Philosophie, die dafür eine eigene

Disziplin vorgesehen hat, nämlich die sogenannte »Wissenschaftstheorie«.
Man kann also sagen: Immer, wenn es ans Eingemachte, an die Grund- und Kernfragen geht, ist die Philosophie zuständig.

Zusammengefasst: Was heißt Philosophie eigentlich?

Wir sehen jetzt schon etwas klarer: Philosophie ist kein Sack voller obskurer Gedankenspiele und Welterklärungssysteme, sondern ein Forum, auf dem die Probleme diskutiert werden, die wir sonst immer unter den Teppich kehren. Sie geht von den im Alltag, aber auch in den Wissenschaften auftretenden Grundproblemen aus und versucht sie in ein klareres Licht zu setzen. Karl R. Popper sprach von der Philosophie als »aufgeklärtem Alltagsverstand«.

APROPOS

Der Begriff »Philosophie«

Philosophie kommt aus dem Griechischen und setzt sich aus zwei Bestandteilen zusammen: »phílos«, das griechische Wort für »Freund«, und »sophía«, was so viel wie »Weisheit« bedeutet. Der »Philosoph« ist also, wörtlich genommen, ein »Freund der Weisheit« und die Philosophie das Gebiet, auf dem die Freunde der Weisheit sich tummeln. »Weisheit« bedeutet in der griechischen Philosophie die Einsicht in die großen Zusammenhänge des Kosmos und der menschlichen Existenz, aber auch in die daraus abgeleitete Fähigkeit, ein vernunftgemäßes Leben zu führen. Es geht dabei also nicht nur um Erkenntnis, sondern auch um die richtige Lebenspraxis.
Erst im Verlauf der Geschichte erhielt »Philosophie« die Bedeutung eines eigenständigen Erkenntnisbereiches und einer akademischen Disziplin. ■

Philosophie ist demnach, kurz gesagt, eine rationale Erkenntnisbemühung, die uns eine grundsätzliche Orientierung über das Wesen der Welt und die Maßstäbe für unser Handeln geben will. Rational heißt: Man stützt sich auf einsehbare, nachvollziehbare und mitteilbare Argumentation. Auch diese Argumentationsmittel sind nicht vom Himmel gefallen, sondern mussten von der Philosophie selbst entwickelt werden: Fachbegriffe, Theorien, aber auch die in der Logik festgelegten Regeln.
Wer hat mit dem ganzen Kram angefangen? Die Griechen natürlich, vor etwa 2500 Jahren.

Ein kurzer Blick auf die Geschichte der Philosophie

Es ist natürlich nicht ganz gerecht, wenn wir im Westen die Philosophiegeschichte immer mit den Griechen beginnen lassen. Denn Chinesen, Inder, Perser und Ägypter haben sich schon früher mit philosophischen Fragen befasst und die Griechen standen nachweislich in engem Kontakt mit den Hochkulturen des Ostens.
Aber die Griechen haben ein paar Besonderheiten. Auf sie gehen viele der Fragen, Begriffe und Theorien zurück, die wir heute noch diskutieren. Das für uns Entscheidende aber, das die griechische Philosophie auszeichnet und für unsere heutige Philosophie immer noch so einflussreich macht, ist die treibende Rolle der Kritik. Als die Griechen etwa ab dem 6. Jahrhundert v. Chr. begannen, die durch Mythos und Religion überlieferten Welterklärungen in Frage zu stellen, setzten sie einen Prozess der kritischen Auseinandersetzung in Gang. Es gibt keine einheitliche griechische Philosophie. Verschiedene Schulen stritten miteinander ebenso wie Schüler mit ihren Lehrern. In der Folge entstand eine Erkenntnisentwicklung, die wir ruhig als Erkenntnisfortschritt bezeichnen können. Schwächen der Vorgänger ka-

men auf den Prüfstand, alte Theorien wurden durch neue ersetzt. Diese kritische Bewegung setzte einen Prozess in Gang, der bis heute andauert und der die westliche Philosophiegeschichte insgesamt charakterisiert.
Dies gilt z. B. für die drei großen Vertreter der klassischen Periode der griechischen Philosophie: *Sokrates* (469–399 v. Chr.), *Platon* (427–347 v. Chr.) und *Aristoteles* (384–322 v. Chr.). Platon war ein Schüler des Sokrates und Aristoteles ein Schüler des Platon. Alle drei lehrten in Athen, dem Zentrum der griechischen Philosophie. Ihre Philosophien bauen aufeinander auf, sind aber gleichermaßen kritische Weiterentwicklungen. Sie versuchten in unterschiedlicher Weise, den ewigen und idealen Gesetzmäßigkeiten unserer Welt und unseres Handelns auf die Spur zu kommen. Platons Theorie, nach der unsere normale Alltags- und Wahrnehmungswelt die etwas trübe Blaupause einer Welt der idealen Formen ist, die uns nur über ein besonders ausgebildetes Erkenntnisvermögen zugänglich ist, hat die gesamte westliche Philosophiegeschichte bis heute beeinflusst. Aristoteles wurde zum Vater der »Metaphysik« (wörtl. das, was »nach« oder »hinter« der Philosophie steht), der sogenannten »ersten Philosophie«, die sich mit den Grundprinzipien und dem Aufbau der Wirklichkeit beschäftigt.
Diesem »Idealismus« der griechischen Klassiker standen jedoch auch Lehrmeinungen gegenüber, die noch autoritäts- und traditionskritischer waren. Die *Sophisten*, die griechischen Aufklärer, z. B. stellten die überkommenen moralischen und politischen Ordnungen in Frage. *Demokrit* (ca. 460–371 v. Chr.) entwickelte im Gegensatz zum Idealismus eine materialistische Weltdeutung und Naturphilosophie. Und ab dem 4. Jahrhundert entstanden zahlreiche Philosophenschulen, die untereinander in Konkurrenz traten, darunter die *Platoniker* (Anhänger Platons), die *Peripatetiker* genannten Anhänger des Aristoteles, die *Stoiker* und die *Epikureer* (Anhänger des Epikur). Nicht ein geschlossenes

Weltbild, sondern kritische Diskussion war das Salz der griechischen Philosophie.
Bei aller Unterschiedlichkeit hatten alle diese Schulen jedoch ein ähnliches Ziel. Sie wollten in einer Zeit, in der Philosophie und Wissenschaft noch nicht getrennt waren, den Schülern eine wissenschaftliche Ausbildung, eine wissenschaftliche Weltauffassung und ein vernunftgemäßes Leben vermitteln. Einige waren natürlich erfolgreicher als andere. Der Einfluss von Denkern wie Platon und Aristoteles reicht bis in die Gegenwart.

AN DIE PINNWAND
Die sicherste allgemeine Charakterisierung der philosophischen Tradition Europas lautet, dass sie aus einer Reihe von Fußnoten zu Platon besteht.
Alfred North Whitehead

Die Griechen hatten noch keine eigene philosophische Fachsprache. Sie schufen sie erst. Sie entnahmen ihre Begriffe aus der griechischen Umgangssprache, benutzten sie aber dann in einer neuen Weise. Viele dieser neuen Begriffe, wie »éthos« und«lógos« flossen (als »Ethik« bzw. »Logik«) für immer in den philosophischen Sprachgebrauch ein. Die griechische Philosophie mit ihren Begriffen und Theorien blieb für die gesamte weitere Entwicklung der Philosophiegeschichte prägend. Insbesondere die Römer sahen sich als Nachfolgekultur der Griechen. Sie trugen nur wenig Eigenständiges zur Philosophie bei, halfen aber kräftig mit, die griechischen Philosophenschulen über das gesamte südliche und westliche Europa, über Nordafrika und den Nahen Osten zu verbreiten.
Eine veränderte Situation entstand, als sich neue orientalische Religionen über den Westen des Römischen Reiches ausbreiteten. Unter ihnen war das Christentum am erfolgreichsten. Im 4. Jahrhundert n. Chr. wurde es von Kaiser Konstantin zur Staatsreligion erklärt. Die antike Philosophie hatte einflussreiche Konkurrenz bekommen. Das Christen-

tum trat zunehmend die ideologische Herrschaft an und wollte Philosophie durch Glauben ersetzen. Einer der ersten Kirchenväter, *Augustinus* (354–430), tat sich darin besonders hervor. Mit der Schließung der platonischen Akademie im Jahr 532 wird offiziell das Ende der philosophischen Antike angesetzt.

Doch die Tradition der griechischen und römischen Philosophie wurde keineswegs auf den Müllhaufen geworfen. Die Philosophie des Mittelalters ist die Geschichte einer einzigartigen Synthese zwischen christlich-jüdischer Tradition und antiker Philosophie. Das Christentum war ursprünglich keine ausgearbeitete Glaubenslehre, sondern eine lose Sammlung von Überzeugungen und ethischen Forderungen. Eine christliche »Weltanschauung« oder gar eine Theologie, die diesen Namen verdient hätte, gab es zunächst nicht. Die Christen benötigten anfangs die griechische Philosophie, um ihrem Glauben ein theoretisches Fundament zu geben. So kam es, dass das Christentum die antike Philosophie wie ein Schwamm aufsaugte und sie sich zu eigen machte. So identifizierte man den christlichen Gott mit »lógos« – für die Griechen das im Kosmos waltende Vernunftgesetz. Entsprechend heißt es im griechisch verfassten Johannesevangelium: »Am Anfang war der lógos«. Genau dies hätte auch jeder griechische Philosoph sagen können.

Alle wichtigen Philosophen des Mittelalters waren christliche Theologen. Der Philosophie wurde zunächst die Aufgabe zugewiesen, der Theologie zu dienen. Sie wurde zur »ancilla theologiae«, zur »Magd der Philosophie«. Dieses Verhältnis wandelte sich jedoch im Laufe der Zeit. Die Vernunft unterwanderte zunehmend die Glaubensanschauungen, wurde stärker und selbstständiger. *Thomas von Aquin* (1225–1274), der philosophische Star des Hochmittelalters, kannte nur zwei Autoritäten: Gott (mit der Kirche als seiner Vertretung auf Erden) und »den Philosophen«. Gemeint war Aristoteles. Thomas baute seine Theologie ganz auf der Philosophie des Aristoteles auf. Nicht nur der Glaube sollte zu Gott führen, sondern auch die Vernunft. Die Philosophie des Thomas von Aquin, der sogenannte »Thomismus«, ist bis heute die offizielle Theologie der katholischen Kirche. Der mit der Vernunft erkennbare Gott, der »Gott der Philosophen«, wie man ihn auch nannte, entfernte sich in den folgenden Jahrhunderten immer mehr von dem persönlichen Gott des Christentums. In der Philosophie der Neuzeit emanzipierte sich die Philosophie immer mehr von der Religion, bis sie sich schließlich in der Aufklärung für gänzlich souverän erklärte. Für die sogenannten *Deisten* des 17. und 18. Jahrhunderts z. B. war Gott nur noch eine unpersönliche Ursache, die die Welt in Gang setzte, aber nicht mehr in sie eingriff. *Immanuel Kant* (1724–1804) schließlich verabschiedete sich von der Einheit zwischen Theologie und Philosophie. In seiner ›Kritik der reinen Vernunft‹ (1781) vertrat er die These, dass Glaubensinhalte wie Gott oder Unsterblichkeit der Seele rational nicht begründbar und nachweisbar sind. Von da an gingen Philosophie und Theologie jeweils eigene Wege. Die Magd war zu einer Herrin geworden.

? DER KLEINE PHILOSOPHENSTECKBRIEF

Gesucht wird: der »stumme Ochse und engelsgleiche Doktor«

Als Schwätzer war er nicht gerade bekannt. Während seiner Studienzeit nannten ihn seine Mitstudenten den »stummen Ochsen«. Später staunte die Fachwelt über sein immenses Wissen und nannte ihn »doctor angelicus« – den »engelsgleichen Doktor«. In Wahrheit war er weder ein Ochse noch ein Engel, sondern ein hochgebildeter und zugleich äußerst zielstrebiger und willensstarker Mann. Er stammte aus einem süditalienischen Adelsgeschlecht und musste als Jugendlicher gegen seine Familie durchsetzen, dass er in den neu gegründeten Dominikanerorden eintreten konnte. Einmal kidnappte seine Familie ihn sogar auf dem Reiseweg und brachte ihn wieder nach Hause zurück. Doch nichts hielt ihn auf. Er studierte in Paris und Köln und bereiste im Auftrag seines Ordens halb Europa. Als er starb, befand er sich gerade auf dem Weg zum Konzil von Lyon. Er kannte die islamischen Philosophen seiner Zeit und übernahm von ihnen die Kenntnis jenes griechischen Philosophen, den er zur Grundlage seiner Theologie machte. Mit seiner sogenannten »summa« schuf er das vielleicht bedeutendste philosophische System des Mittelalters. Der große Schweiger zog es vor, durch seine Werke zu sprechen.

▶ Wer war's?

Nun setzte die Philosophie nicht mehr auf Gott, sondern auf den Menschen. In der Erkenntnistheorie wurde das Bewusstsein und Selbstbewusstsein des Menschen Ausgangspunkt der Überlegungen, wie viel von der Welt wir erkennen können und wie viel nicht. In der Moralphilosophie wurde der Mensch zum »Selbstgesetzgeber«, zu demjenigen, der selbst die Regeln schafft, nach denen er lebt, und der auch für sie verantwortlich ist.

Das Mittelalter endete für die Philosophie, als man die Welt nicht mehr nur mit Hilfe von schlauen Büchern und anerkannten christlichen Autoritäten zu erklären versuchte, sondern begann, sich die Welt wirklich anzuschauen und Erfahrungsdaten zu sammeln. Just als man der Religion die Zähne gezogen hatte, trat seit der Renaissance und der frühen Neuzeit (also etwa seit dem 15. Jahrhundert) ein neuer Konkurrent auf den Plan: die empirischen Wissenschaften. Ursprünglich Teil der Philosophie, trennten sie sich nun nach und nach von ihr und machten sich selbstständig. Im 19. Jahrhundert, als die wissenschaftliche Entwicklung geradezu explodierte, und Wissenschaften wie Physik, Chemie, Biologie oder Psychologie rasante Fortschritte machte, hatten die Wissenschaftler schon so viel Selbstbewusstsein getankt, dass sie der Philosophie vorwarfen, sie sei zum Spielfeld für lebensferne Spekulation geworden.

Darauf gab es vonseiten der Philosophie zwei unterschiedliche Reaktionen: Die einen behaupteten, die Philosophie habe es mit einer eigenen Form des Wissens und der Erkenntnis zu tun, die von den Wissenschaften gar nicht erreicht werde. Zur letzteren Fraktion gehörte z. B. *Martin Heidegger* (1889–1976), dessen »Seinsdenken« bis heute großen Einfluss ausübt. Andere, wie z. B. der sogenannte »Wiener Kreis« um *Rudolf Carnap* (1891–1970) und *Moritz Schlick* (1882–1936), propagierten Anfang des 20. Jahrhunderts, die Philosophie müsse »wissenschaftlich« werden, indem sie sich nur noch auf Erfahrung und Logik stützen dürfe. »Metaphysik« wurde für die Vertreter des Wiener Kreises ein Schimpfwort.

AN DIE PINNWAND
Metaphysische Philosopheme sind Begriffsdichtung.
Moritz Schlick

Wie eng die Beziehung zwischen Wissenschaft und Philosophie sein muss oder darf, ist ein bis heute diskutiertes Thema, obwohl die meisten Philosophen inzwischen dafür plädieren, Philosophie in engem Anschluss an die Wissenschaften zu betreiben, ohne sie allerdings damit zu identifizieren. Zwischen beiden gibt es inzwischen wieder eine Annäherung. Wenn es um die Klärung moralischer Konflikte oder um die Erkenntnisfähigkeit des Menschen geht, arbeiten Philosophen und Wissenschaftler oft Hand in Hand.

Das »reine Denken«, in der Antike noch so hoch gehandelt, war durch die wissenschaftliche Kritik etwas in Verruf geraten. Die Kritik an der alten Metaphysik und ihren Spekulationen wurde auch dadurch beflügelt und befördert, dass man entdeckte, welch eine große Rolle unsere Sprache und deren Struktur bei der Bildung von Erkenntnissen spielt. Begriffsprägungen wie z. B. das »Nichts« wurden von den metaphysikkritischen und sprachkritischen Philosophen als sinnlose Begriffspoesie bezeichnet. Durch diese »sprachanalytische Philosophie« ist seit Beginn des 20. Jahrhunderts

die Analyse sprachlicher Begriffe ebenfalls ein fester Bestandteil im philosophischen Lehrplan geworden.
Weder die Auseinandersetzung mit der Theologie noch die mit den Wissenschaften hat jedoch das Interesse an philosophischen Grundfragen versiegen lassen. Es spricht einiges dafür, dass es so etwas wie eine *Philosophia perennis* gibt, eine »ewige Philosophie« also – in dem Sinne, dass uns die großen philosophischen Probleme nie verlassen werden. Deshalb lohnt sich der Blick darauf, um welche Probleme es sich dabei handelt.

KAPITEL 3

Philosophische Themen und Probleme

Raffael: Die Schule von Athen (1508)
akg-images

Ein Anstreicher muss wissen, wie man einen Pinsel führt und wie man Farben mischt, ein Computerexperte muss wissen, wie man eine Software installiert, und ein Automechaniker muss sich in allem auskennen, was sich unter der Motorhaube meines Wagens befindet.

Und der Philosoph? Kann man mit der Philosophie »einfach so« anfangen?

Ja, jeder kann ohne Hilfsmittel philosophieren, sogar noch besser als der, der »einfach so« anfängt, seine Wohnung anzustreichen, seine Computerprogramme zu installieren oder sein Auto zu reparieren. Philosophische Probleme gehen jeden unmittelbar an, egal, welche besonderen Interessen er sonst hat.

Aber: Wie bei allen Tätigkeiten, bei denen man Fertigkeiten braucht, klappt es auch in der Philosophie umso besser, je mehr Know-how man sich aneignet und je besseres Werkzeug einem zur Verfügung steht.

In der Philosophie geht es normalerweise darum, Argumentationen aufzubauen, um andere von den eigenen Thesen zu überzeugen. Manchmal handelt es sich nur um wenige Sätze in einem Gespräch, manchmal um einen größeren Redezusammenhang und manchmal um einen richtig umfangreichen philosophischen Text, wie wir ihn z. B. in den klassischen Werken der Philosophie finden. In jedem Falle aber müssen diese Argumentationen »einleuchtend« sein. Sie müssen z. B. den »Realitätscheck« bestehen: Behauptungen, die all unseren Erfahrungen entgegenstehen, halten wir für unglaubwürdig – es sei denn, es werden sehr starke Beweise erbracht. Behauptungen müssen aber auch folgerichtig und in sich stimmig sein: Wenn jemand im gleichen Satz

Aussagen macht, die sich widersprechen, stimmt offenbar etwas nicht. Der Satz: »Die Welt ist ewig und hat einen Anfang in der Zeit« kann wohl nicht wahr sein, da im ersten Teil der Aussage das Gegenteil von dem behauptet wird, was im zweiten Teil steht.

Nicht immer jedoch sind solche Widersprüche so offensichtlich und einfach zu finden. Um sie aufzuspüren, benötigen wir bewährte Hilfsmittel. Einige der wichtigsten sind die, die uns die Logik zur Verfügung stellt. Die Logik sagt uns, in welch unterschiedlicher Weise wir Begriffe gebrauchen und Aussagen miteinander verknüpfen können, damit sie hieb- und stichfest sind, also Geltung beanspruchen können. Nicht immer ist unsere Argumentation »logisch« oder »schlüssig«. Und nicht immer meinen zwei dasselbe, wenn sie dasselbe Wort benutzen.

»Schlüssig« ist ein gutes Stichwort. Denn eines der zentralen Themen der Logik sind »Schlussfolgerungen«: Aus zwei Aussagen, die ich als »gesetzt« betrachte, folgere ich eine dritte Aussage. Das Problem ist: Nicht alle solche »Schlussfolgerungen« halten einer Überprüfung stand.

LOGIK-CHECK

- Versuchen Sie zu beschreiben, was an den folgenden beiden Schlussfolgerungen »schief« oder unrichtig ist:

A) Alle Schüler haben zu Hause ein iPad. iPad ist ein englisches Wort. → Alle Schüler haben zu Hause ein englisches Wort.

B) Einige Schüler haben zu Hause ein iPad. Einige iPads sind Schrottapparate. → Einige Schüler haben zu Hause Schrottapparate.

Nebenbei haben wir hier auch eines der Zeichen kennengelernt, die von den Logikern verwendet werden: »→« bedeutet: »daraus folgt« (weitere Zeichen und Werkzeuge zur Analyse von Aussagen und Aussagenverknüpfungen siehe Kap. 5, S. 87).

Das Beispiel im Logik-Check enthält natürlich keine philosophisch wichtigen Aussagen. Aber da es in der Logik nicht um den Inhalt von Aussagen, sondern um die Art ihrer Verknüpfung geht, kann man hier problemlos auch einen anderen »gewichtigeren« Inhalt einsetzen, z.B.: »Einige Menschen haben Besitzrechte. Einige Besitzrechte verstoßen gegen die Menschenwürde. → Einige Menschen verstoßen gegen die Menschenwürde«.
Schon wird uns klar: Es ist nicht ganz belanglos, ob eine solche Schlussfolgerung nun standhält oder nicht – denn in der Philosophie geht es um wichtige Dinge: so z.B. um praktisch weitreichende Fragen von Recht und Moral. Falsche Schlussfolgerungen können hier spürbare Konsequenzen für unser Zusammenleben haben.
Logik ist also kein Selbstzweck, sondern liefert dem Philosophen Werkzeuge, mit denen er sprachliche Argumentationen und Schlussfolgerungen auf ihre Richtigkeit – oder, wie man logisch korrekt sagen müsste, auf ihre Gültigkeit überprüft. Die Logik ist ein wesentlicher Teil des Werkzeugkastens der Philosophen, mit dem er lernen muss umzugehen. So wie ein Fußballspieler lernen muss, den Ball zu stoppen und einen sauberen Pass zu spielen, damit der Ball nicht beim Gegner landet, muss der Philosoph saubere und widerspruchsfreie Argumentationen benutzen und erkennen.
Manchmal jedoch verstoßen Philosophen bewusst gegen die Logik: Sie konstruieren Widersprüche und spitzen sie so zu, dass der Verstand sich fühlt, als säße er in der Falle. Sie konstruieren »Paradoxa«, also Aussagen, die eine paradoxe Struktur haben: Man weiß zunächst nicht, wie man sie auflösen soll. Sinn des Ganzen ist es, auf diese Weise den Kopf auf ein wichtiges philosophisches Problem zu stoßen.

Dass philosophische Argumentation und Logik in einem engen Zusammenhang stehen, ist inzwischen klar geworden.

Doch beide stehen noch in einem größeren Zusammenhang, dem die Philosophie lange Zeit nicht genügend Aufmerksamkeit gewidmet hat: dem Zusammenhang der Sprache. Alles, was wir ausdrücken, formulieren, schließen – ja, auch schon unsere Fragen – findet im Rahmen der Sprache statt.

Und »Sprache« ist beileibe nicht gleich »Sprache«: Es ist ein großer Unterschied, ob wir in der Sprache der Fachwissenschaft oder in der Umgangssprache reden. Es ist ebenfalls ein großer Unterschied, ob wir Englisch, Französisch, Deutsch oder Chinesisch sprechen. Worte, die wir zu verstehen glauben, können bei näherem Hinsehen ganz unterschiedliche Bedeutungen annehmen.

Nehmen wir als Beispiel ein Wort, das durch die ganze Philosophiegeschichte »geistert« und auch in der Alltagsprache eine große Rolle spielt: das Wort »Geist«. Je näher wir hinschauen, umso schillernder wird die Bedeutung dieses Begriffs.

LOGIK-CHECK

- Versuchen Sie die unterschiedliche Bedeutung zu beschreiben, die das Wort »Geist« in den folgenden vier Beispielen hat:
  Der Geist vergangener Zeiten
  Ein Mann des Geistes
  Körper und Geist
  Der Geist von Schloss Canterville

- Versuchen Sie auch, »Geist« ins Englische zu übersetzen und vergleichen Sie die Bedeutung des deutschen Wortes mit der der englischen Übersetzung!

Schon bei diesem Check wird uns klar, wie kompliziert und mehrdeutig Sprache sein kann. Für den Philosophen gilt – grob gesprochen: Er muss aufpassen, was er sagt. Er muss

sorgfältig mit der Sprache umgehen und sich immer wieder die Frage gefallen lassen: »Wie meinst Du das?« Er muss Zweideutigkeiten oder Mehrdeutigkeiten vermeiden, und er muss sich entscheiden, welche Sprache er eigentlich sprechen will. Sonst sind Missverständnissen Tür und Tor geöffnet.
Deshalb sollten Philosophen nicht mit der Sprache jonglieren, sondern sorgfältig mit ihr umgehen. Auch die Fähigkeit, Begriffe zu klären und bewusst mit Sprache umzugehen, gehört zum Werkzeugarsenal des Philosophen. Die Klärung von Begriffen ist wie ein Schraubenzieher, mit dem wir unseren Sprachgebrauch festziehen, indem wir begriffliche Vagheiten und Mehrdeutigkeiten beseitigen. Deshalb ist auch die Untersuchung der Sprache nicht nur eine Angelegenheit von Sprachwissenschaftlern und Linguisten, sondern auch ein Thema der Philosophie.

Theoretische Philosophie und praktische Philosophie

Was soll denn dieser Unterschied, könnte man fragen. Ist denn Philosophie nicht immer »theoretisch«? Nun ja, schon. Aber die Gegenstände, die Themen der Philosophie sind ganz unterschiedlich. Und einige dieser Themen sind »theoretischer« als andere. Einige andere sind überhaupt nicht theoretisch.
Mit der Unterscheidung zwischen theoretischer und praktischer Philosophie wird die Philosophie in zwei große Problem- und Themenbereiche geteilt: diejenigen Probleme, die es ganz allgemein mit Erkenntnisfragen und Fragen unserer Weltdeutung zu tun haben, und diejenigen, die es ganz allgemein mit menschlichem Handeln zu tun haben. Erstere rechnet man der »theoretischen«, letztere der »praktischen« Philosophie zu. Kurz gesagt: In der theoretischen Philosophie geht es um die richtige »Sicht« auf die Welt, in

der praktischen Philosophie um die Maßstäbe unseres Handelns.
Neben dem Problem der »Erkenntnis« und richtigen »Weltsicht« rückte ein anderes Problem sehr früh ins Zentrum der Philosophie: das Problem des richtigen Handelns. Denn das menschliche Handeln ist offenbar etwas komplizierter und unberechenbarer als »normale« Naturereignisse. Tiere sind in ihrem Verhalten instinktgeleitet, doch beim Menschen liegt der Fall komplizierter. Vor allem hat der Mensch offenbar die Fähigkeit, Handlungen längerfristig zu planen und ein eigenes »Handlungsmuster« zu entwerfen. So stellt sich u. a. die Frage: Kann die »Natur« Maßstäbe für unser Handeln liefern oder welche anderen Maßstäbe kommen in Frage?

Beide Bereiche, theoretische und praktische Philosophie, sind wiederum in eine Reihe von Disziplinen aufgeteilt. Zur theoretischen Philosophie gehören mehrere philosophische Disziplinen. Die wichtigsten davon sind:

- *Metaphysik/Ontologie*: die Lehre von den letzten Grundprinzipien der Wirklichkeit und vom Aufbau, der Struktur und der Gesetzmäßigkeit des Seins. In der Metaphysik wird noch zusätzlich das Thema »Gott« behandelt. Eng verwandt damit ist die *Naturphilosophie*, die Lehre von den grundlegenden Gesetzmäßigkeiten der Natur.
- *Anthropologie*: die Lehre vom Menschen und seiner Stellung in der Natur; damit eng verwandt ist die *Philosophie des Geistes*, die sich auf das Verhältnis zwischen Körper und Geist beim Menschen konzentriert.
- *Erkenntnistheorie*: die Lehre von Art und Grenzen menschlicher Erkenntnis der Welt.

Probleme der theoretischen Philosophie

Einige der in diesen Disziplinen behandelten wichtigsten Probleme der theoretischen Philosophie werden in diesem Buch zur Sprache kommen. Dabei gibt es so etwas wie die Mutter aller Probleme der theoretischen Philosophie, nämlich die Frage nach der wahren Natur unserer Wirklichkeit: Ist die Welt, so wie ich sie wahrnehme, die wirkliche Welt, oder ist sie nur eine Oberflächen- und Scheinwelt, hinter der sich die wahre Welt verbirgt, die nur wenigen erkennbar ist? Welches sind die Grundgesetze, die unser Universum bestimmen und welches sind seine Grundbestandteile?
Das Nachdenken darüber begann schon bei den frühesten griechischen Philosophen. Für sie wurde das *Problem der wahren Wirklichkeit* das zentrale Problem überhaupt. Aus der Beobachtung der Natur war ihnen klar geworden, dass unsere Wahrnehmungen trügerisch sein können. Zwar steht oder bewegt sich alles, was wir wahrnehmen, im Raum und ist der zeitlichen Veränderung unterworfen. Was aber, wenn genau dies trügerisch ist und es in der wahren Welt keine Bewegung, eine immerwährende Gegenwart und keinen dreidimensionalen Raum gibt? Spätestens seit der Relativitätstheorie wissen wir, dass es sich um ein sehr aktuelles Problem handelt. Die These, dass nicht alles, was unsere Welt »im Innersten zusammenhält«, mit bloßem Auge sichtbar ist, ist durch die moderne Naturwissenschaft längst bestätigt. Elementarteilchen wie »Elektronen« oder Grundstrukturen wie DNA-Codes sind zwar Grundbausteine unserer Wirklichkeit, sie entziehen sich aber unserer Anschauung.
Die Suche nach dem Wesen, dem wahren Kern, der wahren Natur unserer Welt führte zu der für die Philosophiegeschichte so bedeutsamen Unterscheidung von »Sein« (»wahre Welt«) und »Schein«, die in vielfacher Form bis heute philosophische Diskussionen bestimmt. Denn was

»Sein« und was »Schein« ist – darüber scheiden sich auch die philosophischen Geister. Seit wir auch in virtuellen Welten leben, stellt sich verschärft die Frage: Gibt es vielleicht verschiedene Arten von Wirklichkeiten, die alle gleichermaßen ihr Recht beanspruchen können?

DENK DIR WAS!

Software Neue Welt!

Stellen Sie sich vor, sie könnten eine digitale Welt programmieren, die in einem entscheidenden Punkt von unserer Welt abweicht.

▶ Welches der folgenden Merkmale unserer Welt würden Sie verändern und warum?

- Dreidimensionaler Raum
- Lineare Zeitentwicklung
- Kausalität
- Schwerkraft
- Sterblichkeit?

Die Philosophie hat sich auch immer mit den religiösen Weltdeutungen auseinandergesetzt. Dies gilt besonders für das Thema, das im Zentrum der Religion steht: Gott. Beeinflusst vom christlichen Denken, das in Gott den Weltschöpfer sieht, blieb er auch für viele Philosophen der Oberprogrammierer, der Kopf, der die Software »Welt« programmiert hat. Der »Gott der Philosophen« war zwar ein rationaler und kein persönlicher Gott. Aber wie der religiöse Gott war der »Alte« (wie *Albert Einstein* in seinen Briefen formulierte) die Antwort auf die Frage nach dem »letzten Grund« oder wurde mit der wahren Wirklichkeit identifiziert. In manchen Zeitaltern, wie dem Mittelalter, gingen Philosophie und Theologie Hand in Hand und waren kaum unterscheidbar.

Doch für andere Philosophen fangen mit dem Gottesbegriff die Probleme erst richtig an. Denn was kann man über einen solchen Gott sagen? Ist er nichts weiter als ein abstraktes Prinzip, ist er ein Weltbaumeister oder so etwas wie ein idealer und vollkommener Mensch? Ist er den Naturgesetzen unterworfen oder kann er in sie eingreifen? Ist der Begriff Gott vielleicht nur ein Lückenfüller, den wir dort einsetzen, wo uns eine rationale Erklärung fehlt? Zur *Religionsphilosophie* gehörte auch immer Religionskritik.

Die Frage nach Gott führt auch unweigerlich zu Fragen wie: Warum gibt es überhaupt etwas und nicht »nichts«? Ist unsere Wirklichkeit ein Zufallsprodukt, wären also andere Formen der Wirklichkeit »möglich« gewesen oder ist alles »notwendig« so, wie es ist? Damit sind wir mitten in einem Problemkomplex, in dessen Mittelpunkt Begriffe wie *Problem, Kausalität* und *Freiheit, Notwendigkeit* und *Möglichkeit* stehen.

Eines ist klar: Ohne Annahme der Kausalität, also ohne die Annahme, dass alles nach dem Gesetz von Ursache und Wirkung geschieht, gäbe es keine moderne empirische Wissenschaft. Wir könnten keine Voraussagen mehr über Vorgänge in der Natur machen. Aber selbst wenn wir annehmen, dass alles sich so entwickelt hat, wie es sich entwickeln musste, können wir fragen, ob es Ereignisse oder vielleicht sogar mögliche Welten gibt, in denen es nicht kausal zugeht. Gibt es den Zufall?

Und vor allem: Ist auch der Mensch in all seinen Entwicklungen und Handlungen der Kausalität unterworfen? Ist er also ein Teil der Natur wie alles andere auch? Ist er eine Marionette der Kausalität, ein Hamster im Rad der Naturgesetze? Oder ragt er, wie manche Philosophen glauben, durch seine geistigen Fähigkeiten aus der »normalen« Natur heraus (siehe Leib-Seele-Problem, S. 199 f.)? Der Mensch selbst »fühlt sich« frei: Er glaubt, nicht »determiniert«, nicht vorherbestimmt und festgelegt zu sein, sondern freie Entscheidungen treffen zu können.

Könnte dies aber nicht Folge einer Selbsttäuschung sein? Gibt es diese Freiheit wirklich oder gehört sie der Scheinwirklichkeit an? Oder ist es umgekehrt sogar so, dass »Kausalität« nur ein Oberflächenphänomen ist und in der »wahren Welt« Freiheit herrscht?
Für das Selbstverständnis des Menschen hat die Beantwortung dieser Frage gravierende Folgen. Denn wenn wir in unseren Handlungen nicht frei sind, können wir für diese auch nicht verantwortlich gemacht werden. Moralische Schuldfähigkeit setzt eine gewisse Form von Freiheit voraus.

Dass der Mensch sich immer als etwas Besonderes verstanden hat, hängt eng mit der Tatsache zusammen, das er ein Bewusstsein von sich selbst hat, ein *Ich-Bewusstsein*, das ihm das Gefühl gibt, ein eigenständiges Wesen und selbstbestimmter Akteur zu sein. Der Mensch hat oder sucht seine »Identität« – was nur möglich ist, wenn ein Wesen sich selbst zum Objekt der Erkenntnis machen kann. Genau dies ist beim Menschen der Fall: Jeder Mensch erfährt sich zunächst als »Ich«, als »Subjekt«, »Person« oder »Individuum«. Doch was bedeuten diese Zuschreibungen eigentlich? Wer oder was ist dieses »Ich«? Ist es ein einfaches Erkenntnissubjekt, das sich auf sich selbst und andere Objekte richten kann, oder sogar etwas, was »hinter« aller Erkenntnis steckt? »Das Ich muss alle meine Vorstellungen begleiten können«, so hat es *Immanuel Kant* (1724–1804) formuliert. Ist dieses »Ich« eine beschreibbare, mit sich identische »Person«, ist es eine leere Form, die sich immer mit neuen Inhalten füllt oder ist es ein sich ständig veränderndes Etwas, das nur als Prozess verständlich wird? Oder ist das »Ich« gar nur eine Fiktion, die wir brauchen, um uns gegenüber der Welt zu positionieren? Ist dann auch das für sein moralisches Handeln eigenverantwortliche Subjekt eine Fiktion?
Gehört zu diesem Ich auch der Körper oder ist das Ich gleichbedeutend mit einer vom Körper unabhängigen »See-

le«? Das sogenannte »Leib-Seele-Problem« klingt sehr retro, doch man täusche sich nicht: Die Beziehung zwischen Körper und Geist gehört zu den aktuellsten und meistdiskutierten Fragen in der Philosophie.
Es ist ein Problem mit vielen Facetten. Auf den ersten Blick ist alles klar: Wir haben Körper und Geist, Leib und Seele. Vor allem der Geist scheint das zu sein, was uns von den Tieren unterscheidet und uns Erkenntnis der Welt ermöglicht. Doch abgesehen von der komplizierten Frage, was »Geist« eigentlich ist, liegt das eigentliche, große Problem in der Art, wie Körper und Geist zusammenhängen und zusammenwirken. Ist der Körper der »Träger« des Geistes? Ist er sterblich, während der Geist unsterblich ist? Oder sind beide eins und es handelt sich etwa nur um eine Einheit mit zwei unterschiedlichen Ausdrucksformen? Sind also Körper und Geist in Wahrheit nur zwei Seiten derselben Medaille? Oder hat der Geist in Wahrheit auch eine materielle Grundlage und ist nichts anderes als eine Funktion des Körpers?

Probleme der praktischen Philosophie

Klar ist, dass von der Beantwortung solcher Fragen auch abhängt, ob wir in unserem Handeln mehr sind als Marionetten. Und das Handeln ist schließlich das zentrale Thema der praktischen Philosophie. Auch sie hat im Laufe ihrer Geschichte mehrere Disziplinen ausgebildet. Die wichtigsten sind:

- Die *politische Philosophie*: Hier steht das Konzept der Gerechtigkeit und die Frage nach dem besten Staat im Mittelpunkt; mit ihr hängt eng die *Rechtsphilosophie* zusammen. Sie fragt nach den Grundlagen und Funktionen rechtlicher Regelungen, aber auch, im Völkerrecht, nach den rechtlichen Beziehungen der Völker untereinander.

- Die *Ethik oder Moralphilosophie*: Sie versucht, eine Begründung für moralische Normen zu finden, aber auch Orientierung bei der praktischen Anwendung moralischer Regeln zu geben. Die *Philosophie der Lebenskunst* war ursprünglich ein Teil der Ethik. Sie beschäftigt sich mit der Möglichkeit eines glücklichen, »gelungenen« Lebens.

Gibt es auch in der praktischen Philosophie das große, zentrale Problem? Vielleicht ist es das *Problem der Gerechtigkeit*. Bei allem, was wir tun, ob als Bürger im Staat oder einfach im Umgang mit anderen: Wir wollen, dass es gerecht zugeht. Natürlich ist es ganz entscheidend, dass die Gesellschaft, in der wir leben, gerecht organisiert ist. Wir leben nicht nur mit ein paar Nachbarn zusammen, sondern sind Teil einer größeren Ordnung. Nicht zuletzt der Staat setzt unseren Handlungsmöglichkeiten Grenzen. Wie steht es dort mit Rechten und Pflichten? Mit der »richtigen«, d. h. gerechten Verteilung von Gütern? Haben Menschen, die gescheitert sind oder sich selbst nicht helfen können, Anspruch auf Hilfe von der Gemeinschaft? Wie stark darf der Staat meine Bewegungsfreiheit einschränken?
Die Natur bietet scheinbar ein einfaches Muster: Um zu überleben, frisst der Stärkere den Schwächeren und verteidigt seinen Lebensraum. Daran, dass es inzwischen ein globales Bewusstsein dafür gibt, dass Recht und Moral nicht mit Stärke und Macht verwechselt werden dürfen, sind die Philosophen nicht ganz unschuldig. Denn bereits die frühen Philosophen gaben sich mit dem Muster der Natur nicht zufrieden: Sie unterschieden zwischen »physis« und »nomos«, zwischen »Natur« und »Gesetz«. Sie wollten Regeln für unser Handeln, die sich begründen lassen und allen hinreichend Schutz bieten. *Sokrates* (469–399 v. Chr.) stellte die Frage nach dem Wesen der »Gerechtigkeit« öffentlich in den Straßen von Athen. Der Wert der Gerechtigkeit wird jedenfalls von Philosophen seit Jahrhunderten propagiert.

Bereits ganz zu Beginn der westlichen Philosophie haben die Philosophen Modelle eines gerechten Staates entworfen. Unsere heutigen Vorstellungen von Gerechtigkeit weichen sicherlich etwas davon ab. Doch wie unterschiedlich Gerechtigkeit auch definiert wird, eins ist klar: »Recht« und »Gerechtigkeit« sind nicht mit dem sogenannten »Recht des Stärkeren« identisch.
Im Zusammenleben einzelner Menschen ist die gewaltsame Durchsetzung von Interessen inzwischen moralisch verpönt, auch wenn sich nicht alle daran halten. So sollte es auch im Verhältnis zwischen Staaten sein. Doch das Verhalten der Völker scheint davon noch weit entfernt: Die Mächtigen unterwerfen die Schwachen. Und in der Geschichte gab es stets einen Feind, gegen den man gerüstet sein musste.

Doch nicht nur Gerechtigkeit ist im Spiel, wenn sich die Frage des »richtigen Handelns« stellt. Gibt es so etwas wie Grundregeln für das Zusammenleben von Menschen, die für alle gelten und für alle einsichtig sind? Dies ist das philosophische Grundproblem jeder *Moral.* Auch Religionen haben versucht, das Problem auf ihre Art zu lösen. Beispiel sind die zehn Gebote im Alten Testament.
Für die Philosophen sind diese Regeln allerdings nicht »gegeben«. Sie sind nicht vom Himmel gefallen und ergeben sich auch nicht aus der Natur. Sie müssen begründet werden. Gibt es so etwas wie ein moralisches Grundgesetz?
Eine Frage dabei ist z. B.: Wer ist eigentlich moralfähig? Alle Menschen gleichermaßen? Wie steht es mit Tieren, z. B. Primaten?

DENK DIR WAS!

Laborversuch Naturzustand!

Stellen Sie sich eine Gruppe von Menschen vor, die gezwungen ist, auf einer Insel für immer zusammenzuleben.

▶ Welche der folgenden Regeln wären verzichtbar und welche unverzichtbar, damit das Zusammenleben funktioniert? Welche Regeln würden Sie verändern oder ergänzen?

- Ein Versprechen darf nur einmal gebrochen werden.
- Keiner darf Privateigentum haben. Alles gehört allen.
- Keiner darf mehr als einen Partner heiraten.
- Alle müssen gleich viel arbeiten.
- Keiner darf einem anderen Gewalt antun.

Auch in der Moral gilt: Was in der Theorie so gut klingt, erweist sich in der Praxis oft als knifflig. Auch wenn ich moralische Grundregeln akzeptiert habe, ist noch lange nicht alles paletti.

Selbst wenn ich verstanden habe, warum ich moralisch handeln soll und welche Maßstäbe dafür gelten, komme ich doch immer wieder in Situationen, wo keine eindeutigen Entscheidungen möglich sind. Es entstehen *moralische Konflikte.*

Ein einfaches Beispiel ist das Verbot zu lügen. Das leuchtet einem zwar grundsätzlich ein, aber es scheint doch Gelegenheiten zu geben, in denen das Lügen nicht nur bequem, sondern vielleicht, wenn es um Menschenleben geht, sogar moralisch geboten ist. Oder ein immer aktuelleres Thema: Darf jemand selbst bestimmen, wann er sterben will, oder gilt auch für ihn das Gebot, Leib und Leben in jedem Fall zu schützen? Wann darf man abtreiben? Wann muss ich helfend eingreifen, wenn andere in Not sind?

Wenn man genau hinschaut, gibt es viele dieser moralischen Konfliktfelder, für die die Moralphilosophie versucht, Lösungen zu finden.

Die Frage nach dem »richtigen« Leben hat aber noch eine andere Dimension. Jeder Mensch, so sagte schon Aristoteles, strebt von Natur ein glückliches Leben an. Kann »Glück« ein Thema der Philosophie sein? Kann sie hier Orientierungshilfe leisten?

Typisch Philosophen, könnte man sagen. Die machen selbst aus dem Glück noch ein Problem. Genügt es nicht, einfach glücklich zu sein? Ja, das genügt. Darüber, dass sich jemand glücklich fühlt, will und kann niemand streiten. Aber die meisten Menschen sind an etwas interessiert, was mehr ist als eine momentane Glücksempfindung und was nicht so einfach zu finden ist: ein langfristiges und dauerhaftes Glück, zu dem uns vielleicht auch unsere Vernunft führen kann. Es geht, wie überall in der Philosophie, um eine Angelegenheit, über die man mit rationalen Argumenten streiten kann. Es geht also darum, meinem Leben insgesamt die Gestalt zu geben, in der ich mich wiederfinde und wohlfühle.

Und hier kommt die Philosophie der Lebenskunst ins Spiel. Sie versucht mit rationalen Mitteln, die »richtige« Richtung aufzuzeigen, die zu diesem Ziel führt. In der griechischen Philosophie nannte man dies das »gute Leben«. Griechische und römische Philosophen, die sich zu diesem Thema geäußert haben, wie *Epikur* (ca. 341–271 v. Chr.), *Epiktet* (55–135) oder *Marc Aurel* (121–180), werden bis heute gelesen und sind z. T. Bestseller.

So ist es übrigens auf allen Gebieten der Philosophie. Früher oder später finden wir immer wieder zu den antiken Wurzeln zurück. Die antike Philosophie bleibt der Pool, aus dem wir schöpfen. Wie man aus dem nächsten Kapitel ersehen kann.

KAPITEL 4

Die Antike als Ursprung der westlichen Philosophie

Platons Höhle (16. Jh.)
Bridgemanart.com

Die westliche Philosophie entstand im östlichen Mittelmeerraum zwischen dem 6. und 5. Jahrhundert v. Chr. Sie war zunächst Teil der griechischen und später, mit Ausdehnung ins westliche Mittelmeer, Teil der griechisch-römischen Zivilisation der Antike, die mehr als 1000 Jahre, also bis etwa ins 6. Jahrhundert n. Chr. Bestand hatte. Noch heute baut die Philosophie auf den Begriffen, Fragen und Problemen auf, die von den antiken Philosophen entwickelt und gestellt wurden. Oder anders formuliert: Die Antike hat den Denksport Philosophie nachhaltig in Gang gesetzt.
Für die griechischen Philosophen gab es noch keine Fachbegriffe. Sie benutzten Begriffe aus ihrer Umgangssprache und gaben ihnen eine neue Bedeutung. Auf diesem Wege haben sie Philosophie und Wissenschaft bis heute geprägt. Uns ist häufig nicht klar, wie viele der uns geläufigen philosophischen Begriffe griechischen Ursprungs sind, u. a. die Namen philosophischer Disziplinen wie Logik, Ethik, Politik, Metaphysik, oder speziellere Begriffe wie Syllogismus oder Tautologie. Oder denken wir an die Bezeichnung von Wissenschaften wie Physik, Biologie oder Psychologie.
Die alte griechische Welt war politisch zersplittert, aber ökonomisch, sprachlich und kulturell eng verknüpft. Die meisten Griechen lebten in einer »Polis«, einem Stadtstaat, der etwa die Größe eines Schweizer Kantons hatte. Einige davon, wie Sparta und Athen, gelangten in der Geschichte zu Berühmtheit.
Auch zu anderen Kulturen, wie der ägyptischen oder der persischen, waren die Beziehungen eng. Mit dem Handel wurden auch Ideen ausgetauscht. Die Philosophie entstand in Zeiten eines kulturellen Umbruchs, als traditionelle, vor

allem religiös geprägte Vorstellungen, Weltbilder und Herrschaftsstrukturen in Frage gestellt wurden.
Die ersten »Philosophen« traten an der kleinasiatischen Mittelmeerküste in Erscheinung, einem Gebiet, das heute zur Türkei gehört. Sie waren Naturforscher und suchten nach dem »Urstoff«, aus dem unsere Wirklichkeit besteht und damit gleichzeitig nach dem Urprinzip, dem wahren Kern unserer Wirklichkeit. Sie stellten sich Fragen, die heute noch aktuell sind: Ist die wahre Wirklichkeit zeitlos und ewig und demnach zeitliche Veränderung nur ein Trug unserer Sinne? Liegt unserer Wirklichkeit eine vernünftige Ordnung zugrunde, die wir nur erst durchschauen müssen?
Dabei tauchte immer wieder ein Begriff auf, der mit der Zeit eine beherrschende Rolle in der Philosophie spielen sollte: »Logos« – die Vernunft, die Ratio, oder auch das rationale Weltgesetz.

APROPOS

Logos

Kein Begriff hat in der Philosophie eine derartige Karriere hingelegt wie das griechische Wort »lógos«. Ursprünglich bedeutet es etwas Sprachliches: die Rede, das Gesagte, das Wort, aber auch die Art, wie etwas gesagt wird. Heute noch nennen wir diejenigen, die das richtige Sprechen lehren, »Logopäden«.
Von den frühen Griechen an rückte der **Logos** dann immer mehr ins Zentrum der Philosophie. Auch der erste Satz im Johannesevangelium lautet: »Am Anfang war der Logos.« Luther hat dies, wohl nicht ganz korrekt, mit »Am Anfang war das Wort.« übersetzt. Denn zur Zeit, als das Johannesevangelium geschrieben wurde, hatte »lógos« schon eine viel weitreichendere Bedeutung. Ähnlich wie bei Heraklit war damit das rationale Weltgesetz und die Weltvernunft gemeint.
Von »lógos« ist **Logik** als die Lehre vom »richtigen«, widerspruchsfreien Argumentieren und Schließen abgeleitet. Rationa-

les Argumentieren ist aber das tägliche Brot der Philosophie. Also: Ohne Logos gäbe es nicht nur keine Logik, sondern überhaupt keine Philosophie. Logisch! ■

AN DIE PINNWAND
Diesen Logos, der doch ewig ist, begreifen die Menschen nicht, weder bevor sie davon gehört, noch sobald sie davon gehört haben.
Heraklit

Die ersten Philosophen hatten immer noch viel Ähnlichkeit mit Priestern und Propheten, nur mit dem Unterschied, dass sie es nicht als ihre Aufgabe betrachteten, die Götter, sondern den Logos, also die neue rationale Weltsicht, zu verkünden. Die meisten benahmen sich dabei auch ähnlich wie ihre religiösen Gegenspieler. Sie wandten sich nicht so sehr an das Volk, sondern nur an wenige Eingeweihte. Einer der bekanntesten und einflussreichsten war der in Ephesos lebende Aristokrat *Heraklit* (535–475 v. Ch.), von dem auch der berühmte Satz stammt: »Alles fließt.« Heraklit sah sich als Hohepriester des Logos – keiner der frühgriechischen Philosophen hat die Bedeutung des Logos als Weltgesetz so betont wie er. Neben dem Begriff Logos prägte die griechische Philosophie noch eine ganze Reihe weiterer Begriffe, die bis heute unser Denken prägen.
Durch Meinungsverschiedenheiten und Gegensätze zwischen den frühen Philosophen wurde auch schon sehr früh ein Diskussionsprozess in Gang gesetzt, der eine Tradition der rationalen und kritischen Diskussion zwischen Denkern und philosophischen Schulen begründete. So wurde die antike Philosophie zu einem einzigartigen Laboratorium kritischen Denkens, in der das Fundament für die westliche Philosophie gelegt wurde. Eine der ältesten philosophischen Diskussionen ging z. B. um die Frage, ob die Welt sich ständig im Fluss, in Veränderung befindet – wie Heraklit dies behauptete – oder ob alle Veränderung und Bewe-

gung nur Täuschung ist, hinter der sich das wahre, zeitlose, unveränderliche und ewige Sein verbirgt. Dies vertrat *Parmenides* (ca. 540–460/455 v. Chr.) und die von ihm begründete eleatische Schule.

APROPOS

Die Eleaten und das unbewegte Sein

Parmenides (ca. 540–460/455 v. Chr.), aus Elea, der Gründer der sogenannten eleatischen Schule (siehe auch Info-Portal: Philosophische Schulen in der Antike, S. 72), hielt die Bewegung für ein Oberflächenphänomen: In Wahrheit, so Parmenides, gibt es weder Vielheit noch Bewegung noch Veränderung: Das Sein ist eine ewige unveränderliche Einheit. Damit legte er den Grundstein für die von der eleatischen Schule vertretene Überzeugung, dass es keine Zeit gibt. Die wahre Wirklichkeit ist ewige, unveränderliche Gegenwart. Für die Kritiker klang dies paradox. **Zenon** von Elea (490–430 v. Chr.), von dem man vermutet, dass er der Meisterschüler des Parmenides war, konterte die Kritiker, indem er seinerseits versuchte, Bewegung als etwas Paradoxes darzustellen. Auf diese Weise ist Zenon zum Großmeister der philosophischen Kopfnüsse geworden. ■

ZWEI PHILOSOPHISCHE KOPFNÜSSE

Das Problem der Zeit und der Bewegung

Achill und die Schildkröte

Der antike Held Achill, bekannt für seine Schnelligkeit, tritt gegen eine Schildkröte in einem Laufwettbewerb über 1000 m an. Die Schildkröte hat 100 m Vorsprung. Alles klar, könnte man sagen: nach etwa 12 Sekunden ist die Schildkröte überholt. Weit gefehlt, sagt Zenon. Sehen wir uns die Sache genauer an: Achill befindet sich an einem Punkt A, die Schildkröte an einem Punkt B. Wenn Achill den Punkt B erreicht hat, ist die Schildkröte bereits an einem Punkt C. Wenn Achill nach C kommt, ist die Schildkröte auf D. Und so fort bis ins Unendliche. Schlussfolgerung: Achill wird die Schildkröte nie erreichen.

Der Pfeil, der nie ankommt

Wir schießen einen Pfeil auf eine Zielscheibe ab. Kein Problem: Wir hören ein schwirrendes Geräusch und in weniger als einer Sekunde steckt der Pfeil in der Scheibe. Stopp, sagt Zenon. All dies ist nur Täuschung. Der Pfeil befindet sich an jedem bestimmten Zeitpunkt an einem ganz bestimmten Ort. Während er an diesem Ort ist, bewegt er sich nicht. Auch zu allen anderen Zeitpunkten, an denen er sich an anderen Orten befindet, bewegt er sich nicht. Also bewegt er sich überhaupt nicht und er wird niemals an der Zielscheibe ankommen.

▶ Was würden Sie Zenon entgegnen?

AN DIE PINNWAND

Das Bewegte bewegt sich weder in dem Raum, wo es sich befindet, noch in dem Raum, wo es sich nicht befindet.

Zenon

Nicht unwesentlich zu den Veränderungen des Denkens beigetragen haben die viel geschmähten *Sophisten*. Mit ihnen hielt eine kritische Grundhaltung Einzug in die Philosophie. Ihr Thema war nicht mehr so sehr der Kosmos, sondern der Mensch und sein Handeln. Für die Sophisten waren die Maßstäbe, nach denen wir handeln, nicht mehr naturgegeben oder von Göttern verordnet, sondern von Menschen gemacht und daher auch von Menschen veränderbar. Die alten Götter und Mythen hatten hier kaum noch Platz. Für diejenigen, die sich in ihrem Herrschaftsanspruch auf traditionelle religiöse Grundlagen beriefen, war dies eine Provokation.

APROPOS

Die Sophisten

Die **Sophisten** wurden von ihren philosophischen Gegnern dermaßen nachhaltig verleumdet, dass das Wort »Sophist« bis heute ein Schimpfwort im Sinne von »spitzfindiger Wortverdreher« geblieben ist. Was für diejenigen, die Philosophie zur Angelegenheit einer intellektuellen Elite machen wollten, skandalös war: Denn die Sophisten wandten sich mit ihren Lehren an die normalen Bürger und nahmen für ihre Dienste Geld an. Philosophie wurde zum Business. Für die mit Vermögen ausgestatteten Philosophen waren diese neuen Berufsphilosophen ein Ärgernis.

AN DIE PINNWAND
Der Mensch ist das Maß aller Dinge.
Protagoras

In Wahrheit waren die Sophisten die ersten philosophischen Aufklärer. Ihr großes Thema war der Mensch und die Gesetze, die ihm sein Handeln vorschreiben. Unwandelbare, göttliche Gesetze akzeptierten die Sophisten nicht mehr. Das Gesetz, »nomos«, konnte nicht nur durch Tradition, sondern musste durch rationale Argumente begründet werden.
Die Sophisten wirkten vornehmlich in einem städtischen Umfeld, insbesondere in Athen, und trugen ihre Lehre auf Straßen und Marktplätzen vor. Ihr Anliegen war es, den Menschen die sprachlichen Mittel an die Hand zu geben, um sich selbst mit Argumenten, z. B. bei Gericht, verteidigen zu können. Für die Sophisten war der »lógos« eine Waffe, die man zur Vertretung der eigenen Interessen schärfen konnte. Deshalb widmeten sie der öffentlichen Rede größte Aufmerksamkeit und gelten als die Erfinder der Rhetorik. ■

In der entstehenden Diskussionskultur setzten sich die Philosophen mit ihren Kollegen auseinander und kritisierten sich gegenseitig. Dadurch wurden die aufgestellten Theorien immer besser und komplexer. So stellte hundert Jahre nach den ersten griechischen Naturphilosophen der Materialist *Demokrit* (ca. 460–371 v. Chr.) die These auf, die Welt bestünde aus »Atomen« – was uns nicht zu Unrecht ziemlich modern vorkommt.

APROPOS
Idealismus und Materialismus

Vergessen wir zunächst einmal, was wir normalerweise mit diesen beiden Begriffen verbinden: Dass der Idealist an Ideale glaubt und der Materialist nur an Geld denkt.
Bei den Philosophen ist das anders: **Idealismus** bedeutet hier, dass das wahre Wirkliche etwas Geistiges ist, oder auch, dass alle unsere Erkenntnis durch unseren Geist und unsere Vorstellungen geprägt sind. **Materialismus** bedeutet entsprechend, dass die wahre Wirklichkeit etwas Materielles ist und der Geist etwas Sekundäres, Abgeleitetes ist.
Der Ursprung dieser Auseinandersetzung liegt in der Antike. Der Kampf zwischen Idealismus und Materialismus hat danach die gesamte Philosophiegeschichte bestimmt – wobei die Idealisten eine viel größere Lobby hatten und die Schlagzeilen bestimmt haben. Eine Variante und Fortsetzung dieser Auseinandersetzung findet man in der Diskussion um das sogenannte Leib-Seele-Problem, also in der Frage, in welchem Verhältnis Körper und Geist beim Menschen stehen (siehe Kap. 9, S. 199).
Die beiden großen klassischen antiken Philosophen – *Platon* (427–347 v. Chr.) und *Aristoteles* (384–322 v. Chr.) – waren Idealisten und übten auf die nachfolgende Philosophie großen Einfluss aus. Berühmt wurde Platons »Ideenlehre«: Danach liegt die wahre Wirklichkeit nicht in den konkreten, veränderlichen Dingen, sondern in idealen, unveränderlichen Formen. Beispiel: Es gibt viele verschiedene Pferde, aber nur eine einzige »Pferdeidee«: die ideale, typische Form des Pferdes. Das griechische Wort für ideale Form heißt »eídos« und wird im Deutschen meist mit »Idee« übersetzt – daher »Ideenlehre«.

Platon war ein erbitterter Gegner des Materialismus und er hat dafür gesorgt, dass viele Schriften seiner materialistischen Gegner vernichtet wurden. Dies betrifft auch den bedeutendsten Materialisten der Antike, *Demokrit* (ca. 460–371 v. Chr.) von dem nur wenig Schriftliches überliefert ist. Der Kern seiner materialistischen Lehre ist folgender: Alles, was existiert, lässt sich auf unteilbare, unveränderliche, materielle Teilchen im leeren Raum zurückführen, die er Atome nennt. Alles entsteht durch die Verbindung von Atomen.
Wenn auch in der klassischen Philosophie der Idealismus klar nach Punkten führt, ist es in der Wissenschaft anders: Hier wirkt immer noch die Theorie Demokrits nach. ■

Demokrit lebte bereits im »goldenen«, klassischen Zeitalter der griechischen Philosophie an der Wende vom 5. zum 4. Jahrhundert v. Chr. Damals wurde Athen zur philosophischen Hauptstadt der Griechen. Eine ganze Reihe erstklassiger Denker lebte und arbeitete dort – darunter die »großen Drei«: *Sokrates* (469–399 v. Chr.), *Platon* (427–347 v. Chr.) und *Aristoteles* (384–322 v. Chr.). Sokrates hinterließ nichts Schriftliches, sondern beschränkte sich auf die Tätigkeit eines philosophischen Streetworkers. Allerdings wurde er zum Lehrer einer ganzen Philosophengeneration. Platon war einer davon.

DER KLEINE PHILOSOPHENSTECKBRIEF

Gesucht wird: der große Nichtwisser

Der große Nichtwisser wurde täglich auf den Straßen Athens gesehen, wie er den Leuten mit seinen Fragen auf die Nerven ging. Sein Standardsatz lautete: »Ich weiß, dass ich nichts weiß!« Von Beruf Bildhauer, trieb er sich doch den ganzen Tag in der Stadt herum und belämmerte Politiker, Dichter und Handwerker mit Fragen wie »Was ist Tapferkeit?« oder »Was ist Gerechtigkeit?«. Dann zerpflückte er die Antworten so lange, bis nichts mehr

übrig blieb und alle im Zustand der Ratlosigkeit stecken blieben. Das nannte er dann eine »Aporie« – zu Deutsch: einen nicht auflösbaren Widerspruch.
Der große Nichtwisser war in Athen mehr als eine Merkwürdigkeit. Für junge Intellektuelle war er eine Attraktion. Eine große Schar junger Leute verehrte ihn als ihren Weisheitslehrer und Guru. Schriftliche Zeugnisse hat er jedoch nicht hinterlassen. Er beschränkte sich auf philosophische Gespräche. Er selbst behauptete, sein Handeln werde von einem gewissen »Daimonion« geleitet – ein Sektenführer? Eine Geheimdienstzentrale?
Jedenfalls hatte er sich aus Gründen, die bis heute umstritten sind, bei den politisch Mächtigen Feinde gemacht und wurde in einem öffentlichen Prozess zum Tode verurteilt.
▶ Wer war's?

Platon und Aristoteles entwarfen bis heute höchst einflussreiche und umfassende Theorien der Welt. Platons Ideenlehre und die von Aristoteles formulierte Lehre, dass alles in der Natur auf einen bestimmten Zweck (»télos«) ausgerichtet sei, haben über Jahrhunderte hinweg die philosophische Diskussion bestimmt. Leider sind uns nicht von allen damals lehrenden bedeutenden Philosophen Texte überliefert. Vieles ist verloren gegangen.
Die griechischen Philosophen umgaben sich mit Schülern und gründeten Schulen. Platon nannte seine Schule »Akademie« und lieferte damit die Vorlage für die Gründung späterer Universitäten. Die wichtigsten Philosophenschulen beherrschten in der Folgezeit das philosophische Leben. Ihr Ziel war es »Weisheit« zu lehren, und zwar nicht nur theoretisch, sondern auch durch praktisches Einüben einer Lebensform. In der Spätantike rückte die Lebenskunst in den Mittelpunkt der Philosophie.

LOGIK-CHECK

Der federlose Zweibeiner

Eine der wichtigsten Übungen in der platonischen Akademie war es, den Dingen mit Hilfe des *Logos*, d.h. der Sprache, auf die Spur zu kommen, indem man sie zu definieren suchte. Für die Platoniker gab es einen direkten Zusammenhang zwischen »richtigem« Begriff und dem Wesen der Sache. Wenn man verstanden hat, was ein »Schuh« ist – und zwar nicht irgendein konkreter Schuh, sondern ein Schuh »im Allgemeinen« – dann hat man das Wesen des Schuhs verstanden. Dazu musste man »Schuh« definieren können.

Ebenso verhielt es sich bei einem der großen Themen der Philosophie, dem Menschen. Wie konnte man den Menschen von anderen Lebewesen unterscheiden? In seinem Dialog ›Kratylos‹ gelangte Platon zu der originellen Definition »Mensch« = »federloser Zweibeiner«.

Dies rief Diogenes von Sinope, einen der großen Provokateure der antiken Philosophie, auf den Plan. Die überlieferte Anekdote erzählt, dass Diogenes einem Hahn die Federn ausgerupft und mit den Worten »Hier habt ihr Platons Mensch!« den gerupften Hahn über die Mauer der platonischen Akademie geworfen hat.

Platon reagierte auf dieses »Gegenargument«, indem er seine Definition erweiterte. Sie lautete nun: »Mensch« = »federloser Zweibeiner mit breiten Krallen«, womit die Zehennägel gemeint waren.

- Welche Schwäche in der Definition Platons hat Diogenes aufgedeckt? Bewerten Sie die Definition Platons mit Hilfe der logischen Begriffe »notwendige Bedingung« und »hinreichende Bedingung« (siehe Kap. 5).
- Was sagt die Aktion über das Philosophieverständnis des Diogenes?
- Versuchen Sie eine bessere Definition des Menschen zu geben!
- Wie ist Platons Reaktion auf Diogenes zu bewerten?

DER KLEINE PHILOSOPHENSTECKBRIEF

Gesucht wird: der Philosoph, der sich selbst in die Tonne klopfte

Er lebte in der Blütezeit der klassischen griechischen Philosophie, doch er war ein völliger Außenseiter. In Philosophiegeschichten taucht sein Name nur am Rande, als Kuriosität, auf. Bis heute hat er es schwer, ernst genommen zu werden. Er war kein Zyniker im heutigen Sinne, sondern Anhänger der Philosophenschule der Kyniker (siehe Info-Portal: Antike Philosophenschulen), die weniger auf Theorie Wert legten als vielmehr auf konkrete Lebensformen, auf eine »praktische« Weisheit, die sich auch in Happenings und provokativen Gesten äußern konnte. Und genau durch solche provokativen Aktionen ist der Gesuchte berühmt geworden. Er war ein radikaler Nonkonformist, der die Menschen zu einer radikalen Lebensänderung bewegen wollte, indem er konsequent gegen den Strom schwamm. Wenn andere nach einer Aufführung das Theater verließen, ging er hinein. Auf die Frage »Warum?« antwortete er »So halte ich es mit meiner ganzen Lebensführung«.

Ob die Kyniker ihren Namen wirklich vom griechischen »kyon« = »Hund« ableiteten, ist umstritten. Doch »Hund« war tatsächlich einer der Schimpfnamen, die man dem Gesuchten gab. Einige Quellen berichten, er sei aus seiner Heimatstadt Sinope nach Athen geflohen, um einer Anklage wegen Falschmünzerei zu entgehen. Dort führte er das Leben eines Obdachlosen, schlief auf der Straße, in Hundehütten oder öffentlichen Gebäuden und ernährte sich rein vegetarisch. Besonders eingeprägt hat sich die Überlieferung, er habe eine Tonne als Wohnort gewählt. Bekannt wurde er durch den Spruch, den er äußerte, als Alexander der Große ihn einmal auf der Straße ansprach: »Geh mir aus der Sonne« war die etwas unhöfliche Antwort des Philosophen, der sich selbst in die Tonne klopfte.

▶ Wer war's?

PRO UND CONTRA

Was braucht der Mensch, was braucht er nicht? Notwendige und natürliche – nicht notwendige und unnatürliche Bedürfnisse

Die griechischen Philosophen bemühten sich, einen von der Vernunft begründeten Weg zum Glück aufzuzeigen. *Epikur* (ca. 341–271 v. Chr.), einer der bekanntesten philosophischen Glückslehrer, vertrat zwar eine Philosophie der Freude und Lust (Hedonismus). Dies bedeutete für ihn jedoch nicht, dass jede Bedürfnisbefriedigung glücklich macht. Für ihn gab es einen großen Unterschied zwischen notwendigen und nicht-notwendigen Bedürfnissen. In einem Brief an seinen Freund Menoikeus schreibt er: »Man muss sich aber auch darüber klar werden, dass von unseren Begierden die einen naturbedingt, die anderen nichtig sind, und dass von den naturbedingten ein Teil notwendig, der andere eben nur natürlich ist, und schließlich, dass von den notwendigen einige zur Erlangung der Glückseligkeit erforderlich sind, andere, um unsere Gesundheit vor Störungen zu bewahren, und wieder andere, um überhaupt leben zu können«.

- Nennen Sie Argumente oder Gegenargumente dafür, dass das Bedürfnis nach folgenden Gütern zu den notwendigen Bedürfnissen zählt, die zum Glück führen:
  Auto, Kühlschrank, Computer, Bücher, soziale Beziehungen

INFO-PORTAL

Philosophische Schulen in der Antike

Noch heute beobachten wir bei indischen Gurus oder japanischen Zen-Meistern, wie sich eine Gruppe von Schülern für längere Zeit um einen Meister schart, um mit seiner Hilfe entscheidende Schritte auf dem Weg der Erkenntnis zu gehen. Ähnliche Strukturen kann man in der antiken Philosophie beobachten. Manchmal handelte es sich nur um eine lose gefügte Gruppe, manchmal aber um eine straff organisierte Gemeinschaft, die einem strengen Lehrplan folgte. Einige dieser Schulgründungen hatten erheblichen Einfluss auf die gesamte antike Philosophie. Hier eine Auswahl der wichtigsten:

Die frühe Phase: *Die Pythagoreer*, benannt nach dem Gründer und Oberhaupt *Pythagoras* aus Samos (570–510 v.Chr.). Nicht zufällig ist uns der Name Pythagoras noch aus der Mathematik vertraut. Die Pythagoreer waren davon überzeugt, dass die Beschäftigung mit Mathematik und Musik uns zur Erkenntnis der Welt führen kann. Sie organisierten sich in der Art eines religiösen Geheimbundes und glaubten an die Seelenwanderung.
Die Eleaten, benannt nach dem süditalienischen Herkunftsort ihres Gründers *Parmenides* (ca. 540–460/455 v.Chr.), der aus Elea stammte. Mit ihrer These, dass das wahre Sein ewig und unveränderlich ist, hatten sie großen Einfluss auf Platon (siehe Apropos: Die Eleaten und das unbewegte Sein, S. 64).
Die sogenannten *Sokratiker* sind keine einheitliche Schule. Sie haben lediglich gemeinsam, dass Sokrates ihr Vorbild ist und dass sie seiner Art des Lebens und philosophischen Fragens nacheifern wollten. Der bedeutendste Sokratiker ist Platon, der aber zum Gründer einer eigenen Schule, der *Akademie* (s.u.) wurde. Ansonsten umfasst dieser Begriff ganz verschiedene Gruppen: z.B. *die Kyniker*, von denen *Antisthenes* (445–365 v.Chr.) und *Diogenes* von Sinope (412–323 v.Chr.) die wichtigsten sind. Sie spitzten die Neigung des Sokrates, Gesprächspartner in Widersprüche zu verwickeln, zu einer Lebensweise zu, die darauf angelegt war, zu provozieren; *die Kyrenaiker* mit ihrem wichtigsten Vertreter *Aristipp* (435–356 v.Chr.). Sie vertraten einen Hedonismus und Materialismus. Ihre Ethik war an sinnlichen Bedürfnissen und ihre Erkenntnistheorie an sinnlicher Wahrnehmung orientiert. Von einem »idealen Sein« hielten sie nichts.
»Die großen Vier«: Die großen Vier bilden sozusagen die Champions League der antiken Philosophenschulen, diejenigen, die

die Diskussionen bis in die Spätantike bestimmten und Einfluss auf breite Schichten ausübten: die platonische Schule, die aristotelische Schule (Peripatetiker), die Stoiker und die Epikureer. Ihre Gründung fällt in das 4. Jahrhundert v. Chr., also in die klassische Phase der griechischen Philosophie.

Die Platoniker oder auch *Akademiker* oder *Die Akademie: Platon* (427–347 v. Chr.), von dem die Schule ihren Ausgang nahm, gründete in seiner Heimatstadt Athen die erste bekannte Philosophenschule im ehemaligen Hain des Akademos. Die danach benannte »Akademie« wurde zum Vorbild für alle späteren höheren Lehranstalten (»Akademien«) und Universitäten. In Platons Akademie musste man förmlich aufgenommen werden und sich einem strengen Lebens- und Lehrplan unterwerfen. Gelehrt wurde die Ideenlehre Platons (siehe Apropos: Idealismus und Materialismus, S. 67), aber auf dem Weg dorthin musste man sich, wie bei den Pythagoreern, intensiv mit Mathematik beschäftigen. Die platonische Akademie existierte noch bis ins 6. Jahrhundert n. Chr.

Die Peripatetiker, die Schule des *Aristoteles* (384–322 v. Chr.): Aristoteles selbst war lange Jahre Mitglied der platonischen Akademie. Als er seine eigene Philosophie zu entwickeln begann, die sehr viel mehr an der Erfahrung orientiert war als die Platons, gründete er seine eigene Schule in Athen. Der Name der Schule stammt daher, dass Aristoteles in den Wandelgängen seiner Schule (»peripatos« = Wandelgang) zu spazieren pflegte. Die Peripatetiker vertraten eine »teleologische Weltdeutung«: Alles in der Welt ist auf die Verwirklichung eines bestimmten Zwecks (»télos«) hin geschaffen.

Die Stoa: Auch die Stoiker haben ihren Namen von einem Gebäudeteil: der »stoa poikile«, der bunten Säulenhalle, in der sich Schüler und Lehrer zu Gesprächen trafen. Der Zyprer *Zenon* (336–264 v. Chr.) – nicht zu verwechseln mit Zenon von Elea, dem Schüler des Parmenides – gründete die Schule noch vor Ende des 4. vorchristlichen Jahrhunderts in Athen. Die Stoiker wirkten vor allem in der hellenistischen Spätantike mit einer Lebensphilosophie, die davon ausging, dass unser Universum von einer vernünftigen Ordnung durchdrungen ist und dass es Aufgabe des Menschen ist, sich in diese Vernunftordnung einzufügen.

Die Epikureer, benannt nach ihrem Gründer *Epikur* (341–270 v. Chr.), der seine 306 v. Chr. in Athen gegründete Schule »Der Garten« nannte. Epikur und seine Schüler wurden von den anderen Philosophenschulen regelmäßig als Lustmolche verleugnet, weil in ihrer Ethik »hedoné«, also »Freude« bzw. »Lust« das höchste Ziel war und weil sie den von Platon und Aristoteles vertretenen Idealismus ablehnten. Die Epikureer traten für eine vernunftgesteuerte, mäßige, auf langfristiges Wohlbefinden angelegte Lebensführung ein, die sich in der Praxis von der Ethik der Stoiker nicht sehr unterschied. Epikur lehrte, ähnlich wie Demokrit, dass das Universum aus kleinsten materiellen Teilen, den Atomen, besteht.

Der bekannteste Vertreter der Epikureer in der römischen Zeit war der römische Dichter *Lukrez* (96–55 v. Chr.). ■

APROPOS

Polis und zóon polítikon – Wie die Griechen die Politik erfanden

Die griechischen Philosophen waren die ersten, die von »Politik« redeten. Gemeint waren die Angelegenheiten einer **Polis**, des griechischen Stadtstaates. Die Polis war der Ort, in dem sich die im Menschen angelegten Fähigkeiten erst entfalten konnten. Der Mensch, so drückte es Aristoteles aus, ist kein Wesen, das sich isoliert und alleine entwickeln kann, sondern ein **zóon polítikon**, ein Gemeinschaftswesen, das für das Leben in der Polis bestimmt ist. ■

PRO UND CONTRA

Jedem das Seine – Ist das Gerechtigkeit?

Die griechischen Philosophen begründeten die politische Philosophie, indem sie erkannten, dass ein gerechter Staat, also eine gerechte Polis, sich nicht von selbst versteht, sondern von Menschen organisiert werden muss. Platon stellte in seinem Werk ›Politeia‹ (= die Lehre von der gerechten Polis) die These auf, dass es in einem Staat verschiedene Klassen von Menschen gibt, so die Herrscherschicht, die Militärkaste und die arbeitende Bevölkerung, und dass Gerechtigkeit darin besteht, dass jeder den Platz in der Gesellschaft einnimmt, der ihm von Geburt zugewiesen wird. Sein Gerechtigkeitsgrundsatz war: Gerecht ist das, was jedem zukommt, also: »Jedem das Seine«.

- Nennen Sie Argumente für und gegen diesen Grundsatz!
- Welche Bedingungen müssten erfüllt sein, damit der von Platon formulierte Grundsatz mit unserer heutigen Vorstellung von Gerechtigkeit vereinbar ist?

DER KLEINE PHILOSOPHENSTECKBRIEF

Gesucht wird: der Fremde aus Makedonien

Er gilt als Vater der Wissenschaften und als einer der größten Systematiker aller Zeiten. Er war ein Allroundgelehrter und hat die Logik erfunden. Doch er hatte es nicht ganz leicht. Er war ganz im Norden des heutigen Griechenlands in Makedonien aufgewachsen, und gestandenen Griechen galten die Makedonier als »Barbaren«. Schlimmer noch: Diese Barbaren unterwarfen im 4. Jahrhundert. v. Chr. die griechischen Stadtstaaten unter ihre Herrschaft.

In jungen Jahren ging er nach Athen, um in der Akademie Platons die beste philosophische Ausbildung zu durchlaufen, die damals zu bekommen war. Dass er nach 20 Jahren Lehrzeit in seine Heimat zurückkehrte und die Erziehung des späteren Alexander des Großen übernahm, machte die Sache in den Augen der Griechen nicht besser. Als er wieder nach Athen übersiedelte und dort seine eigene philosophische Schule gründete, stieß er auf viele Ressentiments. Er galt als Kollaborateur. Als sich schließlich die Athener gegen die Makedonier erhoben, packte der inzwischen 61-Jährige aus Furcht vor Verfolgung fluchtartig seine Sachen und zog sich nach Chalkis auf das Gut seiner Mutter zurück, wo er kurze Zeit später starb. Die Lehrbücher, die er eigenhändig für seine Schüler verfasst hatte, sind heute unsterbliche Klassiker der Philosophie.

▶ Wer war's?

APROPOS

Das Erbe des Aristoteles 1 – Substanz und Akzidenz

Diese von Aristoteles eingeführte Unterscheidung scheint auf den ersten Blick nicht nur plausibel, sie scheint auch unseren gesamten Blick auf die Welt zu bestimmen: Wenn wir einen Gegenstand betrachten, unterscheiden wir an ihm das, was wesentlich und unveränderlich ist (= **Substanz**), von den wechselnden Eigenschaften (= **Akzidenzien**). Ein Auto bleibt ein Auto (sozusagen als Autosubstanz), ob es nun blau, schwarz oder gelb, ob es ein Kleinwagen, ein Cabriolet oder eine Stretchlimousine ist. Ebenso bleibt die Baumsubstanz immer gleich, ob der Baum nun Blätter trägt, ob er hochgewachsen oder ein Bonsai ist, ob der Stamm vom Blitz beschädigt ist oder nicht. Die Substanz ist das »zugrunde Liegende«, das nackte Ding, das, was übrig bleibt, wenn die »dazugekommenen« veränderbaren Eigenschaften abgezogen werden.

Die Einteilung der Welt in Substanzen und Akzidenzien spiegelt sich auch in unserer Sprache: Wir unterscheiden zwischen einem Subjekt und den Prädikaten, die wir ihm zusprechen: »Unser Haus hat eine neue Fassade« oder »Unser Haus hat jetzt drei Stockwerke«, sagen wir, und meinen, dass »unser Haus« immer derselbe identische Gegenstand ist, auf den wir uns sprachlich beziehen. Satzsubjekt und Substanz scheinen aufeinander zu verweisen, ebenso wie Prädikate und Akzidenzien.

Doch genau diese Analogie zwischen Welt und Sprache ist vielen Philosophen verdächtig. Sie vermuten, dass die Unterscheidung zwischen Substanz und Akzidenz nur ein Interpretationsschema ist, das wir aus der Sprache übernommen haben, um uns in der Welt orientieren zu können. Mit der »wirklichen« Welt hat dies möglicherweise nichts zu tun. Vielleicht gibt es gar keine »zugrunde liegenden« Dinge, sondern nur »Prozesse«. Oder ist es umgekehrt, wie Aristoteles dachte: In der Sprache spiegelt sich die wahre Struktur der Welt?
In jedem Fall: Die Unterscheidung von Substanz und Akzidenz war nicht nur ungeheuer einflussreich, sie hat auch bis heute in der Philosophie viele Kontroversen ausgelöst. ■

PRO UND CONTRA

Substanz oder keine Substanz?

Prüfen Sie bei folgenden Begriffen, Vorgängen oder Ereignissen, ob man sie als Substanz auffassen kann oder nicht:
Strom, Energie, Klimawandel, Industrialisierung
▶ Was spricht dafür, was spricht dagegen?

APROPOS

Das Erbe des Aristoteles 2 – Ursache und Zweck

Wenn wir auf Vorgänge und Gegenstände in der Welt schauen und fragen: »Warum ist dies so?« kann es nach Aristoteles vier verschiedene Arten von Antworten geben – und zwar deshalb, weil es nach Aristoteles vier verschiedene Arten von Ursachen gibt (siehe Kap. 8, Apropos: Die vier verschiedenen Arten von Ursachen bei Aristoteles, S. 169). Nur zwei davon haben es schließlich in den Endlauf der Philosophiegeschichte geschafft: die sogenannte **Kausal- oder Wirkursache** und die sogenannte **Zweckursache** (griech. »télos«). Beide haben bis heute nachhaltig die Art beeinflusst, wie wir die Vorgänge in der Welt erklären. Man kann beide Arten von Ursachen leicht durch die Art unterscheiden, wie wir auf die Frage »Warum?« antworten: Wenn wir statt »weil« in der Antwort »damit« verwenden können, haben wir es mit einer Zweckerklärung zu tun.

Beispiel: Auf die Frage »Warum regnet es?« kann man antworten: »Weil sich durch den Zusammenstoß von Luftmassen Feuchtigkeit in den Wolken angesammelt hat« (kausale Erklärung); oder: »Damit Äcker und Wiesen genügend Feuchtigkeit erhalten« (Zweckerklärung).

Für Aristoteles war die Zweck- oder teleologische Ursache die wichtigste von allen, weil für ihn die Welt zweckmäßig geordnet war. Jeder Teil der Natur hatte einen »télos«, und war, so könnten wir sagen, auf die Entfaltung eines bestimmten Zwecks hin programmiert.

Die Welt war eine Zweckpyramide, die schließlich zu Gott, dem obersten Zweck, führte. Für das christliche Mittelalter war diese Art von Erklärung geradezu ein Gottesgeschenk, weil man mit ihrer Hilfe die göttliche, sprich: christliche Weltordnung erklären konnte. Das »teleologische Denken« bestimmte lange Zeit Wissenschaft und Philosophie.

Aus heutiger Sicht muss man allerdings sagen: Die Kausalursache hat letztlich das Rennen gemacht. In der neuzeitlichen Wissenschaft geht es nur noch um die Kausalerklärung. Dass die Welt nach Zwecken geordnet ist, glaubt heute kaum noch einer.

Dennoch hat die Zweckursache überlebt: Wenn es um die Erklärung von menschlichem Handeln geht, greifen wir immer wieder auf Zweckursachen zurück. Denn der Mensch ist dasjenige Wesen, das sich selbst Zwecke setzen und sich danach orientieren kann. Beispiel: »Warum hat Paul mit dem Rauchen aufgehört?« – »Damit sich sein Asthma nicht verschlimmert.« Deutlicher wird dies noch, wenn es um moralische Probleme geht: Die Lehre von richtigen und falschen Zwecken ist eine der Grundlagen der Ethik. ■

APROPOS

Das Erbe des Aristoteles 3 – Logik

Wenn wir Äußerungen von Menschen, Texte, Reden, Konzepte beurteilen, reden wir von »logischem Denken«, »logischen Schlussfolgerungen«, von »Prämissen« und »Widersprüchen« – mit all dem beziehen wir uns auf die **Logik** – eine philosophische Disziplin, die Aristoteles ins Leben gerufen hat.

In der Logik geht es um die richtige Art, innerhalb einer Aussage Begriffe miteinander zu verbinden, und um die richtige Art, Aussagen miteinander zu verknüpfen und zu richtigen Schlussfolgerungen zu kommen. Für Aristoteles, den man als den »Erfinder« der Logik bezeichnen könnte, geht es in der Logik aber auch um die unveränderlichen Prinzipien unseres Denkens, in denen sich gleichzeitig die unveränderlichen Prinzipien der Welt spiegeln. So spiegelt sich für ihn in der Beziehung zwischen »Subjekt« und »Prädikat« in einem Satz die Beziehung zwischen »Substanz« und »Akzidenz«. Als Beispiel berühmt wurde folgende Schlussfolgerung:

Alle Menschen sind sterblich.
Sokrates ist ein Mensch.
→ Sokrates ist sterblich.

Mit den Mitteln der Logik sollte es der Philosophie ermöglicht werden, Argumente und Theorien wasserdicht zu beweisen oder Beweise auf Richtigkeit zu überprüfen.

Noch bis ins 19. Jahrhundert hinein wurde »Logik« in der Philosophie genau in der Art gelehrt, wie Aristoteles sie begründet hatte. Erst danach wurde sie als »Analysewerkzeug« unserer Sprache modernisiert (siehe Kap. 5). ■

LOGIK-CHECK

Richtige oder falsche Schlussfolgerung?

Vergleichen Sie die berühmte Schlussfolgerung

Alle Menschen sind sterblich.
Sokrates ist ein Mensch.
➔ Sokrates ist sterblich.
mit der folgenden:

Alle Menschen sind sterblich.
Sokrates ist sterblich.
➔ Sokrates ist ein Mensch.

▶ Prüfen Sie beide Schlussfolgerungen auf Richtigkeit oder Falschheit. Worin unterscheiden sie sich?

PRO UND CONTRA

Die Tugendlehre des Aristoteles – Ist die richtige Mitte immer »richtig«?

Aristoteles glaubte, dass wir in unserem sozialen Verhalten gegenüber anderen die Tugenden einüben sollen, die sich als Mitte zwischen zwei Extremen verstehen lassen. Im Umgang mit Geld sollen wir die Tugend der Großzügigkeit üben, eine Tugend, die in der Mitte zwischen Geiz und Verschwendung liegt. Auch die Tugend der Tapferkeit liegt für ihn in der Mitte zwischen Tollkühnheit und Feigheit.

▶ Prüfen Sie die Tugendlehre von der richtigen Mitte an folgenden zwei Gegensätzen:
Absolute Wahrhaftigkeit – Unehrlichkeit
Mitleid, Empathie – Hartherzigkeit

▶ Gibt es hier die richtige Mitte? Und wo liegt sie?

APROPOS

Das gute Leben

Mit diesem Schlagwort bezeichnete die gesamte Antike die Lebensform, die von den Philosophen empfohlen und von den »Weisen« vorgelebt wurde. Sie ist Vorbild für Lebenskunst, Moral und Politik gleichermaßen. Im Begriff des **guten Lebens** wurde die Vorstellung eines glücklichen, erfüllten, »gelingenden« Lebens, eines moralisch tugendhaften und eines staatsbürgerlich vorbildhaften Lebens zu einer Einheit zusammengefasst. Im guten Leben verwirklicht der Mensch die Zweckbestimmung, das »télos«, das die Natur für ihn vorgesehen hat.

Natürlich setzten die verschiedenen antiken Philosophenschulen in ihrer Lehre vom guten Leben verschiedene Akzente. Doch auffallend ist, wie sehr sie sich im Grundsatz einig waren: Das gute Leben war ein gleichermaßen »vernunft- und naturgemäßes« Leben, ein maßvolles Leben, das mit den ewigen vernünftigen Gesetzen des Kosmos in Einklang stand. Dafür bedurfte es aber der Einübung praktischer Tugenden. Moralisch richtiges Handeln ist für die antike Philosophie nur zu einem kleinen Teil Sache des Verstandes – vor allem ist es Folge einer lebenslangen Praxis.

Diese Praxis konnte auch in meditativen Übungen bestehen. Im Unterschied zu heute wurde in der Antike ein Leben, das sich der Muße und der Kontemplation widmet, von den meisten Philosophen höher bewertet als ein der Arbeit gewidmetes Leben. Für die Griechen war ein rastloses, arbeitsames Leben eher ein Makel als ein Vorzug. ■

Die Philosophie der Antike endete, als religiöse Fundamentalisten aus verschiedenen Lagern – unter ihnen die frühen Christen – gegen weltliche Philosophen und gegen die öffentliche kritische Auseinandersetzung mit philosophischen Fragen mobil machten. Es dauerte Jahrhunderte, bis die Philosophie wieder eine ähnliche Blüte erlebte wie in der Antike.

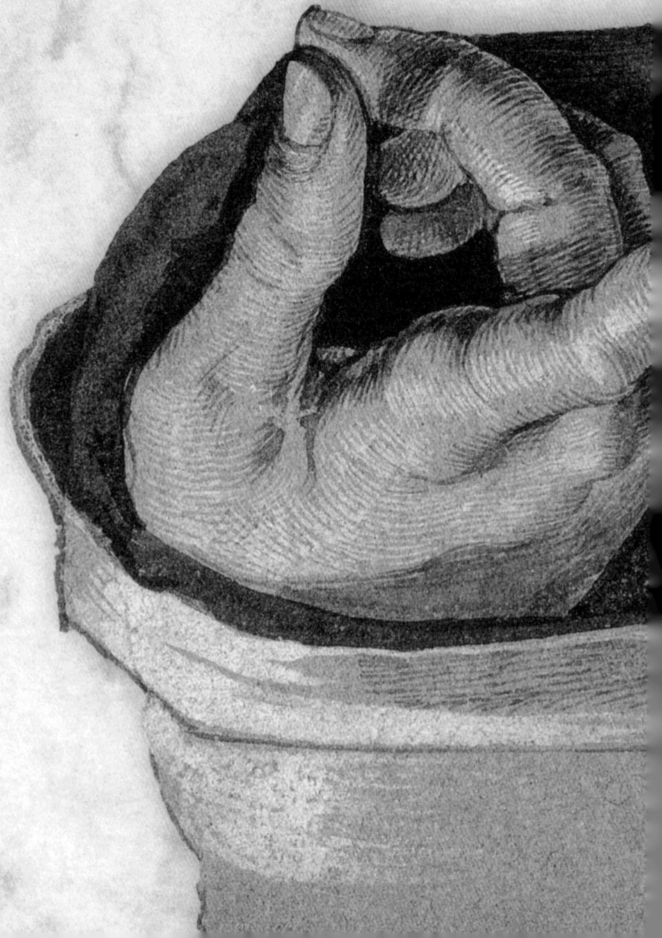

KAPITEL 5

Logik, Sprache, Argumentation: Aus dem Werkzeugkasten der Philosophie

Albrecht Dürer: Die Hände des 12-jährigen Jesus (1506)
Braunschweig, Herzog Anton Ulrich Museum

Für manche ist die Logik die Seele der Philosophie. In ihr werden, so dachten auch die Philosophen über Jahrhunderte, die Gesetze des richtigen Denkens festgelegt. Für andere ist sie ein Abenteuerspielplatz für Tüftler, verhinderte Mathematiker und Computerfreaks, der am Rande der Philosophie liegt und mit ihren wichtigen Fragen und Problemen nichts zu tun hat.
Beides geht wohl etwas an der Wahrheit vorbei. Tatsache ist, dass die Logik die Philosophie von Anfang an begleitet hat. Die Grundlagen unserer heutigen Beschäftigung mit Logik wurden, wie in vielen anderen Bereichen der Philosophie, im antiken Griechenland gelegt. Im 19. Jahrhundert erhielt sie einen Erneuerungsschub – und ist seitdem eine komplexe und hoch ausdifferenzierte Disziplin innerhalb der Philosophie geworden. Ihre Blüte verdankt sie u. a. der neuen Rolle, die die Sprache als Thema für die Philosophie spielt. Alle unsere Begriffe, Fragen, Aussagen und Theorien finden im Medium der Sprache statt. Doch es dauerte lange, bis man erkannte, dass philosophische Inhalte und die sprachliche Form, in der man sie äußert, eng miteinander zusammenhängen. Es ist philosophisch keineswegs gleichgültig, in welcher Art von Sprache ich mich ausdrücke. Dies hat manche Philosophen dazu verführt, die Sprache zum einzig wichtigen Thema der Philosophie zu erklären.
Doch dies ist wohl zu weit gegriffen. Unzweifelhaft ist: Wenn wir die Tücken, Widersprüche und Mehrdeutigkeiten der Sprache durchschauen, können wir viele unnötige Probleme im Vorfeld bereinigen. Und genau hier kann uns die Logik helfen. Unsere Umgangssprache kümmert sich nicht immer um Logik. Eine der wichtigen Erkenntnisse der

Sprachphilosophie ist, dass die grammatische Form und die logische Form der Sprache keineswegs identisch sind. Doch im Interesse der Klarheit sollte sich die Sprache der Philosophie um logische Eindeutigkeit bemühen und Mehrdeutigkeiten vermeiden. Denn sie hantiert mit vielen, z.T. auch ungewöhnlichen Begriffen und sie baut Argumentationen auf, die den Anspruch erheben, uns etwas Wichtiges über uns und die Welt zu sagen. Deshalb sollte die Verwendung von Begriffen in der Philosophie nicht nur verständlich, sondern auch durchsichtig und logisch nachvollziehbar sein. Philosophische Argumentationen wiederum werden umso einleuchtender, je klarer die verwendeten Begriffe sind und je weniger Probleme und widersprüchliche Aussagen sie enthalten.

Für die Philosophie ist dies kein Nebenschauplatz. Denn Philosophie ist nichts anderes als eine rationale Erkenntnisbemühung, die sich in Form von Argumentationen äußert. Erreichen sie einen bestimmten Umfang und systematischen Zusammenhang, spricht man von Theorien. Der Wert oder Unwert einer philosophischen Theorie hängt zunächst davon ab, ob sie den Test der Logik besteht. Die Logik ist der Maßstab, mit dem wir überprüfen, wie weit philosophische Theorien »schlüssig« und in sich stimmig sind. Die Aussagen einer Theorie müssen einen widerspruchsfreien Gesamtzusammenhang bilden, damit eine Theorie überhaupt wahr sein kann.

Dabei lässt sich das Werkzeug der Logik auf der einen und der Sprache und Argumentation auf der anderen Seite nicht säuberlich trennen. Denn die Logik bewegt sich selbst im Medium der Sprache und hat eigene Ausdrucksformen mit eigenen Gesetzen und Symbolen entwickelt.

Die Beschäftigung mit dem engen Zusammenhang zwischen Logik, Sprache und Argumentation gehört zum Handwerk des Philosophen, das ihm helfen soll, die großen Fragen der Philosophie effektiver anzugehen. Natürlich sind es diese großen Fragen und nicht die logischen Spezialprobleme, worum es in der Philosophie letztlich geht. Logik ist nicht alles – doch ohne Logik ist in der Philosophie alles nichts.

APROPOS

Metasprache und Objektsprache

Unsere Sprache ist ein System von Zeichen: Mit Begriffen und Aussagen »bezeichnen« wir etwas, oder, wie man auch sagt: Wir verweisen auf etwas. Sage ich: »Gestern hat es geregnet« – verweise ich auf ein Ereignis vom Tag zuvor. Spreche ich von dem »blauen Küchentisch« versteht jeder, dass ich damit einen bestimmten, für die Küche vorgesehenen blau gestrichenen Gegenstand bezeichne, der vier Beine und eine Ablagefläche hat. Mit sprachlichen Zeichen kann ich auf alles Mögliche verweisen, auch auf abstrakte »Gegenstände« wie Ideen oder Theorien.
So weit, so einfach. Doch genau hier liegt ein möglicher logischer Fallstrick, den uns die Sprache legt. Denn die Sprache kann auch auf sich selbst, auf sprachliche Zeichen verweisen. Wenn jemand sagt: »Blauer Tisch« ist aus einem Adjektiv und einem Nomen zusammengesetzt«, dann spricht er offenbar nicht mehr über den Gegenstand mit den vier Beinen, sondern über das sprachliche Zeichen »blauer Tisch«, das man deshalb auch in Anführungszeichen setzt. In diesem Fall, wenn etwas über sprachliche Zeichen ausgesagt wird, spricht man von **Metasprache**, von einer Sprache, die »über« (»meta« = griech. über, nach) sprachliche Zeichen spricht, sie also nicht »gebraucht«, sondern »erwähnt«. Verweist man hingegen mit sprachlichen Zeichen auf normale Gegenstände, »gebraucht« man sie also, spricht man von **Objektsprache**.
Natürlich kann man auch wieder »über« eine Metasprache sprechen, also eine Metasprache zweiter, dritter und vierter usw. Ordnung bilden. Die Sprache kann sich also immer wieder über sich selbst erheben und sich zum Gegenstand machen.

Zu logischen Problemen und Paradoxien kommt es dann, wenn sprachliche Zeichen in einem Satz gleichzeitig gebraucht und erwähnt werden, wenn also ein Satz sich selbst zum Gegenstand hat oder eine Aussage gemacht wird, die denjenigen, der aussagt, mit einschließt. In solchen selbstbezüglichen Sätzen werden also die beiden Ebenen Objektsprache und Metasprache miteinander vermischt.
Die Unterscheidung zwischen Objektsprache und Metasprache wurde von drei großen Klassikern der modernen Logik (siehe Info-Portal: Große Logiker, S. 100), *Gottlob Frege* (1848–1925), *Bertrand Russell* (1872–1970) und *Rudolf Carnap* (1891–1970) in die Philosophie eingeführt. Sie hat zur Aufklärung vieler sprachlicher Missverständnisse und Paradoxien beigetragen. ■

EINE PHILOSOPHISCHE KOPFNUSS

Selbstbezügliche Aussagen

Untersuchen Sie folgende Aussage: »Diser Sats hat vier Feeler.«

- Welches sind die vier Fehler?
- Einer dieser Fehler unterscheidet sich von den drei anderen. Wodurch?

Das Lügner-Paradox

Das sogenannte Lügner-Paradox ist uns aus dem Neuen Testament überliefert. Eine seiner Formulierungen lautet: »Der Kreter Epimenides sagt: ›Alle Kreter lügen‹«.

- Worin besteht die Paradoxie dieser Aussage?
- Wie kann man sie mit Hilfe der Unterscheidung Metasprache und Objektsprache auflösen?

LOGIK-CHECK

- Unterscheiden Sie in den folgenden Sätzen den Gebrauch von Objekt- und Metasprache! Wo werden beide miteinander vermischt?

Der Abendstern wird auch »Morgenstern« genannt, der Morgenstern wiederum häufig als »Abendstern« bezeichnet. »Morgenstern« und »Abendstern« bezeichnen denselben Stern. Der Morgenstern ist mit dem Abendstern identisch.
29 besteht aus zwei Ziffern und ist eine Primzahl.
Der Satz »29 ist eine Primzahl« ist wahr, wenn 29 eine Primzahl ist.

Begriffe, Aussagen und Argumente: einige Basics

Philosophie baut Argumente oder einen Zusammenhang von Argumenten auf, um eine These oder eine Theorie auf rationale Weise zu stützen. Argumente sind aus Aussagen zusammengesetzt, Aussagen wiederum aus Begriffen. Deshalb ist es wichtig, einige sprachlogische Unterscheidungen zu kennen, die mit diesen drei Bausteinen verbunden sind.

Begriffe
Hier unterscheidet man zunächst zwischen dem *Begriffswort*, also dem *Namen* des Begriffs und seiner *Bedeutung*. Zwei gleichlautende Begriffswörter wie »Tor« können unterschiedliche Bedeutung haben; andererseits können zwei verschiedene Begriffswörter wie »Stuhl« und »chair« die gleiche Bedeutung haben. Aber auch mit dem Begriffswort »Bedeutung« können zwei unterschiedliche Dinge gemeint sein: einmal der »Sinn« (wie der Logiker *Gottlob Frege* (1848–1925) es nannte) bzw. die *intensionale* Bedeutung; oder andererseits die *extensionale* Bedeutung, die manchmal auch einfach »Bedeutung« oder »Referenz« genannt wird. Die intensionale Bedeutung ist etwa mit der Definition des Begriffs vergleichbar: So ist die intensionale Bedeutung von »Bundespräsident«: Staatsoberhaupt der Bundesrepublik Deutschland. Die extensionale Bedeutung meint den konkreten Gegenstand (oder die Gegenstände), auf

den/die der Begriff zutrifft. Im Falle des Bundespräsidenten ist dies der jeweilige Amtsinhaber. Die Unterscheidung ist z. B. wichtig, wenn es um die Abgrenzung von Fiktionen und Tatsachen geht. Es gibt nämlich zahlreiche Begriffe, die eine intensionale, aber keine extensionale Bedeutung haben, z. B. die »eierlegende Wollmilchsau«. Die intensionale Bedeutung ist etwa: ein Wesen, das alles kann und alle Anforderungen erfüllt. Es gibt jedoch keine extensionale Bedeutung. Die »eierlegende Wollmilchsau« ist eine Fiktion.

LOGIK-CHECK

Bestimmen Sie bei folgenden drei Begriffen jeweils die intensionale und die extensionale Bedeutung:
Einhorn
Gott
Bundestagabgeordneter

- Warum kommt es bei der Bedeutungsbestimmung von »Gott« unvermeidlich zu unterschiedlichen Auffassungen?

APROPOS

Das »Nichts« – Problem eines ungewöhnlichen Begriffs

Der Begriff des **»Nichts«** (als Substantiv gebraucht) ist in der Philosophie sehr umstritten. Einerseits ist es ein sehr grundsätzlicher Begriff, ähnlich dem Begriff des **»Seins«**, mit dem er oft gekoppelt wird. Andererseits ist es nicht immer ganz einfach, zu ermitteln, ob er eine Bedeutung hat und welche. Am Begriff des »Nichts« scheiden sich in der Philosophie viele Geister, vor allem dann, wenn aus dem Indefinitpronomen »nichts« das Substantiv »Nichts« wird.

Georg Wilhelm Friedrich Hegel (1770–1831) bestimmte in seiner ›Wissenschaft der Logik‹ die Bedeutung von »nichts« im Unterschied zu »etwas«. »Das Nichts« (Hegel wechselt zwischen Groß- und Kleinschreibung) als Gegenbegriff zum »Sein« bedeute »vollkommene Leerheit«, Bestimmungs- und Inhaltslosigkeit«. Das »Nichts« als Substantiv erhielt dann große Bedeutung in der Existenzphilosophie, vor allem bei *Martin Heidegger* (1889 bis 1976) und *Jean-Paul Sartre* (1905–1980) in dessen Hauptwerk ›Das Sein und das Nichts‹. Bei Heidegger ist eine vom Menschen wahrgenommene bestimmte Qualität der Wirklichkeit gemeint, die in der Stimmung der Angst spürbar wird. Heidegger prägt auch das Verb »nichten«. Bei Sartre ist das Bewusstsein des Nichts im Menschen die Grundlage menschlicher Freiheit und Selbstbestimmung, die Bedingung dafür, auch negieren, »Nein« sagen zu können. Der Philosoph *Ludger Lütkehaus* (geb. 1943) wiederum hat sich in seinem Hauptwerk mit dem plakativen Titel ›Nichts‹ auf die Spuren einer »negativen Ontologie« begeben und ist allen radikal pessimistischen Weltdeutungen der Philosophiegeschichte nachgegangen.

> **AN DIE PINNWAND**
> *Die Sätze der Logik sind Tautologien. Die Sätze der Logik sagen also nichts. (Sie sind die analytischen Sätze.)*
> Ludwig Wittgenstein

Für einen Logiker und Metaphysikkritiker wie *Rudolf Carnap* (1891–1970) hingegen kann »nichts« niemals Substantiv oder Verb sein, sondern lediglich, wie dies in der formalen Logik geschieht, als Negation, also als Verneinung dienen. Jeder andere Gebrauch ist für ihn sinnlos. ■

PRO UND CONTRA

Sollte man einen Begriff wie »das Nichts« verwenden?

Suchen Sie Argumente für oder gegen die Ansicht, dass es manchmal sinnvoll sein kann, Begriffe wie »das Nichts« im Alltag oder auch in der Philosophie zu verwenden.
Ist es möglich, die intensionale und extensionale Bedeutung des Begriffs zu ermitteln?

DER KLEINE PHILOSOPHENSTECKBRIEF

Gesucht wird: der Logico-Philosophus

Kein anderer Philosoph hat sich der Themen »Logik, Sprache, Argumentation« mit solcher Hartnäckigkeit angenommen wie jener Wiener Industriellensohn, der eigentlich nach Manchester gegangen war, um Maschinenbau zu studieren.

Er erlangte Berühmtheit durch zwei Werke: Im zweiten widersprach er fast allem, was er im ersten geschrieben hatte. Dennoch sind beide Werke bis heute Klassiker geblieben und haben ganz unterschiedliche Richtungen in der Philosophie beeinflusst. Im ersten fordert er, dass die Sprache, um die Welt abzubilden, nach den Gesetzen der Logik gestrickt sein müsse. Im zweiten behauptete er, dass es die einzige logisch strukturierte Sprache gar nicht gibt, sondern lediglich eine ganze Reihe kulturell vermittelter »Sprachspiele«, die alle eine unterschiedliche Sicht der Welt widerspiegeln.

Im Grunde, so gab er mehrfach zu verstehen, beschäftigte er sich nur mit Logik, um die Grenzen auszumessen, die dem Menschen mit der Sprache gegeben sind. Wirklich wichtig waren für ihn andere Dinge: Er wollte moralisch mit seinem Leben ins Reine kommen. So verblüffte er seine Freunde und Kollegen, als er beschloss, aus dem akademischen Betrieb auszusteigen und nach dem Vorbild Tolstois ein einfaches Leben zu führen. Er wird Volksschullehrer in einem Dorf und arbeitet für einige Zeit als Klostergärtner beim Orden der Barmherzigen Brüder.

▶ Wer war's?

Aussagen

Aussagen werden in der Logik auch oft »Urteile« genannt. Es sind Sätze, die, einfach ausgedrückt, grammatisch aus einem Subjekt und einem oder mehreren Prädikaten bestehen. Eine große Rolle in der Geschichte der Philosophie hat die Unterscheidung zwischen *analytischen* und *synthetischen* Urteilen gespielt. Analytische Urteile sind immer wahr, weil sie etwas aussagen, was bereits in der intensionalen Bedeutung eines Begriffs enthalten ist. »Ein Junggeselle ist unverheiratet« z. B. ist immer wahr, weil es zur intensionalen Bedeutung von »Junggeselle« gehört, unverheiratet zu sein. Sage ich dagegen: »Junggesellen haben Probleme mit Frauen«, so liegt ein synthetisches Urteil vor. Hier wird etwas ausgesagt, was über die intensionale Bedeutung von »Junggeselle« hinausgeht, was also mehr sagt als das, was im Begriff »Junggeselle« bereits enthalten ist. Eine solche Aussage muss empirisch, also durch Erfahrung, entweder bestätigt oder widerlegt werden. Wird sie bestätigt, dann gehören Junggesellen, die Probleme mit Frauen haben, zur extensionalen Bedeutung des Begriffs »Junggeselle«.

Auch kann man Aussagen danach unterscheiden, wie in ihnen das Wörtchen »ist« gebraucht wird. Sagt man: »Paul ist dumm«, so ist das »ist« hier wohl anders gebraucht als im Satz »Paul ist in Wahrheit Georg«. Im ersten Fall wird »ist« als »Kopula« gebraucht, also als ein Mittel, um ein Prädikat mit einem Subjekt zu verbinden, indem das Prädikat dem Subjekt zugesprochen wird. Eine solche Aussage nennt man »Prädikation«. Im zweiten Fall wird nicht prädiziert, sondern das »ist« hat die Funktion eines Gleichheitszeichens. Paul und Georg werden »identifiziert«. Es handelt sich um eine Identitätsaussage. Im Unterschied zur Prädiktion kann man eine »Identitätsaussage« einfach umkehren: »Paul ist in Wahrheit Georg« ist äquivalent mit »Georg ist in Wahrheit Paul.« Daneben gibt es noch einen dritten Gebrauch von »ist«. In der Aussage: »Ob Gott ist oder nicht ist, darüber streitet man sich seit Jahrhunderten« bedeutet das »ist« so viel wie »existiert«. Hier liegt also eine »Existenzaussage« vor. »Ist« ist also ein vielfältig verwendbares Megatool, wenn es um die Konstruktion von Aussagen geht.

Argumente
Argumente sind Aussagen, die so zusammengestellt sind, dass sie einen logischen Schluss enthalten. Wir benutzen sie also, grob gesprochen, um etwas zu begründen oder zu »beweisen«. Aus zwei oder mehreren *Prämissen* wird auf eine *Konklusion* geschlossen. Es gibt zwei grundsätzliche Arten des Schließens und damit auch zwei grundsätzliche Arten von Argumenten: *deduktive* und *induktive* Argumente. Bei einem deduktiven Argument schließt man vom Allgemeinen auf das Besondere. Anders ausgedrückt: In *deduktiven Argumenten* spiegelt sich in der Konklusion lediglich das wider, was bereits in den Prämissen enthalten ist. Beispiel: Alle Banken haben die Zinsen erhöht, Credit Suisse ist eine Bank → Credit Suisse hat die Zinsen erhöht.
Bei einem *induktiven Argument* schließt man von mehreren besonderen Fällen auf etwas Allgemeines. Hier geht die Konklusion in ihrem Gehalt über die Prämissen hinaus. Beispiel: Jeder mit dem Virus X Infizierte ist bisher geheilt worden → Der Virus X ist nicht tödlich.

> **AN DIE PINNWAND**
> *MISTER »Ist«: Unser Megatool für alle sprachlichen Fälle! Wollen Sie einem Gegenstand eine Eigenschaft zusprechen? Zwei Gegenstände miteinander identifizieren? Eine Existenzaussage treffen? Dann greifen Sie zu MISTER »Ist«, unserem Megatool: MISTER »Ist« verbindet, verknüpft und stellt Beziehungen aller Art her. Wo immer Du auch bist – greif zu Mister »IST«.*

Induktive Schlüsse spielen in der Wissenschaft eine große Rolle: Man schließt von mehreren Einzelbeobachtungen auf eine allgemeine Gesetzmäßigkeit. Doch induktive Schlüsse können die Wahrheit der allgemeinen Konklusion nicht beweisen. Sie haben lediglich einen gewissen Grad von Wahrscheinlichkeit. So ist nicht ausgeschlossen, dass ein vom Virus X Infizierter doch irgendwann stirbt. Die Konklusion enthält also mehr als in den Prämissen enthalten ist.

Typische Argumentationsfehler
Daneben gibt es in der Philosophie – wie auch im wirklichen Leben – Argumente, die so tun, als seien sie überzeugend und gültig. In Wahrheit sind es faule Eier. Einige der wichtigsten sind:
Das Argument gegen den Mann: Wir lehnen eine Meinung ab, weil sie von jemandem geäußert wird, den wir als Person ablehnen. So werden in der Politik Meinungen nicht selten deshalb abgelehnt und bekämpft, weil sie vom politischen Gegner geäußert werden, auch wenn man selbst mit dem Inhalt der Meinung sympathisiert.
Das Argument aus der Autorität: Wir akzeptieren ein Argument, weil es von jemandem stammt, dem wir immer bereit sind zu glauben. Religiöse Menschen stützen ihre Überzeugungen gerne mit Hinweis auf Bibel oder Koran, Marxisten berufen sich gerne auf Marx usw.
Das Argument post hoc ergo propter hoc bedeutet: Weil etwas nacheinander geschieht (post hoc), wird irrtümlich geschlossen, es gäbe auch eine Beziehung Ursache-Wirkung (propter hoc). Beispiel: Jeden Tag, wenn Herr K. sich auf den Weg macht, lässt Frau S. den Rollladen ihres Fensters herunter. Falscher Schluss: Frau S. lässt den Rollladen herunter, weil Herr K. sich auf den Weg macht.

LOGIK-CHECK

Ist das ein Argument, und wenn ja, welches?

Auf die Frage, warum er seiner Tochter nicht erlaubt, allein auszugehen, antwortet Herr F. mit zwei Argumenten:
A) In unserer Kultur ist es weder üblich noch erlaubt, dass unverheiratete Frauen allein ausgehen.

B) Jedes Mal, wenn Diskoabend ist, hört man von einem Mädchen, das schwanger geworden ist.

▶ Um welche Art von Argumenten handelt es sich hier jeweils: Argument gegen den Mann, Argument aus der Autorität oder Argument post hoc ergo propter hoc?

APROPOS

Notwendige Bedingung und hinreichende Bedingung

Eine **notwendige Bedingung** ist eine Bedingung, ohne deren Erfüllung es nicht geht – die aber allein nicht ausreicht. Beispiel: Bastian will als Mittelstreckler an den Olympischen Spielen teilnehmen. Ohne hartes Training wird er es nicht schaffen. Gezieltes Training ist also notwendige Bedingung für die Teilnahme. Doch Training allein reicht nicht. Bastian muss nämlich die Olympianorm, also die geforderte Qualifikationszeit laufen. Sie ist hinreichende Bedingung.

Eine **hinreichende Bedingung** ist eine Bedingung, deren Erfüllung alleine ausreicht. Mit der Erfüllung der Olympianorm ist Bastians Teilnahme an den Olympischen Spielen garantiert. Wenn Bastian die Norm erfüllt, kann er also in jedem Fall teilnehmen.

Es kann auch der Fall eintreten, dass mehrere notwendige Bedingungen zusammen eine hinreichende Bedingung ausmachen. Beispiel: Um sich zum Examen anmelden zu können, muss Karl vier Klausuren in verschiedenen Fachgebieten bestehen. Jede bestandene Klausur ist notwendige Bedingung, zusammen sind sie hinreichende Bedingung.

Andererseits kann es mehrere hinreichende Bedingungen geben, ohne dass eine einzelne davon notwendig ist. Beispiel: Um zum Examen zugelassen zu werden, muss Sandra entweder eine bestandene Klausur in Sprachgeschichte, Literaturgeschichte oder Vergleichender Literaturwissenschaft nachweisen. Jede einzelne dieser bestandenen Klausuren führt zur Zulassung, ist also hinreichende Bedingung, aber keine davon ist notwendige Bedingung. ■

LOGIK-CHECK

Hinreichende und notwendige Bedingung

BEISPIEL 1: Wer fünf Jahre in Deutschland lebt, hat das Recht, die Staatsbürgerschaft zu erlangen.
BEISPIEL 2: Einem Strafgefangenen kann nach Abbüßung von ⅔ seiner Haftstrafe die restliche Strafe erlassen werden. Voraussetzung dafür sind gute Führung und die Einsicht in die begangene Straftat.
BEISPIEL 3: Studieren darf, wer ein Abitur hat oder in einem Berufszweig einen Meister gemacht hat.

▶ Welche Bedingungen in den Beispielen 1, 2 und 3 sind notwendige und welche hinreichende Bedingungen?

APROPOS

Der naturalistische Fehlschluss

Mit dem Begriff »naturalistischer Fehlschluss« hat die Logik gezeigt, dass sie auch für die Moralphilosophie wichtige Erkenntnisse liefern kann. Der Begriff wurde geprägt von dem englischen Moralphilosophen *George Edward Moore* (1873–1958), der enge Kontakte zu seinen Cambridger Kollegen und Logikfreaks *Alfred North Whitehead* (1861–1947) und *Bertrand Russell* (1872–1970) hatte. Die Sache selbst wurde aber schon von *David Hume* (1711–1776) im 18. Jahrhundert erkannt. **Naturalistischer Fehlschluss** bedeutet, dass man von einer Tatsache, von »etwas, das *ist*«, nicht automatisch auf eine Norm, ein Gesetz oder ein Gebot, also auf »etwas, das sein *soll*« schließen darf. Ein »Sollen«, also ein Gebot jeder Art, ist nicht »gegeben«, sondern muss erst vereinbart und in Kraft gesetzt werden. Kurz gesagt: Der Schluss von einem Sein auf ein Sollen ist ein Fehlschluss. Es ist, um in der Sprache der Logik zu bleiben, ein nicht korrekter deduktiver Schluss. Beispiel: »In der Natur setzt sich immer der Stärkere durch. Auch die menschliche Gesellschaft ist Teil der Natur. Also *sollte* auch in der menschlichen Gesellschaft der jeweils Stärkste das Recht haben zu herrschen.« Hier wird klassisch von einem Ist (Zustand in der Natur) auf ein Sollen (der Stärkere kann mehr Rechte beanspruchen) geschlossen. ■

LOGIK-CHECK

▶ Wie müsste die korrekte Schlussfolgerung lauten?
In der Natur setzt sich immer der Stärkere durch.
Auch die menschliche Gesellschaft ist Teil der Natur.
Demnach ...

▶ In welchem der beiden folgenden Fälle liegt ein naturalistischer Fehlschluss vor:

– Die Straßenverkehrsordnung verlangt ein der Witterung angepasstes Fahren.
Also sollte ich bei Dunkelheit und Nässe langsamer fahren.

– Alle Deine Altersgenossen tragen Tattoos.
Du solltest deshalb auch eines tragen.

INFO-PORTAL

Große Logiker und Sprachphilosophen

Aristoteles (384–422 v. Chr.): Aristoteles gilt als der eigentliche Begründer der Logik. Über mehrere Jahrhunderte wurde sie in der von ihm entwickelten Form unverändert gelehrt. In seinem Sammelwerk ›Organon‹ entwickelte Aristoteles keine »Aussagenlogik«, sondern eine »Begriffslogik« (siehe Zwei wichtige Arten der Logik, S. 104). Das bedeutet: Begriffe werden zueinander in Beziehung gesetzt und ihre Rolle in Aussagen und Schlüssen behandelt. Berühmt wurde besonders seine Lehre von den richtigen Schlüssen, die sogenannte »Syllogistik« (siehe dazu auch Prädikatenlogik, S. 109). Mit ihr hat er auch gleichzeitig eine Theorie vom richtigen Argumentieren entwickelt. Auf

Aristoteles geht auch die sogenannte »Korrespondenztheorie« der Wahrheit zurück (siehe Apropos Der Begriff der »Wahrheit«, S. 107).

Die Stoiker: Diese spätantike Schule entwickelte erstmals eine »Aussagenlogik«, in der festgelegt wurde, unter welchen Bedingungen bestimmte Verknüpfungen von Aussagen wahr sind und wann nicht. Solche Verknüpfungen werden z. B. durch »und« oder »wenn-dann« hergestellt.

Gottfried Wilhelm Leibniz (1646–1716): Für Leibniz war die Logik eine Art Grundlagenwissenschaft sowohl für die Mathematik als auch die empirischen Wissenschaften. Er war der Erste, der sie als Zeichensystem verstand, von dem er annahm, dass sich in ihm die Beziehung aller Dinge spiegelt. Neben *Isaac Newton* (1643–1727) gilt er als der Erfinder der Infinitesimalrechnung.

Gottlob Frege (1848–1925): Der deutsche Mathematiker Gottlob Frege gehört sowohl zu den Pionieren einer erneuerten Logik als auch der modernen Sprachphilosophie. Er entwickelte die Begriffslogik weiter und schuf für die Aussagenlogik ein System von Symbolen. Auch entwickelte er begriffliche Unterscheidungen wie »Sinn«, »Bedeutung«, »Urteil« usw., mit deren Hilfe man Mehrdeutigkeiten in der Sprache analysieren konnte.

Bertrand Russell (1872–1970) knüpfte an Frege an. Zusammen mit Alfred North Whitehead verfasste er die ›Principia Mathematica‹ (1910–1913) in der er die Mathematik auf eine logische und mengentheoretische Grundlage stellte. Die von ihm und *Alfred North Whitehead* (1861–1947) verwendeten aussagenlogische Symbole setzten sich schließlich in der Logik durch. Mit seiner Forderung nach einer logischen Idealsprache wurde er zugleich einer der Väter der sprachanalytischen Philosophie.

Ludwig Wittgenstein (1889–1951) stützte sich sowohl auf Frege als auch auf Russell. In seinem Frühwerk ›Tractatus logico-philosophicus‹ (1921) nimmt er die Forderung nach einer logischen Idealsprache auf. Sinnvoll ist eine Sprache nur dann, wenn sie logisch aufgebaut ist und die Wirklichkeit abbildet. In seinem Spätwerk ›Philosophische Untersuchungen‹ (1953) ist Wittgenstein einen völlig anderen Weg gegangen und hat den normalen Sprachgebrauch mit seinen Mehrdeutigkeiten akzeptiert. Beide Werke stehen für unterschiedliche Ansätze in der Sprachphilosophie: die Philosophie der Idealsprache und die Philosophie der Alltagssprache (*ordinary language philosophy*).

Der Wiener Kreis (von etwa 1907 – mit Unterbrechungen – bis ca. 1938) war kein Kaffeehauskränzchen, sondern ein lockerer, aber sehr kreativer Gesprächskreis von Philosophen und Wissenschaftlern, die sich in den ersten Jahrzehnten des 20. Jahrhunderts regelmäßig in einem Raum der Wiener Universität bei dem Philosophen Moritz Schlick trafen. Beeinflusst von dem ehemaligen Wiener Ludwig Wittgenstein verband sie alle eine gemeinsame Absicht: Unter Berücksichtigung neuerer Erkenntnisse auf dem Gebiet der Logik und Mathematik wollten sie die alte Metaphysik über Bord werfen und die Philosophie mit Hilfe der neuesten naturwissenschaftlichen und logischen Erkenntnisse wissenschaftsfähig machen. Aus dem Wiener Kreis ging der sogenannte »Logische Positivismus« (auch »Logischer Empirismus« genannt) hervor, der die sprachanalytische Philosophie des 20. Jahrhunderts maßgeblich prägte.

Rudolf Carnap (1891–1970) war der einflussreichste Philosoph und bedeutendste Theoretiker der Logik, der aus dem Wiener Kreis hervorging. Er vertrat wie der frühe Wittgenstein die Auffassung, dass man die Alltagssprache durch eine logisch eindeutig formale Sprache ersetzen müsse. Carnap hat selbst einen Versuch dazu in seinem Werk ›Der logische Aufbau der Welt‹ (1928) unternommen.

Alfred Tarski (1901–1983) war ein polnischer Logiker, der ebenfalls mit dem Wiener Kreis in Kontakt stand. Er hat vor allem dazu beigetragen, den in der Philosophie vielfach und oft mehrdeutig verwendeten Begriff von »Wahrheit« zu klären. Tarski vertritt eine »semantische« (»Semantik« = die Lehre von den Zeichen und ihrer Bedeutung) Theorie der Wahrheit. Danach ist »Wahrheit« eine Eigenschaft von Aussagen und Theorien, die in einer bestimmten Beziehung zur Wirklichkeit stehen. Eine Aussage ist ein Zeichen und sie ist dann wahr, wenn das, was sie bezeichnet, auch besteht. Der Satz »Der Schnee ist weiß« ist also dann wahr, wenn der Schnee weiß ist.

William van Orman Quine (1908–2000): Auch Quine, einem amerikanischen Schüler Carnaps, ging es um das Verhältnis zwischen Sprache und Logik. Eine Sprache erschließt sich für ihn zunächst durch Beobachtungen und später erst durch eine logische Analyse. Eine seiner Leitfragen war: In welcher Situation werden welche Wörter benutzt? Das kann von Sprache zu Sprache variieren, weswegen jede Übersetzung einen gewissen Grad von Unbestimmtheit behält. ■

DER KLEINE PHILOSOPHENSTECKBRIEF

Gesucht wird: das Universalhirn

Unter den Philosophen gab es einige, die Anspruch auf den Titel »Genie« erheben können, doch kaum einer mit so viel Recht wie der Mann, der fest an die Vernünftigkeit der Welt glaubte, die er als »beste aller möglichen Welten« bezeichnete. Auf allen Gebieten suchte er vernünftige »rationale« Lösungen und war überzeugt davon, dass es sie auch gibt. Kein Wunder, dass Logik und Mathematik ihn besonders faszinierten. »Ich habe erkannt«, schrieb er, »dass die wahre Metaphysik sich kaum von der wahren Logik unterscheidet.« Mit 26 Jahren konstruierte er bereits eine Rechenmaschine, die ihm eine Aufnahme in die Londoner Royal Society bescherte. Mit seiner Entwicklung des binären Zahlensystems wurde er zu einem der Väter des digitalen Zeitalters. Er gilt als einer der Erfinder der Infinitesimal-, der Integral- und Differentialrechnung. Sein großes unvollendetes Projekt nannte er »Characteristica Universalis«: ein formalisiertes Zeichensystem, das es erlaubt, eine logisch eindeutige Sprache zu konstruieren – lange bevor dies zum Programm der modernen Logiker wurde. Sein Leben lang war er nicht nur als Wissenschaftler, sondern auch als Politiker und Netzwerker unterwegs. Er entwarf Pläne zu einer Rechts-, einer Handels-

und einer Münzreform und gründete drei wissenschaftliche Akademien. Er schrieb übrigens gleichermaßen in Latein, Französisch und Deutsch.

▶ Wer war's?

Zwei wichtige Arten der Logik

In der Logik geht es nicht darum, nachzuweisen, ob eine oder mehrere Aussagen inhaltlich wahr oder falsch sind. Es geht vielmehr darum, aufzuzeigen, unter welchen Bedingungen verschiedene Verknüpfungen von Aussagen oder verschiedene Arten von Schlussfolgerungen wahr oder falsch sein müssen. Ähnlich wie mathematische Gesetze sind die Gesetze der Logik genau deshalb immer gültig, weil sie nichts über die Welt aussagen, sondern etwas über die Form von Aussageverknüpfungen und damit über die Form von Argumenten. Die Fachleute sprechen aus diesem Grund auch von der »logischen Form« von Aussagen. Nur sie ist Thema der Logik. Deshalb benutzt die Logik auch wie die Mathematik eine Zeichensprache: Ihre Symbole stehen stellvertretend für Aussagen und für die Art ihrer Verknüpfung.

Die Spezialisten in Sachen Logik kennen mehrere Arten von Logik, je nachdem, mit welcher Art von Sätzen und Aussagen wir uns beschäftigen. Davon sind zwei besonders wichtig: die sogenannte **Aussagenlogik** und die sogenannte **Prädikaten-** oder auch **Begriffslogik**.

In der **Aussagenlogik** geht es um die Verbindung von elementaren oder »atomaren« Aussagen zu einer zusammengesetzten Aussage. Dies geschieht mit Hilfe von Verknüpfungen (auch »Junktoren«) wie »und« (»Konjunktion«), »oder« (»Adjunktion« oder »Disjunktion«) oder »wenn, dann« (»Konditional«). Wichtig ist auch die Verneinung einer Aussage (»Negation«). Sie hat eine Besonderheit: Sie verknüpft nicht zwei Aussagen miteinander, sondern wird nur auf eine einzige Aussage angewandt.

Der Einfachheit halber beschränken wir uns hier auf diese vier Verknüpfungen. Sowohl für die beiden Teilaussagen als auch für die Verknüpfungen benutzt man Symbole. Man bringt sie also in eine logische Form. Diese Symbole sind bei den Logikern leider nicht immer einheitlich. Wir benutzen die in Deutschland gebräuchlichsten Symbole. Die Aussagen werden normalerweise mit »p« und »q« bezeichnet, die Konjunktion (»und«) mit »∧«, die Adjunktion (»oder«) mit »∨«, das Konditional (»wenn, dann«) mit dem Pfeil »→« und die Negation (»nicht«) mit »¬«.

Die klassische Aussagenlogik ist »zweiwertig«; d. h. es gibt nur die Wahrheitswerte »wahr« und »falsch«.

DER KLEINE PHILOSOPHENSTECKBRIEF

Gesucht wird: Adliger, Radikaler und Vordenker der Logik

Sein Leben bietet Stoff für mehrere spannende Romane: Aus höchstem englischen Adel stammend, saß er während des Ersten Weltkriegs sechs Monate für seine pazifistischen Überzeugungen im Gefängnis, war viermal verheiratet und überlebte mit 86 Jahren einen Flugzeugabsturz. Immer wieder griff er mit umstrittenen und radikalen Positionen in öffentliche Diskussionen ein: Er provozierte die Öffentlichkeit mit seinen Vorstellungen über die freie Liebe, trat für die Rechte von Homosexuellen ein und verärgerte die Kirche mit seiner Ablehnung des Christentums. Mit über 90 Jahren engagierte er sich noch gegen den Vietnamkrieg und gegen Nuklearwaffen.

Als er im Alter von 98 Jahren starb, hinterließ er ein umfangreiches Werk, das wichtige Beiträge zu einem breiten Themenspektrum der Philosophie liefert. Vor allem aber gilt er als einer der Väter der sprachanalytischen Philosophie des 20. Jahrhunderts. Eine seiner größten Leistungen ist ein dreibändiges Werk, das er zusammen mit einem ebenfalls berühmten Kollegen schrieb und in dem er die Mathematik auf eine rein logische Grundlage stellte. Damit wurde er gleichzeitig zu einem Mitbegründer der modernen Logik.

▶ Wer war's?

APROPOS

tertium non datur, Satz vom Widerspruch

Logiker tüfteln an allen möglichen Arten von Logik herum, doch die klassische Logik, um die es meistens geht, ist die »zweiwertige« Logik, eine Logik also, in der es nur die beiden Wahrheitswerte »wahr« oder »falsch« gibt und nichts Drittes. Genau dies meint die lateinische Wendung »tertium non datur«, wörtlich: »Ein Drittes ist nicht gegeben«. Das Prinzip **tertium non datur** wird auch als »Satz vom Widerspruch« oder auch als »Satz vom ausgeschlossenen Dritten« bezeichnet: Zwei einander widersprechende Aussagen können nicht zugleich wahr sein. ■

Unter welchen Bedingungen eine Aussagenverknüpfung wahr oder falsch sein kann, wird durch die Aufstellung sogenannter Wahrheitstafeln ermittelt: Man spielt einfach jede Kombination von Wahrheitswerten (»w« für »wahr«, »f« für »falsch«) der Teilaussagen durch und stellt fest, welchen Wahrheitswert dann jeweils die verknüpfte Aussage hat. Für die Konjunktion sieht eine solche Wahrheitstafel folgendermaßen aus:

p	q	$p \wedge q$
w	w	w
w	f	f
f	w	f
f	f	f

In diesem Fall kann man die Wahrheitstafel mit einem Satz interpretieren: Eine Konjunktion ist nur dann wahr, wenn beide Teilaussagen wahr sind, ansonsten ist sie immer falsch. Mit der Wahrheitstafel wird das logische »und«, also die Konjunktion, genau definiert. Dieses »und« ist aber nicht immer deckungsgleich mit unserem umgangssprachlichen »und«. Es ist damit ein Nebeneinander, eine Gleichzeitigkeit und keine zeitliche Abfolge gemeint wie in dem Satz: »Er machte Abitur und ging zur Bundeswehr.« Andererseits umfasst das logische »und« auch andere umgangssprachliche Verknüpfungen, z. B. das »während« in dem Satz: »In München regnet es, während es in Hamburg trocken ist.«

LOGIK-CHECK

- Stellen Sie die entsprechenden Wahrheitstafeln für die Adjunktion p ∨ q (p oder q) und für die Negation ¬ p (nicht p) auf!

APROPOS

Der Begriff der »Wahrheit«

Wahrheit ist ein Schlüsselbegriff nicht nur der Logik, sondern der Philosophie insgesamt, denn schließlich geht es in der Philosophie darum, der Wahrheit auf die Spur zu kommen.
Man kann grundsätzlich *zwei verschiedene Begriffe von Wahrheit* unterscheiden: Der erste davon meint mit »Wahrheit« eine *Eigenschaft von Dingen bzw. der Wirklichkeit und des Seins* insgesamt. Man findet ihn häufig in der Religion oder der traditionellen Metaphysik, wenn vom »wahren Sein« oder von Gott als dem Inbegriff der Wahrheit die Rede ist. In diesem Sinne reden wir auch davon, dass der Mensch nach dem Guten, Wahren und Schönen strebt. Auch neuere Philosophen wie *Martin Heidegger* (1889–1976) haben noch diesen Wahrheitsbegriff. Für Heidegger ist »Wahrheit«, in Anlehnung an das griechische »aletheia«, die »Unverborgenheit des Seins«.

Für die meisten Vertreter der neueren Philosophie ist »Wahrheit« jedoch keine Eigenschaft von Dingen, sondern *eine Eigenschaft von Aussagen* (oft auch »Urteile« genannt) *und Theorien*. Aussagen und Theorien sind dann wahr, wenn das von ihnen Behauptete der Wirklichkeit entspricht, wenn also das Ausgesagte mit der Wirklichkeit »korrespondiert«. Diese sogenannte »Korrespondenztheorie« der Wahrheit hat ihren Ursprung bei Aristoteles und wurde im 20. Jahrhundert von dem polnischen Logiker *Alfred Tarski* (1901–1981) mit Hilfe der Logik erneuert.

AN DIE PINNWAND
Die Logik hat wie jede Wissenschaft die Aufgabe, der Wahrheit nachzujagen.
Willard van Orman Quine

An diesen Wahrheitsbegriff knüpft auch die Logik an. In der *Aussagenlogik* (siehe Zwei wichtige Arten der Logik, S. 104) haben Aussagen »Wahrheitswerte«, d. h. sie sind entweder wahr oder falsch. Die Aussagenlogik prüft aber nicht die Wahrheit oder Falschheit von Aussagen, sondern untersucht u. a., welche Beziehung zwischen den Wahrheitswerten elementarer und zusammengesetzter Aussagen besteht. Es geht also um die formale Beziehung zwischen Aussagen. Deshalb arbeitet die Aussagenlogik auch mit Symbolen.

Wenn eine Aussage oder eine Aussagenkombination eine Form hat, die bei jedem möglichen Inhalt wahr ist, spricht man auch von »logischer Wahrheit«. Alle Aussagen, die »logisch wahr« sind, sind analytische Aussagen (siehe Begriffe, Aussagen und Argumente, S. 91), d. h. sie sind nichts anderes als eine »Analyse« der in ihnen angelegten Bedeutungen und Beziehungen. Ein berühmtes Beispiel für eine Aussagenkombination, die »logisch wahr« ist, ist die »Tautologie«. Eine Tautologie ist immer wahr, egal, welche Wahrheitswerte die Elementaraussagen haben. Beispiel: Es regnet oder es regnet nicht. In der Symbolsprache der Aussagenlogik hat die Tautologie folgende Form: $p \lor \neg p$ ■

LOGIK-CHECK

- Bringen Sie folgende Aussage in eine logische Form und prüfen Sie mit Hilfe der Analyse der Wahrheitswerte, ob es sich um eine Tautologie handelt oder nicht:
  »Wenn der Hahn kräht auf dem Mist, ändert sich das Wetter oder es bleibt, wie es ist.«

PRO UND CONTRA

Die Bedeutung wahrer Aussagen

Kommentieren Sie folgende Stelle aus Friedrich Nietzsches Schrift ›Jenseits von Gut und Böse‹: »Die Falschheit eines Urteils ist uns noch kein Einwand gegen ein Urteil ... Die Frage ist, wieweit es lebensfördernd, lebenserhaltend, arterhaltend, vielleicht gar artzüchtend ist.«

- Was bedeutet nach Ihrer Auffassung Nietzsches Meinung für die Rolle der Wahrheit in der Philosophie? Was bedeutet sie für die Rolle der Logik?

- Formulieren Sie Argumente für und gegen die These, dass Argumente und Theorien in der Philosophie wahr sein sollen.

Die *Prädikatenlogik*, die ursprünglich von Aristoteles begründet und von modernen Logikern wie Gottlob Frege erweitert und formalisiert wurde, hat es zunächst mit Einzelaussagen zu tun, in denen ein Prädikat einer unterschiedlich großen Zahl von Individuen zugesprochen wird. Wenn man die Aussagen formalisiert, verwendet man für Individuen häufig die Variable x, für das Prädikat die Variable y.
Ein Prädikat ist z. B. »hat eine Nase«. Die unterschiedliche Zahl von einsetzbaren Individuen wird durch sogenannte »Quantoren« angegeben. Die wichtigsten davon sind der sogenannte »Allquantor«, mit dem ich universale Aussagen

der Art »Alle Menschen haben Nasen« bilden kann, und der Existenzquantor, der sich in Existenzaussagen wie »Es gibt mindestens einen Menschen, für den gilt: Er hat eine Nase« formulieren lässt. Daneben gibt es noch sogenannte Anzahlquantoren wie »einige« oder »wenige«.

Innerhalb der Prädikatenlogik hat sich, von Aristoteles ausgehend, die *Syllogistik*, die Lehre vom logischen Schließen entwickelt. Mit Hilfe der Syllogistik kann man den Anwendungsbereich von Prädikaten prüfen. Ein Syllogismus besteht aus drei Sätzen: zwei Prämissen (Ober- und Untersatz) und einer Konklusion (Schlussfolgerung). Bei einem »gültigen« Syllogismus folgt die Konklusion zwingend aus zwei Prämissen. Die Logiker haben eine ganze Typologie von Syllogismen entwickelt, je nachdem, welche Art von Aussagen verwendet werden. Allein aus diesem Teil der Prädikatenlogik kann man eine eigene Wissenschaft machen.

Wir beschränken uns auf ein paar Beispiele. Eines der berühmtesten ist:

Obersatz: Alle Griechen sind Menschen
Untersatz: Sokrates ist ein Grieche
Schlussfolgerung: Sokrates ist ein Mensch.

Man kann sich die Gültigkeit eines solchen Schlusses mit Hilfe eines Mengendiagramms verdeutlichen. Man ziehe einen großen Kreis – es ist der Bereich der Menschen. Der Kreis der Griechen liegt innerhalb des Kreises der Menschen. Wenn Sokrates Grieche, also Teil des kleinen Kreises ist, ist er automatisch auch Teil des größeren Kreises.

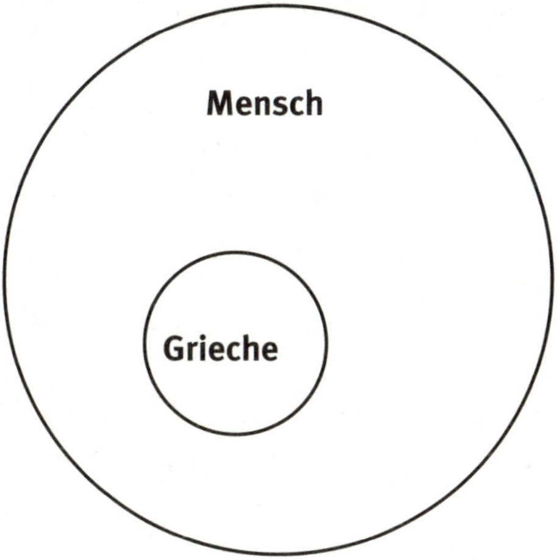

LOGIK-CHECK

- Prüfen Sie auf ähnliche Weise die Gültigkeit der folgenden Syllogismen:
  Obersatz: Alle Nasenbären haben Nasen.
  Untersatz: Alle Menschen haben Nasen.
  Schlussfolgerung: Alle Menschen sind Nasenbären.

  Obersatz: Je mehr Käse, desto mehr Löcher
  Untersatz: Je mehr Löcher, desto weniger Käse
  Schlussfolgerung: Je mehr Käse, desto weniger Käse

- Welches ist die richtige Konklusion aus den folgenden Prämissen:
  Obersatz. Kein berühmter Philosoph hat Kinder.
  Untersatz: Alle Kinderlosen erreichen ein hohes Alter.
  Schlussfolgerung: ...

  Obersatz: Jeder Spieler der Mannschaft trägt ein Tattoo.
  Untersatz: Jan trägt kein Tattoo.
  Schlussfolgerung: ...

Neben der klassischen zweiwertigen Logik gibt es Versuche moderner Logiker, eine »dreiwertige« Logik zu entwickeln, da man glaubt, dass es Aussagen gibt, die weder »wahr« noch »falsch« sind. So gibt es Sätze, die falsche oder irreale Voraussetzungen (»Präsuppositionen«) enthalten, wie z. B. »Zugvögel legen im Winterquartier ihre Flossen ab«. Da die Präsupposition »Zugvögel haben Flossen« falsch ist, ist es sinnlos, nach der Wahrheit oder Falschheit der Gesamtaussage zu fragen.
So hat man vorgeschlagen, neben den beiden Wahrheitswerten »wahr« und falsch« einen dritten Wahrheitswert einzuführen, den man »unbestimmt«, »nicht bewiesen« oder »nicht widerlegt« nennen könnte.

LOGIK-CHECK

▶ Welche der folgenden Sätze können mit Hilfe einer zweiwertigen Logik erfasst werden und welche nicht:
- Die anglikanische Kirche hat sich vom Papst getrennt.
- Der Papst ist aus der anglikanischen Kirche ausgetreten.
- In den nächsten hundert Jahren wird die Welt untergehen.
- Alle Prophezeiungen des Weltuntergangs haben sich als falsch herausgestellt.

DENK DIR WAS!

Sie haben in Ihrem Adressbuch Namen mit zugehörigen E-Mail-Adressen gespeichert. Jede Zuordnung ist entweder wahr oder falsch, je nachdem ob der/die Betreffende unter der zugeordneten E-Mail-Adresse erreichbar ist oder nicht.

▶ Legen Sie ein Adressbuch an, in der die Zuordnung zwischen Name und E-Mail-Adresse weder wahr noch falsch ist.

APROPOS

Widersprüche, Gegensätze

Widersprüche in Argumentationen treten genau dann auf, wenn zwei Aussagen formuliert werden, die nicht beide zugleich wahr sein können. Hier sind drei der wichtigsten:

Kontradiktorische Gegensätze: Zwei Aussagen sind kontradiktorisch, wenn die eine genau dann wahr ist, wenn die andere falsch ist. Beispiel: »Alle Blondinen sind dumm. Einige Blondinen sind hochintelligent.« Wenn einige Blondinen hochintelligent sind, können nicht alle dumm sein und umgekehrt.

Konträre Gegensätze: Zwei Aussagen sind konträr, wenn sie zwar nicht gleichzeitig wahr, aber durchaus gleichzeitig falsch sein können. Beispiel: »Yvonnes Dienstwagen ist rot lackiert. Yvonnes Dienstwagen ist blau lackiert.« Offenbar können beide Aussagen nicht gleichzeitig wahr sein. Aber sie können gleichzeitig falsch sein, wenn z. B. Yvonnes Dienstwagen weiß lackiert ist.

Antinomien: Antinomien sind Widersprüche, die als nicht auflösbar gelten. Sie spielen gerade in der Philosophie eine große Rolle. *Immanuel Kant* (1724–1804), einer der großen Revolutionäre in der Philosophie, hat z. B. das Problem, ob das Handeln des Menschen durch die Naturgesetzlichkeit determiniert, also festgelegt ist oder ob der Mensch Willensfreiheit hat, als eine »Antinomie der reinen Vernunft« bezeichnet. Beide Thesen widersprechen sich, für beide gibt es Argumente, aber es gibt bisher keine allgemein akzeptierte Auflösung des Problems.

Paradoxien: Allgemein ist eine Paradoxie eine Aussage, die einen Widerspruch enthält. Eine weit verbreitete, von dem englischen Philosophen *R. M. Sainsbury* (geb. 1943) vertretene Definition einer logischen Paradoxie lautet: Eine Paradoxie ist eine nicht annehmbare Schlussfolgerung, die sich aus annehmbaren Prämissen ergibt. ■

LOGIK-CHECK

Die Haufenparadoxie

▶ Handelt es sich im Folgenden um einen gültigen Syllogismus oder nicht?

PRÄMISSE 1: Ein Stoß von 10 000 Körnern ist ein Haufen.
PRÄMISSE 2: Für jede Zahl *n*, die größer ist als 1, gilt: Wenn ein Stoß von *n* Körnern ein Haufen ist, dann ist auch ein Stoß von *n* minus 1 Körnern ein Haufen.
SCHUSSFOLGERUNG (KONKLUSION): Also ist ein Korn ein Haufen.

LOGIK-CHECK

▶ Überprüfen Sie in den folgenden drei Aussagenpaaren, ob es sich um konträre oder kontradiktorische Gegensätze handelt:

Heute Morgen waren die Temperaturen unter Null. Heute Morgen herrschten sommerliche Temperaturen.

Der Hausmeister hat die Tür abgeschlossen. Der Hausmeister hat die Tür nicht abgeschlossen.

Unser Bewusstsein agiert unabhängig vom Körper. Unser Bewusstsein wird von körperlichen Funktionen gesteuert.

KAPITEL 6

Gott

Michelangelo: Der Schöpfergott scheidet Licht und Finsternis (1508–1512)
Rom, Sixtinische Kapelle

Fragt man Menschen der westlichen Welt heute nach Gott, erhält man sehr oft Antworten, die darauf hinweisen, dass Gott etwas sehr Persönliches sei, etwas, das mit der individuellen Erfahrung jedes Einzelnen zu tun habe. Typische Antworten beginnen oft mit der Wendung »Für mich bedeutet Gott, dass ...«, wobei auf psychologische Erfahrungen oder Bedürfnisse hingewiesen wird. Der Glaube an Gott wird zur Hilfe bei der Lösung von Problemen, die der Verstand angeblich nicht lösen kann.

Dass der Gottesglaube Ausdruck bestimmter Erfahrungen ist und bei der Lebensbewältigung hilft, wurde auch von namhaften Philosophen behauptet, so von dem Amerikaner *William James* (1842–1910) am Anfang des 20. Jahrhunderts. Einige der von Philosophen unternommenen Versuche, Gott zu »beweisen«, nahmen ihren Ausgang im moralischen und psychologischen Bewusstsein des Menschen.

Dabei sollte man aber nicht vergessen, dass sowohl für die monotheistischen (d. h. einen einzigen Gott verehrenden) Religionen als auch für einen großen Teil der klassischen Philosophen Gott viel mehr ist als eine besondere Art der Erfahrung. Gott ist hier ein objektiv existierendes Wesen mit ganz bestimmten Eigenschaften und einer ganz besonderen Beziehung zu unserer Welt. Er ist der Grundstein religiöser Lehren und auch vieler philosophischer Weltanschauungen.

Dabei stellt sich für die Philosophie, die es mit rationalen Argumenten und Erklärungen zu tun hat, immer die Frage: Wie logisch ist die Vorstellung eines Gottes eigentlich? Welche Eigenschaften dieses Gottes sind mit dem, was wir von der Welt wissen, vereinbar? Wenn wir die Existenz des christlichen Gottes rechtfertigen können, können wir dann nicht auch die Existenz anderer Götter oder übernatürlicher Wesen rechtfertigen, mit denen man ähnliche Eigenschaften verbindet?

Das antike Griechenland, wo die Entwicklung der westlichen Philosophie beginnt, kannte nicht nur einen Gott, sondern eine Vielzahl von Göttern, die, so berichtet die griechische Mythologie, auf dem Olymp versammelt waren. Die Griechen waren also Polytheisten. Ihre Götter ähnelten, was ihr Verhalten angeht, sehr den Menschen, mit dem Unterschied, dass sie mächtiger waren und ewig lebten. Den Glauben an einen einzigen Gott, den Monotheismus, gab es bereits im Judentum, doch erst mit dem Christentum setzte er sich in Europa durch.

Seitdem sich in Europa in den ersten nachchristlichen Jahrhunderten das griechische und das christliche Denken miteinander verbanden, wurde der eine Gott zu einem beherrschenden Thema der westlichen Philosophie. Dabei nahm der christliche Gott, der nach Auffassung seiner Gläubigen den Charakter einer allmächtigen und allgütigen »Person« hat, im Verlauf der Philosophiegeschichte zunehmend eine immer rationalere Form an. Der rachsüchtige Gott des Alten Testaments, der Gott der Liebe und Vergebung des Neuen Testaments, der am Kreuz gestorbene Christus – sie alle verschwanden hinter einem abstrakten Gottesbegriff, der die Rolle eines philosophischen Grundprinzips einnahm. Beigetragen dazu hat die Tatsache, dass auch einige der bedeutendsten griechischen Philosophen einen abstrakten Gottesbegriff kannten, der deutlich vom Volksglauben abwich. Der Gott der Philosophen präsentiert sich dabei je nach Denker und in ganz unterschiedlicher Gestalt. In der Philosophie der Gegenwart spielt Gott kaum noch eine Rolle. Bleibt in der Philosophie von Gott mehr übrig als ein Name?

INFO-PORTAL

Die Philosophen und ihr Gott

Aristoteles (384–322 v. Chr.): Aristoteles spricht bereits von einem Gott als dem »unbewegten Beweger«: Er ist Ausgangspunkt und Ziel allen Weltgeschehens, beharrt aber selbst in einem bewegungslosen Zustand – jenem Zustand der kontemplativen Ruhe, in dem sich für die klassische griechische Philosophie die Weisheit realisiert.

Für *Plotin (204–270)*, der ebenfalls noch vom christlichen Glauben unberührt war, ist alles Höhere und Göttliche geistiger Natur, während alles Niedere und Böse materieller Natur ist. Gott ist der »Eine«, die ewige, rein geistige Ursache der Welt, aus der die Wirklichkeit beständig wie aus einem ewig sprudelnden Brunnen »ausfließt«. Die Welt ist also der »Ausfluss«, die »Emanation« Gottes. Je materieller sie sich ausprägt, umso weiter ist sie von Gott entfernt.

Anselm von Canterbury (1033–1109): Anselm von Canterbury gehört bereits zu den Philosophen, die auf dem Boden des Christentums standen. Für den Abt und späteren Bischof ist Gott das in jeder Hinsicht vollkommene Wesen, über das hinaus nichts Vollkommeneres gedacht werden kann. Zu dieser Vollkommenheit gehört auch die Tatsache, dass Gott existiert. Anselm wurde zum Vater des sogenannten »ontologischen Gottesbeweises« (siehe Info-Portal: Die Gottesbeweise, S. 124).

Thomas von Aquin (1225–1274): Für Thomas, Mitglied des Dominikanerordens, konnte man nicht nur auf dem Weg des Glaubens, sondern auch auf dem Weg der Vernunft zu Gott gelangen. Thomas nennt fünf Wege, die zu Gott führen. Seine wichtigsten Argumente lassen sich in zwei Gottesbeweisen zusammenfassen, dem sogenannten »kosmologischen« und dem sogenannten »teleologischen« Gottesbeweis: Gott war für ihn zugleich Anfang und Zielpunkt aller Wirklichkeit (siehe Info-Portal: Die Gottesbeweise, S. 124).

Nikolaus von Kues (1401–1464): Obwohl Kardinal, verweist Nikolaus mit seinem Gottesbegriff in eine neue Zeit. Wie viele neu-

zeitliche Denker nach ihm war er von den Erkenntnissen der Mathematik fasziniert und benutzte sie, um Gott zu definieren: Gott ist das absolut Unendliche, das sich nicht mehr rational fassen lässt. In ihm fallen alle Gegensätze, z. B. die zwischen dem Größten und dem Kleinsten, zusammen.
René Descartes (1596–1650) war von Hause aus Mathematiker. Für ihn ist alles Endliche nur denkbar, wenn man gleichzeitig ein Unendliches voraussetzt. Die Vorstellung eines unendlichen, absolut vollkommenen Wesens ist nach Descartes in unserem Bewusstsein verankert: Gott ist eine angeborene Idee. Wie Anselm von Canterbury glaubt er aber auch, dass die Existenz Gottes auch aus dem Begriff der Vollkommenheit folgt: Zu einem vollkommenen Wesen gehört auch seine Existenz.
Baruch de Spinoza (1632–1677): Bei Licht besehen gibt es im Werk Spinozas gar keinen Gott, obwohl ständig von ihm die Rede ist. Für Spinoza ist die Welt ewig und alles Geschehen ist durch das Gesetz von Ursache und Wirkung bestimmt. Der Trick bestand nun darin, genau diese Welt und ihre Gesetzmäßigkeit mit Gott zu identifizieren. Spinozas Philosophie gipfelt in dem Satz: »Deus sive natura« = Gott oder die Natur – es ist beides dasselbe. Genau dies nennt man »Pantheismus«. Christen und Juden, beide geübt im Aufspüren von Ketzern, durchschauten den genialen Etikettenschwindel und verdammten Spinoza als Atheisten.
Gottfried Wilhelm Leibniz (1646–1716): Mit Leibniz rückt das berühmte »Theodizee-Problem« ins philosophische Bewusstsein, das Problem also, wie die Idee Gottes mit dem Bösen und dem Leiden in der Welt vereinbar ist. Gott ist für Leibniz der Gipfel der Logik und Rationalität. Aus wohlüberlegtem Kalkül hat er als allmächtiges, allwissendes und allgütiges Wesen die beste aller möglichen Welten geschaffen. Die Welt befindet sich im Zustand einer »prästabilierten Harmonie«. Die Übel und das Böse, das wir in der Welt vorfinden, sind für Leibniz zwangsläufig, weil der Mensch nur ein endliches Wesen ist. Sie sind entweder Ausdruck der menschlichen Unvollkommenheit oder ein Mittel, ihn vom falschen Weg abzubringen und zu Gott zu führen.

Immanuel Kant (1724–1804): Kant war der erste große Philosoph, der zwar an Gott glaubte, aber andererseits davon überzeugt war, dass alle bisherigen Gottesbeweise fehlerhaft waren. Mehr noch: Die Existenz Gottes lässt sich nach Kant überhaupt nicht beweisen. »Existenz« ist für ihn keine normale Eigenschaft, die im Begriff eines vollkommenen Wesens enthalten sein kann. Gott ist vielmehr eine »regulative Idee«, eine Art Leitidee, die besonders für unser moralisches Handeln wichtig wird. Das Bewusstsein des Menschen, frei handeln und seine moralischen Pflichten auch gegen natürliche Bedürfnisse erfüllen zu können, deutet auf eine von Gott geschaffene Weltordnung hin, in der Glück und Pflicht zusammenfallen.

William James (1842–1910): Der amerikanische Philosoph William James macht die Gottesfrage zu einer psychologischen und pragmatischen Entscheidung, die auf ähnlichen Überlegungen beruht wie Pascals Wette (siehe Kopfnuss: Pascals Wette, S. 127). Gott wird zu einem Antrieb und Energiespender für das eigene Leben. Entscheidet man sich für den religiösen Glauben, eröffnet sich ein positives Verhältnis des Menschen zur Welt und zu seinen Mitmenschen. Allerdings ist der Gott James' nicht mehr allwissend und allmächtig, sondern ein endliches Wesen, das eng mit der menschlichen Geschichte verbunden ist.

Alfred North Whitehead (1861–1947): Whitehead entwarf ein an den modernen Naturwissenschaften orientiertes Weltbild, in dem, mit Anklängen an Spinoza und Leibniz, Gott wieder einen Platz findet. Gott ist die Grundlage der Rationalität und der Wirklichkeit, die er als schöpferischen Prozess auffasst. ■

DER KLEINE PHILOSOPHENSTECKBRIEF

Gesucht wird: der Philosoph, der Gott in der Welt versteckte

Gott kommt in seinen Werken überall an prominenter Stelle vor – man könnte sogar sagen: Gott ist sein Ein und Alles. Aber merkwürdigerweise reagierten die zwei großen Religionen, mit denen

er es zu tun hatte – das Judentum, aus dem er stammte, und das Christentum, das sich mit ihm auseinandersetzen musste –, allergisch. Die Amsterdamer jüdische Gemeinde schloss ihn mit einem offiziell verhängten Bann aus ihren Reihen aus und Vertreter des Christentums bezeichneten ihn noch viele Generationen später als Atheisten. Er lebte zurückgezogen als Diamantenschleifer und wählte sich charakteristischerweise zum Wahlspruch: »Caute«! – »Sieh Dich vor!«
Die deutschen Klassiker *Gotthold Ephraim Lessing* (1729–1781) und *Johann Wolfgang Goethe* (1749–1832) gehörten zu seinen Anhängern, doch sein Name blieb für viele ein rotes Tuch und löste Ende des 18. Jahrhunderts einen erbitterten Streit aus. Warum?
Einer seiner wichtigsten Aussagen lautet: »Deus sive natura« – »Gott oder die Natur«, wobei kein ausschließendes, sondern ein einschließendes »oder« gemeint ist: Gott und Natur sind zwei Seiten derselben Medaille, sie sind im Grunde gleich. Wenn wir Gott suchen, müssen wir nicht über die Welt hinaus, sondern in die Welt hineinschauen. Gott und sein Wirken liegen klar vor Augen, wenn wir die ewigen Gesetzmäßigkeiten der Welt, den Zusammenhang zwischen Ursache und Wirkung betrachten.
Wenn Gott aber die Welt ist, dann ist die Welt auch Gott – für die Orthodoxen des Monotheismus ist das die ultimative Provokation. Für die Aufklärer des 18. Jahrhunderts dagegen ein großer Anspruch, die Welt auch ohne einen »außer- oder überirdischen« Gott zu erklären.

▶ Wer war's?

INFO-PORTAL

Die Gottesbeweise

Im Hochmittelalter, also etwa seit dem 11. Jahrhundert n. Chr., kamen viele christliche Theologen zu der Überzeugung, dass Glaube und Vernunft keine Gegensätze sind, sondern sich gegenseitig ergänzen. Manche von ihnen waren sich sicher, dass es gelingen kann, alleine mit Hilfe von Vernunft und Logik die Existenz Gottes zu beweisen. Die im Mittelalter aufgestellten Gottesbeweise waren seitdem höchst umstritten, manche von ihnen werden aber bis heute ernsthaft diskutiert. Hier sind einige der wichtigsten von ihnen:

Der ontologische Gottesbeweis: Der »ontologische« Gottesbeweis leitet sich von griechisch »on« = »seiend« ab. Er wurde zum ersten Mal im 11. Jahrhundert von *Anselm* (1033–1109), dem späteren Bischof von Canterbury, aufgestellt. Er schließt vom »Sein«, von dem Verständnis, das wir von dem Gottesbegriff haben, auf die »Existenz« Gottes. Der Begriff »Gott« bedeutet, dass Gott allumfassend und die höchste Form der Wirklichkeit ist. Zur Vorstellung Gottes gehört also, dass dessen Existenz immer mitgedacht werden muss. Gott muss also existieren.
Der kosmologische Gottesbeweis: Der »kosmologische« Gottesbeweis hat mehrere Varianten und wurde u.a. von *Thomas von Aquin* (1225–1275) vorgetragen. Alle Varianten treffen sich in einem Punkt: Wenn wir die Entwicklung der Welt und die Reihe von Ursachen und Wirkungen, die bis zum heutigen Zustand geführt haben, zurückverfolgen, dann muss es eine allererste Ursache geben, die selbst keine Wirkung einer anderen Ursache ist, denn die Reihe von Ursachen und Wirkungen kann nicht unendlich sein. Diese Ursache, die ganz am Anfang steht und nicht bedingt, sondern unbedingt ist: Diese, für unsere Erklärung der Welt notwendige, erste, unbedingte Ursache, die existieren muss, von der die Entwicklung des Kosmos ausgeht, und die die Reihe der Ursachen und Wirkungen in Gang setzt, ist Gott.
Der teleologische Gottesbeweis: Im Griechischen bedeutet »télos« so viel wie »Ziel« oder »Zweck«. Auch der »teleologische« Gottesbeweis wurde von *Thomas von Aquin* vorgetragen, allerdings mit starken Anleihen bei *Aristoteles* (388–322 v. Chr.), dessen »teleologisches« Weltbild Thomas in vielerlei Hinsicht übernommen hat. Aus der Beobachtung, dass alles in der Natur bis ins kleinste Detail sinn- und zweckvoll geordnet ist, dass also

alles einen bestimmten Zweck erfüllt, wird geschlossen, dass unsere Welt von einem Weltbaumeister erschaffen wurde, der jedem Ding seinen Sinn und Zweck zugewiesen hat. Dieser Weltbaumeister ist Gott. Der teleologische Gottesbeweis wird heute noch von den Vertretern des »Intelligent Design« vertreten (siehe Info-Portal: Moderne Kritiker und Verteidiger der Schöpfungstheorie, S. 130).

Der moralische und psychologische Gottesbeweis: *Immanuel Kant* (1724–1804), der den ontologischen, den kosmologischen und den teleologischen Gottesbeweis kritisierte, war dennoch von der Existenz Gottes überzeugt. Seiner Meinung nach trägt der Mensch das Bewusstsein in sich, nicht nur Teil einer vom Gesetz von Ursache und Wirkung bestimmten Naturordnung zu sein, sondern auch Teil einer moralischen Weltordnung, in der moralische Gesetze gelten. Sie wird von der Existenz Gottes verbürgt.

Ganz ähnlich wie dieser moralische Gottesbeweis argumentiert der psychologische Gottesbeweis. Die Idee Gottes, die im menschlichen Bewusstsein verankert ist, setzt die Existenz Gottes voraus, weil das Bewusstsein diese Idee nicht aus sich selbst entwickelt haben kann. ■

APROPOS

Deismus

Der **Deismus** unterscheidet sich vom »Theismus« dadurch, dass er einen unpersönlichen Gott annimmt, der nach Schaffung der Welt nicht mehr in deren Geschicke eingreift. Das hier am häufigsten gebrauchte Bild ist das des Uhrmachers: Gott ist der Feinmechaniker, der das komplexe Gebilde »Welt« erschafft und in Gang setzt. Danach greift er nicht mehr in den Mechanismus ein. Wunder, wie sie die Bibel berichtet, sind dadurch ausgeschlossen. Der Deismus ist der Kompromiss, den viele Aufklärer mit dem christlichen Gottesglauben eingingen: ein rationaler Gott, der die Naturgesetze verbürgt, aber sie nicht durchbricht. Als Begründer des Deismus gilt der Engländer *John Toland* (1670–1722). Aber auch *Voltaire* (1694–1778) und *Gotthold Ephraim Lessing* (1729 bis 1781) waren Deisten. ■

EINE PHILOSOPHISCHE KOPFNUSS

Eine Win-win-Situation? Pascals Wette

Der französische Philosoph *Blaise Pascal* (1623–1662) war zwar der Meinung, dass sich der christliche Gott jeder Vernunfterkenntnis entzieht, doch er wollte den skeptischen Intellektuellen seiner Zeit dennoch eine Brücke bauen, die es ihnen ermöglichte, sich auch aus rationalen Gründen für Gott zu entscheiden. Deshalb legte er ihnen folgende Wette vor:
Angenommen, wir wüssten nicht, ob Gott existiert. Wir befinden uns in der Rolle von Spielern, die verpflichtet sind zu spielen und vor der Wahl stehen, entweder auf die Existenz oder auf die Nichtexistenz Gottes zu setzen. Es gilt Gewinn und Verlust gegeneinander abzuwägen. Einsatz ist das eigene Leben.
Nun gibt es vier Möglichkeiten:

1) Ich setze auf die Existenz Gottes und Gott existiert. Dann gewinne ich die ewige Seligkeit.

2) Ich setze auf Gott und Gott existiert nicht. Dann gewinne ich nichts, verliere aber auch nichts.

3) Ich setze auf die Nichtexistenz Gottes und Gott existiert nicht. Ich verliere nichts, gewinne aber auch nichts.

4) Ich setze auf die Nichtexistenz Gottes und Gott existiert. Dann verliere ich alles und verfalle der ewigen Verdammnis.

▶ Ist Pascals Argumentation zwingend oder gibt es in seiner Konstruktion der Wette einen Pferdefuß?

DER KLEINE PHILOSOPHENSTECKBRIEF

Gesucht wird: der Allrounder

Er war das seltene Exemplar eines gleichermaßen kreativen Wissenschaftlers, scharfsinnigen Philosophen und gläubigen Christen. Unter den Philosophen hat es viele Wissenschaftler gegeben, doch keinen, der Philosophie, Religion und Wissenschaft so in seiner Person vereinigt hat wie er. Er begann als leidenschaftlicher Naturwissenschaftler und Mathematiker. Er untersuchte die Wirkung von Luftdruck auf Flüssigkeiten, beschäftigte sich mit Wahrscheinlichkeitsrechnung und wurde zum Vater des »arithmetischen Dreiecks«, das heute seinen Namen trägt. In seinem letzten Lebensjahrzehnt jedoch wurde er ein leidenschaftlicher Anhänger der Jansenisten, einer Strömung innerhalb der katholischen Kirche, die, wie die Protestanten, die Gnadenlehre und die Lehre von der Vorsehung betonte. Er lebte und schrieb fortan im Umkreis des jansenistischen Klosters Port Royal in Paris. Doch weil er ein scharfer logischer Geist war, beschäftigte er sich unablässig mit dem Für und Wider seiner Position. Seine wichtigsten philosophischen Aufzeichnungen wurden aus dem Nachlass veröffentlicht und zu einem Bestseller der Philosophiegeschichte. Sie enthalten auch die berühmte Gotteswette, mit der zweifelnden Intellektuellen der Glaube an Gott schmackhaft gemacht werden sollte. Im 20. Jahrhundert hat man den Allrounder sogar zu einem Vorläufer des Existenzialismus erklärt.

▶ Wer war's?

LOGIK-CHECK

Das Problem der Allmacht

Enthält die Vorstellung von göttlicher »Allmacht« einen Widerspruch?
Wenn Gott allmächtig wäre, dann könnte er ein Wesen schaffen, das mächtiger wäre als er selbst. Dann wäre er aber nicht mehr allmächtig.

▶ Lässt sich das Paradox auflösen?

EINE PHILOSOPHISCHE KOPFNUSS

Das Theodizeeproblem

Das Theodizeeproblem ist der Klassiker unter jenen philosophischen Problemen, die mit der Annahme der Existenz eines Gottes verbunden sind, der als gleichermaßen allwissend, unendlich gut und unendlich mächtig verstanden wird. Das Wort »Theodizee« hat griechische Wurzeln und bedeutet etwa »Rechtfertigung Gottes«.

Dabei geht es um Folgendes: Wie lässt sich die Vorstellung eines allwissenden, allmächtigen und allgütigen Gottes mit der Tatsache vereinbaren, dass in der Welt so viele Unschuldige leiden müssen, sei es durch Verbrechen, Kriege, Seuchen oder Naturkatastrophen? Wie soll man z. B. verstehen, dass auf der einen Seite Ausbeuter und Diktatoren ihr Leben lang in Luxus leben und auf der anderen Seite unschuldige Kinder durch Misshandlung oder Krankheit ihr Leben verlieren? Der allwissende Gott muss um das Leid, das die Menschen erwartet, schon von Anfang an gewusst haben. Warum hat er nicht eine andere Welt geschaffen? Wenn Gott allmächtig ist, könnte er das Leid verhindern. Wenn er es nicht tut, ist er nicht allgütig.

▶ Gibt es Argumente, die die Annahme der Existenz eines solchen Gottes im Angesicht einer solchen Welt rechtfertigen können?

PRO UND CONTRA

»Die beste aller möglichen Welten« oder »Die verfehlte Schöpfung«?

Auch heute noch gibt es namhafte Wissenschaftler, die die These vertreten, unsere Welt zeichne sich durch einen so feingesponnenen, subtilen Zusammenhang und durch so viel bewunderungswürdige Komplexität im Kleinen aus, dass dies nur durch einen Gott erklärt werden könne, der die Welt nach einem kunstvollen Plan (»intelligent design«) erschaffen habe. Sie liegen damit ganz auf der Linie von *Gottfried Wilhelm Leibniz* (1646–1716), für den auch schon vor dreihundert Jahren unsere Welt »die beste aller möglichen Welten« war.

Der Aufklärer *Voltaire* (1694–1778) hat sich in seiner Satire ›Candide‹, anlässlich eines verheerenden Erdbebens in Lissabon, darüber lustig gemacht und auf die zahlreichen Unvollkommenheiten und Katastrophen dieser Welt hingewiesen. Der aus Rumänien stammende französische Philosoph *Emil M. Cioran* (1911–1995) spricht sogar von einer »verfehlten Schöpfung«. Neben dem »guten« Gott müsse es auch einen korrumpierten »bösen« Gott gegeben haben.

▶ Welche Argumente gibt es für die eine oder andere Seite?

INFO-PORTAL

Moderne Kritiker und Verteidiger der Schöpfungstheorie

Die **Evolutionstheorie** des englischen Naturforschers *Charles Darwin* (1809–1882) hat wie keine andere Theorie dazu beigetragen, die christliche Lehre von der göttlichen Schöpfung der Welt und der auserwählten Rolle des Menschen zu erschüttern. Eine solche Wirkung lag nicht unbedingt in der Absicht Darwins – immerhin war er auch studierter Theologe. Aber die Erfahrungen, die er auf seinen ausgedehnten Forschungsreisen machte, führten ihn zu dem Schluss, dass die Erde und das auf ihr befindliche organische Leben sehr viel älter sein müssen als in der Bibel angenommen, und dass sie nicht in einem sechstägigen Schöpfungsakt, sondern in einem langen Prozess der Entwicklung (= Evolution) entstanden sein muss. In ›Die Entstehung der Arten‹ (1859) demonstriert Darwin, dass die uns bekannten Tier- und Pflanzenarten Ergebnis einer fortwährenden Anpassung an die Umwelt und eines Überlebenskampfes sind, das mit wenigen ganz einfachen Organismen beginnt, sich dann aber ausdifferenziert und bei dem nur die erfolgreichsten Arten übrig bleiben (»survival oft the fittest«), während die anderen ausgestorben sind. In ›Die Abstammung des Menschen‹ (1871) vertritt Darwin die für die damaligen Christen äußerst provokante These, dass

auch der Mensch Ergebnis einer solchen natürlichen Auslese sei und dass er mit den Affen gemeinsame Vorfahren habe.
Richard Swinburne (geb. 1934): Der Oxforder Religionsphilosoph ist einer der wenigen zeitgenössischen Philosophen, die einen Theismus vertreten, die Ansicht also, dass es einen persönlichen Gott gibt, der allmächtig, allwissend und vollkommen frei ist. Die Existenz Gottes steht für ihn nicht in Widerspruch zur Evolutionstheorie. Gott ist für ihn der Urheber jener Gesetze, die die Evolution in Gang setzen.
Der bereits im 19. Jahrhundert entstandene **Kreationismus** lehnt Darwins Evolutionstheorie ab. Er vertritt, im Einklang mit der Bibel, die Auffassung, dass die Welt vor Millionen von Jahren nicht durch eine Evolution, sondern durch den Eingriff eines Schöpfergottes entstanden ist. Orthodoxe verschiedener Religionen bekennen sich zum Kreationismus und stützen sich dabei häufig auf die wörtliche Auslegung ihrer heiligen Schriften.
Verwandt damit ist die auch unter modernen Wissenschaftlern verbreitete Auffassung des **Intelligent Design**, die in den USA entstand und sich vor allem dort seit den 1990er-Jahren verbreitet hat. Danach weist die Natur Merkmale auf, die nur dadurch erklärt werden können, dass man einen Schöpfer, einen »intelligenten Planer« voraussetzt. Dieser intelligente Planer wird in der Regel mit dem christlichen Gott identifiziert. Einer der bekanntesten Vertreter des »Intelligent Design« ist der amerikanische Philosoph und Theologe *William Dembski* (geb. 1960).
Gegen diese Auffassung des *Intelligent Design* und die damit verbundene Gottesvorstellung richtet sich u. a. die **Religionsparodie des fliegenden Spaghettimonsters.** Im Jahr 2005 entwarf der amerikanische Physiker *Bobby Henderson* (geb. 1980) die Religionsparodie des »fliegenden Spaghettimonsters« (FSM = Flying Spaghetti Monster). Sie richtet sich gegen die Auffassung eines Intelligent Design und will zeigen, dass man mit der gleichen Art von Argumenten, mit denen man den Schöpfergott glaubt beweisen zu können, auch die Annahme einer absurden Vorstellung wie die des »fliegenden Spaghettimonsters« verteidigen kann.

Zentrale Punkte dieser »neuen Lehre« sind:
Das (unsichtbare) fliegende Spaghettimonster hat die Welt im Zustand des Rauschs erschaffen – weswegen sie so viele Fehler aufweist.
Das fliegende Spaghettimonster hat die Evolution in Gang gesetzt, um die Glaubenstreue seiner Anhänger zu testen. Bei wissenschaftlichen Forschungen und Messungen zur Erdgeschichte ist das fliegende Spaghettimonster anwesend, um die Ergebnisse zu verfälschen.
Piraten sind göttliche Wesen und die Abnahme ihrer Zahl steht in direktem Zusammenhang mit der Erderwärmung und der Zunahme von Naturkatastrophen. ■

PRO UND CONTRA

Das fliegende Spaghettimonster – eine nützliche Gedankenkonstruktion?

- Inwieweit ist die Gedankenkonstruktion des »fliegenden Spaghettimonsters« geeignet, Schwächen in der Argumentation derer aufzudecken, die einen Schöpfergott verteidigen?
- Welche rationalen Argumente sprechen Ihrer Meinung nach für die Annahme eines Schöpfergottes und welche dagegen?

LOGIK-CHECK

Der ontologische Gottesbeweis

Daraus, dass Gott das vollkommene Wesen schlechthin ist, schließt der ontologische Gottesbeweis, dass Gott existieren muss. Denn fehlte ihm die Eigenschaft der »Existenz«, dann wäre er nicht vollkommen.

- Prüfen Sie die Gültigkeit dieser Argumentation mit Hilfe der logischen Unterscheidung von Begriffsintension und Begriffsextension (siehe Kap. 5). Wenden Sie das Argument des ontologischen Gottesbeweises auf das »Fliegende Spaghettimonster« an.

DENK DIR WAS!

Erfinden Sie eine Religion, in der es einen Gott gibt, der sich mit den Erkenntnissen der Wissenschaften vereinbaren lässt und den man mit widerspruchsfreien Argumenten verteidigen kann. Welche Eigenschaften könnte er besitzen? Welchen Einfluss hätte er auf die Naturgesetze? Welches Verhältnis hätte er zu den Menschen?

> **AN DIE PINNWAND**
> *Was sie dazu bewegt, an Gott zu glauben, ist überhaupt kein verstandesmäßiges Argument. Die meisten Menschen glauben an Gott, weil man es sie von frühester Kindheit an gelehrt hat.*
> Bertrand Russell

▶ Welche der folgenden Gottesvorstellungen wäre mit diesem Weltbild vereinbar und welche nicht:
- Ein allmächtiger Gott, der die Welt erschafft, ihre Entwicklung in Gang setzt und sich danach zurückzieht, ohne noch einmal in sie einzugreifen.
- Ein allmächtiger, allwissender und allgütiger Gott, der die Welt erschaffen hat, jederzeit in sie eingreifen kann und dies auch manchmal tut.
- Zwei gegeneinander arbeitende Götter: ein gütiger Gott, der die Welt erschaffen hat und in sie eingreifen kann, der aber nicht allmächtig ist; ein ebenfalls nicht allmächtiger böser Gott, der die Schöpfung des guten Gottes bekämpft, indem er das Böse in die Welt bringt.

▶ Welche anderen Gottesvorstellungen wären möglich?

INFO-PORTAL

Atheisten unter den großen Philosophen seit der Aufklärung

Im Verhältnis von Religion und Philosophie markiert die Aufklärung des 18. Jahrhunderts einen Einschnitt. Bis dahin war es lebensgefährlich, sich als Atheisten zu bezeichnen. Selbst Philosophen der Aufklärung wie *John Locke* (1632–1704), die religiöse Toleranz propagierten, machten bei den Atheisten eine Ausnahme. Wer nicht an Gott glaubte, galt als unmoralisch, weil man lange Zeit der Meinung war, moralische Regeln ließen sich nur mit dem Hinweis auf die Existenz Gottes begründen. Nun begannen eine Reihe von Philosophen im Namen der Vernunft öffentlich Kritik an der Kirche und der Vorstellung eines personalen Gottes zu üben. Von da schwand der Einfluss der Kirche auf Politik, Gesellschaft und Kultur und die Zahl der Philosophen, die offen einen Atheismus vertraten, stieg an. In der Philosophie der Gegenwart bekennt sich nur noch eine Minderheit von Philosophen zum traditionellen Gottesglauben.

Paul Henry Thiry d'Holbach (1723–1789): Für Holbach, einen als Paul Heinrich Dietrich von Holbach in der Pfalz geborenen Deutschen, der sich in Paris niederließ und zu einem der radikalsten Denker der französischen Aufklärung wurde, war Gott nichts anderes als eine Fiktion des Gehirns. Alle Naturvorgänge sind letztlich materieller Art und durch das Gesetz von Ursache und Wirkung festgelegt. Für Übersinnliches ist kein Platz mehr.
Arthur Schopenhauer (1788–1860): Hinter den Naturerscheinungen steht für Schopenhauer kein Gott, sondern eine unpersönliche, universal wirkende allumfassende und gleichzeitig selbstzerstörerische Kraft und Energie, die er Wille nennt. Der Monotheismus mit der Vorstellung eines guten Gottes, der eine wohlgeordnete Welt schafft, gehört für Schopenhauer zu den Erbsünden des westlichen Denkens. Dennoch wertet er Religion nicht völlig ab: Sie ist für ihn Ausdruck des metaphysischen Grundbedürfnisses des Menschen, zu erklären, was hinter der Welt und ihren Erscheinungen steckt.
Karl Marx (1818–1883): Für Marx waren Kultur, Religion und Philosophie Teile des »Überbaus« einer Gesellschaft, deren wahre Antriebskräfte im ökonomischen »Unterbau«, den materiellen Produktionsverhältnissen lagen. »Religion« generell war für ihn Ausdruck eines »falschen Bewusstseins«, in dem sich gesell-

schaftliche Verhältnisse spiegeln, in denen Elend und Unterdrückung herrschen. Für Marx ist Religion »Opium des Volkes«, was nicht nur negativ gemeint ist: Religion ist einerseits ein Mittel zur Betäubung und Ablenkung vom Zustand der Unfreiheit; andererseits ist es aber auch die natürliche Art und Weise, wie sich die menschlichen Wünsche nach Selbstbefreiung unter bestimmten Bedingungen äußern.

Ludwig Feuerbach (1804–1872): Gott war eines seiner großen Themen – doch ein Gottgläubiger war er nicht. Feuerbachs Gott hat kein göttliches, sondern ein menschliches Gesicht. In Wahrheit, so Feuerbach, ist nicht Gott der Schöpfer des Menschen, sondern der Mensch Schöpfer Gottes. Gott ist kein transzendentes Wesen, sondern eine menschliche Projektion: Er verkörpert all das, was der Mensch gerne hätte, aber nicht hat, u. a. unendliche Macht, unendliche Güte, unendliches Wissen.

Friedrich Nietzsche (1844–1900): Von Nietzsche stammt der berühmte Satz: »Gott ist tot!« Nietzsche wandte sich generell gegen die sogenannten »metaphysischen Hinterwelten«, also gegen die Ansicht, dass es hinter unserer diesseitigen Welt noch eine andere »wahre« Welt geben könne. Er sah sich als »freier Geist«, als Prophet eines erfüllten diesseitigen Lebens.

Bertrand Russell (1872–1970): Für Russell, einen der großen Pioniere der modernen Logik, sind alle Versuche, Gott mit Hilfe von Vernunft, Wissenschaft und Logik zu beweisen, gescheitert. Der Glaube an Gott beruht für ihn vor allem auf Angst vor dem Unbekannten und vor dem Tod und auf dem Wunsch, eine starke Autorität hinter sich zu wissen, auf die man sich in Lebensschwierigkeiten berufen kann. ■

DENK DIR WAS!

Jeder von uns hat sich schon mal vorgestellt, er wäre Gott und könne eine Welt von Grund auf neu erschaffen oder zumindest die bestehende Welt nach eigenen Maßstäben korrigieren. In der 20. Reise seiner ›Sterntagebücher‹ hat der polnische Science-

Fiction-Autor *Stanislaw Lem* (1921–2006) dies zum Thema eines literarischen Experiments gemacht. Der Weltraumreisende Ijon Tichy wird ins 27. Jahrhundert katapultiert, wo die Wissenschaft in der Lage ist, die Zeit zu manipulieren, d.h. Zeitabläufe und Entwicklungen rückwirkend zu verändern. Tichy wird Leiter eines Projekts, das die Weltentwicklung und die Geschichte der Menschheit »ausbessern« will.

- ▶ Versetzen Sie sich in die Rolle Tichys. Welche Verbesserungsvorschläge würden Sie machen?
- ▶ Welche Entwicklungen in der Geschichte würden Sie nachträglich verändern?
- ▶ Welche Veränderungen würden Sie an der Natur im Allgemeinen und an der Natur des Menschen im Besonderen vornehmen?

KAPITEL 7

Raum und Zeit, Kosmos und Geschichte

Wanderer am Weltenrand
Camille Flammarion: L'atmosphère, 1888

Der Mensch sieht sich in ein Universum hineingeworfen, das er nicht oder nur in wenigen Teilen versteht. Daran hat die moderne Physik einiges, aber längst nicht alles geändert. Wir stehen immer noch vor vielen Rätseln. Kein Wunder also, dass die Philosophie mit einem Staunen beginnt: Staunen über die Unermesslichkeit des Raumes, über das, was wir Himmel und Erde nennen, über die Zyklen der Natur und über Ziel und Ursprung der zeitlichen Entwicklung. Die Disziplinen, die wir heute als Metaphysik, Physik, Erkenntnistheorie, Kosmologie, Naturphilosophie und Geschichtsphilosophie unterscheiden, haben eine gemeinsame Quelle. Sie liegt in der Frage, die sich die frühgriechischen Philosophen stellten: Was ist Ursprung, was ist Sinn, was ist Ziel dieser Welt? Die damals zahlreich entstandenen Schriften »Über die Natur« handeln genau von dem, was wir heute als »Kosmos« oder »Universum« bezeichnen würden.

Die Probleme beginnen schon damit, dass wir nicht genau wissen, wie weit dieser »Kosmos« oder dieses »Universum« reicht. Dass die Erde nicht Zentrum des Universums ist, wissen wir inzwischen. Aber gibt es überhaupt ein Zentrum? Müssen wir heute nicht eher von einem »Multiversum« sprechen, einer Ansammlung vieler Welten? Sind sie alle Teil einer gemeinsamen Welt, in der überall die gleichen Naturgesetze gelten? Gibt es zur Erklärung so etwas wie eine »Weltformel«?

Dabei scheut die Philosophie auch nicht davor zurück, scheinbare Selbstverständlichkeiten in Frage zu stellen. Solche Selbstverständlichkeiten sind z. B. Raum und Zeit. Wir nehmen zwar die Welt in raum-zeitlicher Form wahr, doch ist die Welt wirklich dreidimensional? Ist »Raum« überhaupt Realität oder nur ein Konzept unserer Weltdeutung? Gibt es also eine »wahre« Welt hinter der raum-zeitlichen Welt?

AN DIE PINNWAND

Die große Aufgabe der Naturwissenschaften und der Naturphilosophie besteht darin, ein kohärentes und verständliches Bild des Universums zu schaffen. Alle Wissenschaft ist Kosmologie.

Karl R. Popper

Ähnliche Fragen stellen sich bezüglich der Zeit: Könnte es sein, dass unsere Vorstellungen von Vergangenheit, Gegenwart und Zukunft etwas spezifisch Menschliches sind, dass aber in Wahrheit alles gleichzeitig existiert? Ist alle Bewegung nur relativ? Existieren alle möglichen Welten in der gleichen Zeit?

Der Mensch jedenfalls lebt »in der Zeit« und hat ein eigenes Zeitempfinden. Ist dieses Zeitempfinden aber identisch mit der sogenannten »objektiven« Zeit, der Zeit also, die wir mit unseren Uhren messen können? Das hat nicht nur die Physiker, sondern auch die Philosophen beschäftigt. Aber auch die Zeit der Menschheit als Ganzes, die Menschheitsentwicklung, stellt uns viele Fragen. Ist unsere »Geschichte« nur eine wirre Aneinanderreihung von Ereignissen? Analog zu den Naturgesetzen haben Philosophen immer wieder versucht, die Gesetzmäßigkeiten der Geschichte, den »großen Zusammenhang« herauszufinden.

Solche grundlegenden Fragen über das, »was die Welt im Innersten zusammenhält«, laden natürlich zur Spekulation geradezu ein. Nicht umsonst ist die Science-Fiction-Literatur von solchen Spekulationen inspiriert. Doch sollten wir uns hüten, jede Spekulation von vorneherein abzuwerten. Ein sicheres Wissen über die Welt werden wohl weder die (Natur-)Wissenschaft noch die Philosophie je erreichen können. Die Welt wird immer etwas Geheimnisvolles behalten.

Deshalb sind wir auf kluge, vernünftige und begründete Spekulationen angewiesen. Und manchmal ist der Unterschied zwischen philosophischer Welterklärung und intelligenter Science-Fiction gar nicht so groß. Was als bloße »Idee«, als Spekulation begann, ist später häufig von der Wissenschaft bestätigt worden. Spekulation, philosophische Theorie und Wissenschaft können sich gegenseitig befruchten. Das Nachdenken über Ursprung und Ziel, Vergangenheit und Zukunft unserer Welt ist ein spannender, nie abgeschlossener Prozess.

APROPOS

Die Zwei-Welten-Theorie

Zwei-Welten-Theorie in der Philosophie bedeutet: Es gibt zwei verschiedene Arten von Wirklichkeit, die aber nicht unbedingt beide gleich »real« sind. Im Verlauf der Philosophiegeschichte wurden ganz verschiedene Varianten der Zwei-Welten-Theorie vertreten.

Eine häufige Version lautet: Es gibt einerseits die Welt, in der wir leben, die wir wahrnehmen und in der bestimmte Naturgesetze gelten – aber »dahinter« gibt es eine andere Welt, die wahre Welt, in der diese Gesetzmäßigkeiten nicht gelten und die uns nur auf einem ganz besonderen Weg zugänglich ist.

Welt der Ideen und Wahrnehmungswelt: Vater der Zwei-Welten-Theorie ist *Platon* (427–347 v. Chr.). Unsere Welt der veränderlichen vergänglichen Dinge ist für ihn nur ein Abbild der Welt der unveränderlichen ewigen Formen. Es gibt viele verschiedene Pferde – aber nur eine Idee des Pferdes. Wir erleben viele Arten von Tapferkeit – aber es gibt nur eine Idee der Tapferkeit.

Reich Gottes und Reich der Welt: Der erste bedeutende christliche Philosoph, *Augustinus* (354–430), deutete die Zwei-Welten-Theorie in religiös-moralischer und geschichtsphilosophischer Weise um: In der Geschichte stehen sich das an christlichen Werten orientierte Reich Gottes – vertreten durch die christliche

Kirche – und das sündige diesseitige Reich der Welt – vertreten durch die weltliche Macht – gegenüber.

Ding an sich – Erscheinungswelt; Reich der Freiheit – Reich der Notwendigkeit: Bei *Immanuel Kant* (1724–1804) gibt es gleich zwei Zwei-Welten-Theorien. Erstens eine erkenntnistheoretische: Hinter der Welt, die wir erfahren und wahrnehmen (den »Erscheinungen«) steht die wahre, für uns aber unerkennbare Welt des »Dings an sich«; zweitens eine moralphilosophische: Während in der Natur alles nach dem Kausalprinzip (dem Zusammenhang zwischen Ursache und Wirkung) geschieht, hat der Mensch auch noch Teil am Reich der Freiheit, da er sein Handeln am moralischen Vernunftgesetz ausrichten kann. Beide Zwei-Welten-Theorien haben bei Kant aber etwas miteinander zu tun: Das Reich der Freiheit wird mit der Welt des Dings an sich identifiziert.

Der Wille/Das Unbewusste – die Welt der Vorstellung/des Bewusstseins: Bei *Arthur Schopenhauer* (1788–1860) steht hinter unserer Erfahrungswelt (Welt der Vorstellungen) eine universale, unbewusste und irrationale Kraft, die er »Wille« nennt. Der »Wille« steuert unser Bewusstsein. Ganz ähnlich wird auch bei *Sigmund Freud* (1856–1939) in seiner Psychoanalyse die Welt unseres Bewusstseins durch die Welt des triebgesteuerten Unterbewusstseins gelenkt.

Physikalische Realität und Wahrnehmungsrealität: Das Weltbild der modernen Physik kennt eine ganz andere Welt als unsere Wahrnehmungswelt, in der es sichtbare Körper gibt, die sich in Raum und Zeit bewegen; die Physik erlaubt eine »Tiefensicht« in die Welt, die wir nicht mehr beobachten, sondern nur noch messen können: Die Materie besteht aus Atomen, die wiederum aus Protonen und Neutronen zusammengesetzt sind. Diese wiederum bestehen aus noch kleineren Elementarteilchen, den »Quarks«, die in verschiedenen Aggregatzuständen vorkommen. Die Elementarteilchen verhalten sich nicht nur wie normale Teilchen, sondern auch wie Wellen (siehe Info-Portal: Welterklärungen der Philosophie und Physik, Das Weltbild der Moderne, S. 150). ■

LOGIK-CHECK

Ein logischer Blick auf Platons Ideen

Platons »Idee«, griechisch »eidos«, also eigentlich »ideale Form«, bezeichnet das, was bestimmten Gruppen von Einzeldingen gemeinsam ist und ihnen als Vorbild dient: Die Idee des Pferdes ist die »Idealform« aller Pferde, die Idee der Tapferkeit ist das Vorbild für alle tapferen Handlungen.

▶ Wie lässt sich der Unterschied zwischen Idee und Einzelding mit Hilfe der verschiedenen Arten von Bedeutung eines Begriffs erklären? (siehe dazu auch Kap. 5 Logik, Sprache, Argumentation: Begriffe, Aussagen, Argumente, S. 91)

APROPOS

Atome und Atomismus

»Atom« kommt aus dem Griechischen und bedeutet das »Unteilbare«. **Atomismus** ist eine Theorie der Materie, nämlich die Auffassung, dass unser Kosmos aus **Atomen**, also aus kleinsten, unteilbaren Elementen besteht, die sich im leeren Raum bewegen. Vertreten wurde diese Anschauung zuerst von den griechischen Philosophen *Leukipp* (5. Jahrhundert v. Chr.), *Demokrit* (ca. 460–370 v. Chr.), *Epikur* (341–270 v. Chr.) und *Lukrez* (96–55 v. Chr.). Aufgrund des großen Einflusses des Aristoteles, der ein Gegner des Atomismus war, blieb dieser in der Philosophie eine Minderheitsmeinung. In der Neuzeit wurde er u. a. wieder durch *Galileo Galilei* (1564–1642), *Pierre Gassendi* (1592–1655) und *Isaac Newton* (1643–1727) wiederbelebt. Endgültig durchgesetzt hat sich der Atomismus in der modernen Physik durch das Atommodell des Physikers *Niels Bohr* (1865–1962). Allerdings ist hier das Atom schon nicht mehr der kleinste Weltbaustein. In Bohrs Modell kreisen um das Atom herum Elektronen. Inzwischen weiß man, dass es noch kleinere Bausteine gibt (siehe Info-Portal: Welterklärungen der Philosophie und Physik, Das Weltbild der Moderne, S. 150). ■

INFO-PORTAL

Welterklärungen der Philosophie und Physik

Kosmos ist ein Wort griechischen Ursprungs. Aus der griechischen Welt kommen auch die ersten **Kosmologien**, die ersten Deutungen und Entstehungslehren des Kosmos. Dabei kann man Philosophie und Wissenschaft nicht trennen. Bis in die frühe Neuzeit, also etwa bis ins 17. Jahrhundert, hießen alle wissenschaftlichen Naturforscher »Naturphilosophen«. Erst als man begann, die empirische Forschung zur Grundlage von Theorien zu machen, löste sich die Physik als eigenständiger Erkenntnisbereich aus der Philosophie.
Doch bis heute ist der Zusammenhang zwischen philosophischer und physikalischer Welterklärung eng geblieben. Philosophische Theorien haben die Physiker inspiriert, während andererseits philosophische Spekulationen über die Welt auf wissenschaftlichen Theorien aufbauen. Bei beiden geht es immer wieder um die gleichen Grundthemen: die Ewigkeit oder Endlichkeit der Welt, die Natur des Universums oder auch die Frage nach der Objektivität von Raum und Zeit.

Die frühgriechische Philosophie: Bereits unter den frühen griechischen Philosophen gab es einige geniale Gedanken über Welt und Natur, die bis heute in der Wissenschaft fruchtbare Impulse auslösen – auch wenn uns nur kleine Bruchstücke ihrer Schriften erhalten sind.
Für *Parmenides* (ca. 540–480 v. Chr.) und die von ihm begründete eleatische Schule gab es keinen leeren Raum. Bewegungen und zeitliche Veränderungen beruhen auf einer Illusion. Das wahre Sein ist unveränderlich. Für *Anaximander von Milet* (ca. 610–540 v. Chr.) liegen Ursprung und Gesetz der Welt im »ápeiron«, dem Unbestimmten und Unbegrenzten, das ewig ist und aus dem alles mit Notwendigkeit entsteht. *Heraklit von Ephesos* (um 500 v. Chr.) z. B. formulierte mit dem von ihm überlieferten Satz »Alles fließt« die These, dass die Welt nicht statisch ist, sondern Prozesscharakter hat. Die antiken Materialisten *Leukipp*

(ca. 480–420 v. Chr.), *Demokrit* (ca. 460–370 v. Chr.) und später *Epikur* (341–270 v. Chr.) und *Lukrez* (96–55 v. Chr.) begründeten die Lehre, dass die Welt aus kleinen, unteilbaren Teilchen, den »Atomen« besteht, die sich im leeren Raum bewegen und miteinander kollidieren.

Weltbilder im klassischen und späten griechischen Denken: *Platon* (427–347 v. Chr.) übernahm von Parmenides die These, dass das wahre Sein unveränderlich ist. Die von uns wahrgenommenen veränderlichen Dinge der Welt haben ihr Vorbild und ihren Ursprung in der wahren Welt der unveränderlichen Ideen. Für Platon war die Erde Mittelpunkt der Welt, die Himmelskörper hatten göttlichen Charakter. Der Mathematiker *Euklid* (um 300 v. Chr.) war ein Anhänger Platons. Er legte die Grundlagen für die bis heute in den Schulen gelehrte Geometrie des dreidimensionalen Raumes. Für Euklid waren geometrische Figuren wie Dreiecke, Geraden, Winkel usw. Ideen im Sinne Platons.

AN DIE PINNWAND
Diese Weltordnung, dieselbige für alle Wesen, schuf weder einer der Götter noch der Menschen, sondern sie war immerdar und ist und wird sein ewig lebendiges Feuer, erglimmend nach Maßen und verlöschend nach Maßen.
Heraklit

Aristoteles (384–322 v. Chr.) war der einflussreichste Naturphilosoph der Antike. Für ihn ist der Kosmos kugelförmig und ewig. Alle sublunaren Elemente streben dem Mittelpunkt der Erde zu. Diese ist das Zentrum des Universums, um sie herum kreisen konzentrisch alle Himmelskörper. Die Natur besteht aus Einzeldingen, die er »Substanzen« nennt. Alle Substanzen sind insofern zweckbestimmt, als sie danach streben, die in ihnen angelegte Form zu entwickeln. Insgesamt ist die Natur für Aristoteles eine zusammenhängende Ordnung von Zwecken. Oberster Zweck der gesamten Entwicklung ist ein unpersönlicher Gott, der »unbewegte Beweger«, von dem alle Bewegung ausgeht und auf den die Bewegung und Entwicklung aller Dinge auch wieder zuläuft. Dabei war der Zweck, das »Woraufhin« für Aristoteles

wichtiger als das »Woher«. Diese auf Zwecke ausgerichtete Naturbetrachtung nennt man »teleologisch« (von griech. »telos« = Ziel, Zweck). Aristoteles kannte noch keine Gravitation. Für ihn hat jeder Körper eine natürliche »absolute« Schwere und entsprechend einen »natürlichen« Ort in der Natur.
Schon in der Antike gab es Vertreter eines heliozentrischen Weltbildes, die behaupteten, dass nicht die Erde, sondern die Sonne im Zentrum des Universums liegt. Doch die Naturphilosophie des Aristoteles sprach für ein »geozentrisches« Weltbild. Für viele Jahrhunderte setzte sich deshalb die auf Berechnungen des Mathematikers, Astronomen und Astrologen *Claudius Ptolemäus* (ca. 100 – nach 160) beruhende These durch, nach der sich die Erde fest im Mittelpunkt des Weltalls befindet. Diese »ptolemäische« Weltsicht wurde erst im 16. Jahrhundert durch Nikolaus Kopernikus und seine Anhänger abgelöst (s. u.).
Die christliche Philosophie des Mittelalters: Im Mittelalter beherrschte die christliche Theologie die Philosophie. Empirische Naturforschung war hier nicht hoch angesehen, weil man mehr der Autorität der Heiligen Schriften vertraute. Es entstand eine Mischung aus christlicher Theologie und dem Weltbild von Aristoteles und Ptolemäus. Die Erde blieb Zentrum des Kosmos und die Natur eine Rangordnung von Zwecken. Aber der unbewegte Beweger wurde zum christlichen Schöpfergott, und der ewige Kosmos zur vergänglichen, von Gott geschaffenen Welt.
Pioniere des neuzeitlichen Weltbildes: Der Dominikanermönch *Giordano Bruno* (1548–1600) gehörte zu denen, die eine Veränderung des mittelalterlichen Weltbildes einleiteten. Er lehrte, dass die Erde nicht der Mittelpunkt der Welt ist, dass das Universum unendlich ist und dass es möglicherweise unendlich viele Universen gibt. Die Kirche verbrannte ihn als Ketzer. *Nikolaus Kopernikus* (1473–1543) schloss aus seinen Beobachtungen der Planetenumlaufbahnen, dass die Sonne und nicht die Erde im Mittelpunkt des Universums steht und stellte damit das von Ptolemäus formulierte geozentrische Weltbild in Frage. Dieses neue »heliozentrische« Weltbild wurde durch die Berechnungen von

Johannes Kepler (1571–1630) und *Galileo Galilei* (1564–1642) bestätigt.

Die klassische Mechanik, die das aristotelische und christlich-mittelalterliche Weltbild ablöste und bis zum Ende des 19. Jahrhundert das wissenschaftliche Weltbild prägte, ist das Ergebnis der Entwicklung der mathematischen Naturwissenschaften. Die Natur wurde nicht mehr verstanden als etwas, was von verborgenen Kräften beherrscht wird und nach der Verwirklichung von Zwecken strebt. Sie war nun messbar und mit Hilfe von mathematisch formulierter Gesetzmäßigkeiten beschreibbar geworden. Damit erhielt die Mathematik eine entscheidende Rolle bei der Beschreibung des Kosmos. Die »Übersetzung« der Naturbeobachtung und der Physik in mathematische Ausdrücke, die »Mathematisierung« unserer Weltbeschreibung, ist eine der großen Revolutionen in der Entwicklung des modernen Weltbildes.

Die Philosophen der klassischen Mechanik übernahmen das heliozentrische Weltbild und verabschiedeten endgültig die auf Zweckbestimmung aufbauende Naturphilosophie des Aristoteles. *René Descartes* (1596–1650) vertrat eine dualistische Weltauffassung. Danach gibt es zwei voneinander unterschiedene Substanzen: die »denkende« Substanz (»res cogitans«) – also den Geist – und die »ausgedehnte« Substanz (»res extensa«) – die Materie. Vorgänge in der Natur, also die Bewegung materieller Körper, sind nicht durch Zwecke, sondern ausschließlich durch Druck und Stoß erklärbar. Die Idee eines leeren Raums verwarf er. Die Natur einschließlich des Menschen ist für ihn eine Maschine, ein kompliziertes Räderwerk von Teilchen. Im Gegensatz dazu lehnte *Pierre Gassendi* (1592–1655) den Geist als eigenständige Substanz ab. Er war ein Anhänger des Epikur und vertrat wie die antiken Materialisten die Auffassung, dass sich die Welt aus kleinsten Teilchen, den Atomen, die sich im leeren Raum begegnen, zusammensetzt.

Der Vollender der klassischen Mechanik war *Isaac Newton* (1643–1727): Mit seinem Hauptwerk ›Mathematische Prinzipien der Naturphilosophie‹ (1687) gab Newton der klassischen Mechanik die endgültige philosophische Gestalt, indem er deren Grundgesetze aus drei Axiomen ableitete. Newton fand heraus, dass es neben Druck und Stoß noch die Gravitation (Schwerkraft) gibt, eine Anziehungskraft zwischen Körpern, die nur von deren Masse abhängt. Sie wirkt aus der Ferne, nimmt aber bei zunehmender Entfernung der Massen ab. Damit wurde es möglich, die Umlaufbahn der Planeten exakt zu berechnen. Alle Gesetzmäßigkeiten Newtons beziehen sich auf den dreidimensionalen Euklidischen Raum, den er für absolut hielt.

Gottfried Wilhelm Leibniz (1646–1716): Leibniz war wie Newton ein wissenschaftliches Universalgenie. Während beide gemeinsam als Erfinder der Infinitesimalrechnung gelten, sind ihre Ansichten über den Kosmos sehr verschieden. Für Leibniz war der Raum relativ und existierte lediglich in den Beziehungen zwischen den Grundelementen des Kosmos, die er »Monaden« nannte. »Monaden« sind punktförmige Kraftzentren ohne Ausdehnung. Wie die Atome sind sie nicht teilbar. Im Gegensatz zu Atomen handelt es sich aber um geistige, nicht um materielle Substanzen, die unaufhörlich Wirkungen ausüben. Jede Monade ist eine in sich geschlossene Welt, sie hat »keine Fenster«. Die Beziehungen zwischen den Monaden ist nach Leibniz von Gott hergestellt worden.

Das Weltbild der Moderne: Im frühen 20. Jahrhundert entstanden zwei revolutionäre physikalische Theorien: die Relativitätstheorie und die Quantenmechanik. Sie haben das von Newton überlieferte Weltbild der klassischen Mechanik revolutioniert und sind auch in philosophische Weltdeutungen eingeflossen. Sie stellen sowohl unser normales Verständnis von Raum und Zeit als auch unsere Vorstellung von »Materie« in Frage. Beide Theorien sind zwar durch physikalische Messungen bestätigt, entziehen sich aber der konkreten Anschauung. Noch ist kein Weg gefunden, beide miteinander zu vereinbaren. Wenn dies gelänge, hätte man so etwas wie eine »Weltformel«.

Mit der von *Albert Einstein* (1879–1955) formulierten **Relativitäts-**

theorie wird die von Newton vertretene klassische Mechanik nicht völlig abgelehnt, sondern weiterhin als ein Grenzfall anerkannt. Doch, was das Universum insgesamt angeht, werden unsere Vorstellungen von Raum und Zeit sowie unser Verständnis von Gravitation erheblich erweitert. Die euklidischen Gesetze des Raums gelten nicht mehr bedingungslos. Raum und Zeit sind keine festen, universal geltenden Größen mehr, sondern hängen vom Bewegungszustand des jeweiligen Beobachters ab. Auch die Unterscheidung von Raum und Zeit kann nicht aufrechterhalten werden: Einstein fasst sie zu einer einheitlichen vierdimensionalen »Raumzeit« zusammen. Sie ist so etwas wie ein flexibles Koordinatensystem der Vorgänge im Universum und kann auch eine Krümmung aufweisen. Von einer solchen Krümmung ist in der Relativitätstheorie die Gravitation abhängig. Sie ist hier keine Anziehungskraft mehr, sondern eine Eigenschaft der Raumzeit.

Noch bis ins 19. Jahrhundert glaubte man, dass die Materie aus »diskontinuierlichen« kleinsten Teilchen und das Licht aus »kontinuierlichen« Wellen besteht. In der **Quantenmechanik**, von Physikern wie *Max Planck* (1858–1947), *Max Born* (1882–1970), *Erwin Schrödinger* (1887–1961) und *Werner Heisenberg* (1901 bis 1976) entwickelt, wird ein »Welle-Teilchen-Dualismus« behauptet. Soll heißen: Welle und Teilchen sind zwei Seiten derselben Medaille. Auch die kleinsten Teilchen, die »Elektronen«, haben Wellencharakter, während andererseits auch dem Licht, in Form der »Photonen«, die Eigenschaft von Teilchen nachgewiesen werden konnte. Damit können wir unseren Glauben an eine »feste« Materie oder an feste »Substanzen« zu den Akten legen. Eine mit der Welleneigenschaft der Materie zusammenhängende Erkenntnis der Quantenphysik ist, dass es nicht möglich ist, zwei sich ergänzende Eigenschaften eines Teilchens, wie Ort und Impuls, gleichzeitig genau zu bestimmen. Diese sogenannte »Unschärferelation« bringt ein Element des Indeterminismus, der Nichtvorhersagbarkeit, in das moderne wissenschaftliche Weltbild.

Alfred North Whitehead (1861–1947) war ein Zeitgenosse der Entstehung der Relativitätstheorie und der Quantenmechanik. Er ist einer der wenigen Philosophen, die eine Metaphysik und Kosmologie auf der Grundlage des neuen wissenschaftlichen Weltbildes entwickelten. In seinem Hauptwerk ›Prozess und Realität‹ (1929) gibt es keine Substanzen und auch keine festen Teilchen mehr. An die Stelle der »Dinge« treten elementare Prozesse, die Whitehead »Ereignisse« nennt und die miteinander in Wechselwirkung stehen. ■

AN DIE PINNWAND
Was mich interessiert ist, ob Gott bei der Erschaffung der Welt überhaupt eine Wahl hatte.
Albert Einstein

DER KLEINE PHILOSOPHENSTECKBRIEF

Gesucht wird: der Mann, den ein fallender Apfel zum Grübeln brachte

Er hat unserem Weltbild für mehrere Jahrhunderte ein neues Gesicht gegeben. Doch ein klassischer Philosoph war er nicht, eher ein wissenschaftlicher Allrounder. Überall, wo er forschte, brachte er bedeutende Ergebnisse hervor: in der Optik, der Mathematik, der Metallurgie, der Chemie und besonders in der Physik. Im Alter von 26 Jahren wurde er Professor. Mit der Öffentlichkeit hatte er so seine Schwierigkeiten. Kritik konnte er nur schwer ertragen und die wissenschaftliche Auseinandersetzung mit Kollegen nahm er stets persönlich. Mehrmals wollte er aus der bedeutendsten wissenschaftlichen Vereinigung seines Landes austreten. Immer wieder musste er sich auch mit Vorwürfen auseinandersetzen, er habe seine wissenschaftlichen Ideen bei anderen gestohlen. Jahrelang zog er sich aus Frust ins Private zurück. Am Ende seines Lebens hatte er das Amt des obersten Münzprägers inne, das ihm ein beträchtliches Vermögen einbrachte.
Seine größte Leistung war es, die theoretische Grundlage der neuzeitlichen Naturwissenschaften gelegt zu haben. Dazu ange-

regt wurde er angeblich dadurch, dass ihn ein vom Baum fallender Apfel ins Grübeln brachte.

▶ Wer war's?

DENK DIR WAS!

▶ Welche der im alten Griechenland entstandenen Ideen und Theorien spielen heute in der Wissenschaft noch eine Rolle? Nennen Sie einige Beispiele!

APROPOS
Der Urknall

Auf die uralte Frage der Philosophie nach dem Ursprung aller Dinge hat die wissenschaftliche Physik heute eine Antwort, für die sehr viele Indizien sprechen (wie z. B. die kosmische Expansion, also die zu beobachtende Ausdehnung des Weltraums oder die kosmische Hintergrundstrahlung): der **Urknall**, auch »Big Bang« genannt. Gemeint ist damit allerdings keine Explosion in einem Raum, sondern die gemeinsame Entstehung von Materie, Raum und Zeit vor ca. 14 Milliarden Jahren. Eine einsichtige Erklärung, wie und warum das Universum aus »nichts« entstehen konnte, steht noch aus. ■

EINE PHILOSOPHISCHE KOPFNUSS
Um wie viel Uhr fing die Welt an?

Gab es einen Anfang der Welt, und wenn ja, um wie viel Uhr? So könnte man provokativ fragen. Was aber, wenn es damals weder Uhr noch Zeit gab?

Die meisten Wissenschaftler beantworten heute die Frage, ob die Welt einen Anfang hatte, mit ja. Sie verweisen aber nicht mehr auf einen Schöpfergott, sondern auf den Urknall. Mit ihm fingen aber nicht nur das Universum, sondern auch Raum und Zeit an. Muss aber nicht der Urknall zu einem bestimmten Zeitpunkt stattgefunden haben? Ein solcher Zeitpunkt setzt aber eine Zeit voraus, die es schon gibt. Also kann mit dem Urknall die Zeit selbst nicht angefangen haben.

▶ Welche Antwort haben Sie?

PRO UND CONTRA

Hat Gott den Urknall überlebt?

▶ Ist die Theorie vom Urknall mit der Vorstellung eines Gottes, der die Welt erschaffen hat, vereinbar oder nicht? Überlegen Sie sich Argumente dafür und dagegen! In welchen Punkten treffen sich die Urknall-Theorie und die Schöpfungstheorie?

DENK DIR WAS!

Reise in die Zukunft!

Durch die von der Allgemeinen Relativitätstheorie angenommene Raumzeit-Krümmung verläuft die zeitliche Entwicklung im Vergleich zur Erde umso langsamer, je schneller und länger man sich von der Erde wegbewegt und je stärker das Gravitationsfeld ist, in dem man sich befindet. Ein Raumschiff, das sich mit 80 % der Lichtgeschwindigkeit 20 Jahre lang von der Erde wegbewegt, durchquert einen Zeitraum von 12 Jahren, während auf der Erde bereits 20 Jahre vergangen sind. Dies bedeutet: Im Verhältnis zu seinem Ausgangsalter auf der Erde kommt ein rückkehrender Raumfahrer in der Zukunft an!

Denken Sie sich Szenarien für folgende Fälle aus:

Rückkehrender Raumfahrer trifft nach langer Reise auf seinen Sohn.

Rückkehrender Raumfahrer trifft auf seinen Zwillingsbruder.

▶ In welchem Altersverhältnis stehen beide nach der Reise? Welche Grenzfälle sind hier denkbar?

DENK DIR WAS!

In dem Film ›Der seltsame Fall des Benjamin Button‹ von 2008 wird das Leben eines Menschen erzählt, der im Verlauf seines Lebens immer jünger wird und schließlich, mit 85 Jahren, ein Baby ist.

> **AN DIE PINNWAND**
> *Die Zeit ist auch nicht mehr das, was sie einmal war.*
> Rüdiger Vaas

Versuchen Sie, die Entwicklung Ihres eigenen Lebens in zeitlich umgekehrter Richtung zu beschreiben, ohne die für alle übrigen Ereignisse geltende Zeitachse zu verändern. Sie versetzen also Ihren jetzigen Zustand in das Jahr Ihrer Geburt und Ihren Lebensanfang in die Gegenwart.

▶ Welche Probleme ergeben sich?

APROPOS

Multiversum, Parallelwelten

Dass unsere Erde und auch unser Sonnensystem nicht der Mittelpunkt des Universums sind, dass es Abermilliarden von Galaxien gibt, wissen wir inzwischen. Dennoch ist unser Weltbild lange von der Vorstellung bestimmt worden, dass alles dies immer noch Teil eines einzigen Universums ist. Inzwischen gibt es Physiker, die auf der Grundlage der Quantenphysik unzählige Parallelwelten für möglich halten. Unser Universum wäre dann Teil eines aus vielen Universen bestehenden »Multiversums« und der Urknall (siehe Apropos: Der Urknall, S. 153) nur einer von vielen. ■

DENK DIR WAS!

Stellen Sie sich zwei Parallelwelten vor, die gleichzeitig an unterschiedlichen Orten existieren und andererseits zwei Parallelwelten, die im selben Raum, aber zu unterschiedlichen Zeiten existieren – z. B. unser Universum zusammen mit einem Universum, das mit unserem in allen Punkten identisch ist, außer, dass es zeitlich um ein Jahr nach hinten versetzt ist.

▶ Welche der beiden Parallelweltkonstruktionen erscheint Ihnen logischer und warum?

INFO-PORTAL

Zyklische und lineare Geschichtsauffassungen

Es hat eine ganze Weile gedauert, bis die Menschen ihre eigene Vergangenheit als »Geschichte«, d. h. als einen gerichteten, umfassenden Zusammenhang begriffen haben. In der westlichen Welt kam die Geschichtsphilosophie erst mit dem Eindringen des Christentums richtig in Schwung. Seitdem wurde auch für die Philosophie Richtung und Ziel der Geschichte zum Problem. Doch wie lässt sich die »Richtung« der Geschichte beschreiben? Zwei Modelle haben die Philosophie bis heute beherrscht: das Kreismodell, also die »zyklische« Geschichtsauffassung, und das Modell einer zielgerichteten Linie, die »lineare« Geschichtsauffassung, wonach es einen Endzweck gibt, auf den die Geschichte zuläuft.

Antike Philosophie: Griechen und Römer betrachteten die menschliche Geschichte als Teil des umfassenden Kosmos. Sie galt als Teil der zyklischen Bewegung, die auch die Natur in ihrer ewigen Wiederkehr der Jahreszeiten kennzeichnet. Doch auch die lineare Geschichtsauffassung hat eine ihrer Wurzeln in der Antike: in der Lehre des *Aristoteles* (384–322 v. Chr.) nämlich, dass alle Dinge sich auf die Verwirklichung eines »télos«, eines ihnen innewohnenden Zwecks hin entwickeln.

Christliche Geschichtsphilosophie des Mittelalters: Mit dem Christentum fasste die Idee Fuß, dass nicht nur die Ordnung der Natur, sondern auch die Geschichte einen ihr innewohnenden Zweck hat. Dessen Verwirklichung wird als zeitlich linear ausgerichteter, zielgerichteter Prozess gedeutet. Der erste große christliche Philosoph und gleichzeitig der Begründer der

Geschichtsphilosophie ist *Aurelius Augustinus* (354–430), der Bischof von Hippo. Bei ihm wird die Geschichte zur »Heilsgeschichte«, zu einem Prozess, der in einem ständigen Kampf zwischen dem Gottesreich und dem Reich der Welt auf das »Jüngste Gericht«, d. h. auf das von Gott bestimmte Ende der Welt, zuläuft und von der göttlichen Vorsehung bestimmt wird.
Joachim von Fiore/Gioacchino da Fiore (ca. 1130–1202): Der süditalienische Zisterziensermönch Joachim von Fiore war der Erste, der die geschichtliche Entwicklung in drei große Phasen einteilte: die Zeit des Alten Testaments (Zeit des Vaters), die Zeit des Neuen Testaments (Zeit des Sohnes) und das dritte, auch »Drittes Reich« genannte Zeitalter (Zeit des Heiligen Geistes), das mit dem Ziel und der Erfüllung der Geschichte identisch ist. Joachims Dreiteilung der Geschichte übte großen Einfluss auf die Geschichtsphilosophie aus.
Geschichtsphilosophie seit der Aufklärung: *Giambattista Vico* (1688–1744) griff die zyklische Geschichtsauffassung der Antike auf. Für ihn durchläuft jede menschliche Kultur, nach dem Vorbild des Wachstums und des Absterbens in der Natur, Phasen des Aufstiegs und der Blüte, gefolgt von Phasen des Verfalls. Jedem Verfall folgen dann wieder neue Phasen des Aufstiegs.
Marie Jean Antoine Condorcet (1743–1794): Bei Condorcet, wie auch bei anderen Denkern der Aufklärung, wird die lineare christliche Heilsgeschichte zu einer Fortschrittsgeschichte. Für Condorcet ist die Geschichte ein linearer Prozess, der in neun verschiedenen Stufen zur Vervollkommnung des Menschen und der Zivilisation führt.
Georg Wilhelm Friedrich Hegel (1770–1831): Hegel war wie die Aufklärer der Meinung, dass die Geschichte ein Fortschrittsprozess ist, allerdings nicht in einer geraden Linie, sondern in einer »dialektischen« Bewegung. Durch ständige Überwindung von Gegensätzen gelangt der Geschichtsprozess immer wieder auf eine höhere Ebene, bis sich schließlich im »absoluten Wissen« die Vernunft in ihrer reinen, rationalen Form verwirklicht.
Auguste Comte (1798–1857): Comte verbindet die 3-Stadien-

Theorie des Joachim von Fiore mit dem Fortschrittsgedanken der Aufklärung. Danach entwickelt sich die Geschichte, gemäß dem »3-Stadien-Gesetz«, vom theologischen zum metaphysischen und schließlich zum »positiven«, d. h. zu einem von der Wissenschaft bestimmten, Stadium, in dem der Mensch die Welt frei von religiösen und metaphysischen Vorurteilen erkennen und gestalten kann.
Karl Marx (1818–1883): Marx übernimmt von Hegel den Gedanken des dialektischen Fortschritts. Grundlage dieses Fortschritts ist für ihn aber nicht die geistige oder kulturelle Entwicklung, sondern die Entwicklung der ökonomischen Grundlagen, der Produktionsverhältnisse. Nach Marx läuft die Geschichte auf eine klassenlose Gesellschaft ohne Ausbeutung zu.
Friedrich Nietzsche (1844–1900): Wie die Griechen vertrat Friedrich Nietzsche eine »Ewige Wiederkehr des Gleichen«, also die Auffassung, dass die Welt ewig ist und alles sich noch unzählig viele Male wiederholt. Den Gedanken des Fortschritts oder der Vorsehung lehnte er ab.
Im **modernen wissenschaftlichen Weltbild** (siehe Info-Portal: Welterklärungen der Philosophie und Physik, Das Weltbild der Moderne, S. 150), in dem es keine universal gültige Zeitvorstellung mehr gibt, wird eine solche ewige Wiederkehr des Gleichen für durchaus möglich gehalten. ■

DER KLEINE PHILOSOPHENSTECKBRIEF

Gesucht wird: der Bischof, der die Geschichtsphilosophie erfand

Dass die Kirche ihn irgendwann zum Heiligen machen würde, war ihm nicht in die Wiege gelegt. Er war ein ehrgeiziger, den Frauen zugetaner junger Intellektueller aus der nordafrikanischen Provinz, der im Zentrum des Reiches Karriere machen wollte und auf diesem Weg mehrere Weltanschauungen und Glaubensrichtungen ausprobierte. Bis er durch ein Erleuchtungserlebnis seine alten Überzeugungen ablegte und sich einer jungen aufstrebenden Religion anschloss, die ihn auch nach kurzer Zeit zum Bischof machte. Ausgerüstet mit einer umfassenden philosophischen Bildung ging er nun daran, die Lehre seiner neuen Kirche theoretisch auf Vordermann zu bringen. Nicht zu Unrecht gilt er als einer der Väter der Theologie. Aber auch in der Philosophie hinterließ er tiefe Spuren: Er wurde zum Vater der Geschichtsphilosophie, indem er die Geschichte als einen Fortschrittsprozess in Richtung auf die Verwirklichung des Reiches Gottes begriff. Er selbst wurde noch Zeuge eines politischen Niedergangs. Das große Reich, dessen Bürger er war, ging seinem Untergang entgegen. Als er starb, standen bereits die Wandalen vor den Toren seiner Heimatstadt.

▶ Wer war's?

PRO UND CONTRA

Gibt es Fortschritt in der Geschichte?

▶ Nennen Sie Argumente dafür, dass sich die Geschichte im Ganzen als ein Prozess des Fortschritts im Sinne einer gerechteren und wohlhabenderen Welt auffassen lässt. Welche Ereignisse hingegen sprechen dafür, dass es keinen Fortschritt gibt und die Geschichte, wie der Philosoph Arthur Schopenhauer meinte, nichts anderes ist als eine immer wiederkehrende Ansammlung von Kriegen und Grausamkeiten? Lassen sich noch andere Argumente für eine »ewige Wiederkehr des Gleichen« finden?

DENK DIR WAS!

▶ Stellen Sie sich ein außerirdisches Wesen vor, das eine Lebensspanne von vielen hundert Jahren hat und zweimal in seinem Leben die Erde besucht: zur Zeit des Römischen Reiches und in der Gegenwart. Welches Bild würde das Wesen vermutlich von der Entwicklung der menschlichen Geschichte zeichnen?

LOGIK-CHECK

Reise in die Vergangenheit?

Bei den in zahlreichen Science-Fiction-Romanen beschriebenen »Zeitreisen« wird die Zeit als die vierte Dimension analog zu den drei Dimensionen des Raumes gesehen. Daraus wird die Vorstellung entwickelt, man könne sich wie durch einen Raum in Richtung Zukunft oder Vergangenheit bewegen. Betrachten Sie folgenden Fall:

A ist 1970 geboren, sein Vater 1940. A fühlt sich in seinem Jahrhundert nicht wohl und macht im Jahr 2000 eine Zeitreise in die Vergangenheit, ins Jahr 1900. Dort führt er sein Leben fort.

▶ Welches logische Problem ergibt sich – z. B. im Verhältnis zur Lebensspanne seines Vaters? Wie lässt es sich evtl. auflösen?

APROPOS

Wie subjektiv ist die Zeit?

Einige der wichtigsten Philosophen vertraten die Meinung, die **Zeit sei etwas Objektives** und Absolutes. *Platon* (427–347 v. Chr.), einer der großen Klassiker der griechischen Philosophie, behauptete, die Zeit sei nichts anderes als das bewegte Abbild der Ewigkeit. Auch für *Isaac Newton* (1643–1727), den philosophischen Pionier der Klassischen Mechanik, war die Zeit noch etwas Absolutes und auch objektiv Messbares. Doch dass die »Zeit« vom Menschen nicht nur von »außen« registriert und gemessen, sondern auch auf eine besondere Weise von »innen« erlebt und für unser Selbstverständnis als Mensch grundlegend ist, war schon früh ein Thema der Philosophie.

Bereits für den frühchristlichen Kirchenvater *Aurelius Augustinus* (354–430) war die **Zeit** nicht mehr identisch mit der »objektiven« Bewegung von Körpern, sondern wurde **mit der »Seele« gemessen**. Auch für *Immanuel Kant* (1724–1804) war die Zeit zusammen mit dem Raum eine **»Anschauungsform«** des erkennenden Subjekts. Soll heißen: Ohne die Brille der Zeit können wir überhaupt keine Gegenstände erkennen. Für *Henri Bergson*

(1859–1941) ist überhaupt nicht mehr die physikalisch gemessene Zeit, sondern die **Wahrnehmung der Zeit im Bewusstsein**, die er »Dauer« nennt, der wahre Zugang zur Zeit. Zeit ist die im Bewusstsein wahrgenommene lebendige Bewegung. Die von *Edmund Husserl* (1859–1938) begründete Phänomenologie, die den Anspruch erhob, sich den »Sachen selbst« zuzuwenden, beschäftigte sich auch intensiv mit der Art, wie unser Bewusstsein mit der Zeit umgeht. Nach Husserl verknüpft unser »inneres Zeitbewusstsein« die drei Zeitstufen Vergangenheit, Gegenwart und Zukunft wie eine Klammer miteinander: Vergangenes wird bewusst als »Noch-Gegenwart« aufgefasst und in der Gegenwart ist Zukunft als Erwartung enthalten. *Martin Heidegger* (1889–1976), ein Schüler Husserls, erklärt die Zeit ebenfalls vom menschlichen Zeitbewusstsein her. Für ihn war die physikalisch messbare Zeit ganz und gar irrelevant. Wichtig für ihn war nur die **Zeiterfahrung**, die zeitliche Ausrichtung des Menschen. In seinem Hauptwerk ›Sein und Zeit‹ erklärt er das Zeitbewusstsein zu einem ganz wesentlichen Merkmal des Menschen, zu einem »Existential«, das es ihm erlaubt, im Bewusstsein der Vergangenheit sein Leben auf eine Zukunft hin zu entwerfen und auszurichten. Jeder lebt nach Heidegger seine eigene Zeit. Die Zeit ist nicht die Zeit der Physik, sondern die Zeit des jeweils Einzelnen. ■

AN DIE PINNWAND
Wer stehenbleibt, rückt weit vor in der Zeit.
Hermann Lenz

PRO UND CONTRA

Ist die Zeit subjektiv oder objektiv?

▶ Welche Argumente sprechen dafür, dass Zeit etwas Objektives, Messbares ist, dem alles unterworfen ist? Welche Argumente sprechen dafür, dass Zeit etwas Relatives ist, das von bestimmten Rahmenbedingungen, z. B. von subjektiven Empfindungen abhängt?

PRO UND CONTRA

Sind Träume realer als die Realität?

Philosophen wie *Arthur Schopenhauer* (1788–1860) oder auch der Begründer der Psychoanalyse *Sigmund Freud* (1856–1939) sind der Meinung, dass uns in Träumen eine Realität begegnet, die uns in unserem normalen Bewusstsein verborgen ist.

- Was unterscheidet Ihrer Meinung nach beide Bewusstseinszustände voneinander? Wie werden Raum und Zeit im bewussten und im Traumzustand erlebt?
- Welche Gründe kann man dafür anführen, dass wir in unserem »normalen« Bewusstsein der Realität näher sind als im Traum und welche Indizien gibt es für die Annahme, dass der Traum Teil einer tieferen »wahreren« Wirklichkeit ist?

APROPOS

Beschleunigung, Entschleunigung

In der Gegenwart hat sich eine wissenschaftliche Zeitforschung entwickelt, die sich mit den Formen der **Beschleunigung**, der Zeitverdichtung und Zeitverknappung in der modernen Gesellschaft auseinandersetzt. Fragen der Erkenntnistheorie, der Soziologie und der Philosophie der Lebenskunst werden hier zusammengeführt. Einer der bekanntesten Zeittheoretiker ist der Soziologe *Hartmut Rosa* (geb. 1965), der die Moderne als »Beschleunigungsgeschichte« versteht. Die Tendenz ist, dass wir einen bestimmten Zeitabschnitt mit immer mehr unterschiedlichen Handlungen füllen müssen.
Mit dem Begriff **Entschleunigung** wird alles das zusammengefasst, was diesen Tendenzen entgegenwirkt, also Formen der »Zeitverzögerung«, die es dem Menschen erlauben, sein eigenes Zeitmanagement zu finden, also seinen eigenen Zeitrhythmus, seine »Eigenzeit« zu entwickeln. ■

DENK DIR WAS!

Die Entschleunigungsinsel

Der Soziologe *Hartmut Rosa* spricht davon, dass es auch in unserem Zeitalter der Beschleunigung »Entschleunigungsinseln« gibt (z. B. den Aufenthalt in einem Kloster).

- Entwerfen Sie die für Sie geeignetste Entschleunigungsinsel. Wenn man Ihnen alle Freiheit ließe: Welche Maßnahmen würden Sie ergreifen, um ihr eigenes Leben vom Zeitdruck zu befreien?

KAPITEL 8

Kausalität, Zufall, Freiheit

Albrecht Dürer: Nemesis (ca. 1501/02)
New York, Metropolitan Museum

Die alte Frage der Philosophie, was die Welt ihrem Wesen nach eigentlich ist, hat mehrere Seiten: Wir können fragen, was hinter dem Vorhang von Raum und Zeit geschieht, oder wenigstens versuchen, ein Bild des Universums zu entwerfen, das der Wirklichkeit näher kommt als unsere alltägliche Wahrnehmung (siehe Kap. 7, S. 139). Gleichzeitig versuchen wir aber von jeher, die Geschehnisse in Raum und Zeit, so wie sie uns begegnen, in ihren Gesetzmäßigkeiten zu erklären, sodass wir uns in der Welt orientieren und einigermaßen verlässliche Aussagen über die Zukunft machen können.

Gibt es also ein Raster, ein Programm, mit dem wir alles, was geschieht, erklären können? Ein Weltgesetz, das immer greift, ob es um das Naturgeschehen oder um menschliches Handeln geht? Nicht wenige würden antworten: Klar, das gibt es. Das Weltgesetz heißt »Kausalität«: Alles, was geschieht, kann als Wirkung einer Ursache verstanden werden. Alles geschieht nach dem Prinzip von Ursache und Wirkung. Und diesem Programm, so würden sie vielleicht hinzufügen, folgen die (Natur-)Wissenschaften, wenn sie die Vorgänge in der Welt erklären.

Die Wissenschaft liefert also »Kausalerklärungen«, d.h. sie stellt mit Hilfe von Gesetzesaussagen einen Zusammenhang zwischen bestimmten Ursachen und bestimmten Wirkungen her. Dadurch wird unsere Welt berechenbar und Ereignisse voraussehbar. Hat die Philosophie noch etwas hinzuzufügen?

Hat sie. Unter anderem deswegen, weil die Wissenschaft sich nicht um alle Fragen kümmert, die mit dem Problem Kausalität zusammenhängen. Bis ins 17. Jahrhundert waren

Philosophie und Wissenschaft eng miteinander verbunden und oftmals identisch. Als sich die empirischen Wissenschaften von der Philosophie trennten, entstand so etwas wie eine Arbeitsteilung: Die Wissenschaften befassen sich mit dem Tagesgeschäft, d. h. mit der Erklärung bestimmter Phänomene, während sich die Philosophie um die Grundsatzfragen kümmert, die die Wissenschaftler liegen lassen.

Dies fängt schon damit an, dass die Frage »Warum – und nach welchem Gesetz – ist etwas so und nicht anders?« ganz verschiedene Bedeutungen annehmen kann.

Auch in der Logik (siehe Kap. 5, S. 85) geht es ständig um die Beantwortung der Frage »Warum?«, doch fragt man hier nach der Beziehung zwischen Sätzen in einer Argumentation und nicht nach realen Vorgängen in der Welt. Aber auch in der Geschichte der Wissenschaft und der Philosophie war lange Zeit nicht immer nur »Kausalität« gemeint, wenn man nach Ursachen forschte. Es gab andere Arten von Ursachen oder Gründen, die unser Denken und unsere Arten der Welterklärung bis heute prägen.

So bleibt für die Philosophie ein ganzes Bündel von Fragen: Was ist eigentlich Kausalität genau, im Unterschied zu anderen Ursachen? Wie weit reichen die Kausalerklärungen der Wissenschaft? Wie kommt die Wissenschaft eigentlich zu ihren Theorien? Geht da alles wirklich logisch zu? Und geschieht alles, was geschieht, mit unverrückbarer Notwendigkeit? Gibt es Lücken im Netz der Kausalität? Gibt es Zufall, vielleicht sogar Chaos im Ablauf des Naturgeschehens? Ist alles, was möglich ist, auch wahrscheinlich oder sogar notwendig?

Metaphysik, Logik, Erkenntnistheorie, Wissenschaftstheorie, aber auch die Moralphilosophie haben bei der Behandlung dieser Fragen ihre Hände im Spiel. Denn die Frage, ob alles dem Gesetz der Kausalität unterworfen ist, hat unmittelbare Folgen für das menschliche Selbstverständnis. Ist der

Mensch eine Puppe an den Drähten der kausalen Gesetzmäßigkeit oder ist er »selbst schuld«, also frei und verantwortlich für sein Handeln?

APROPOS

Die vier verschiedenen Arten von Ursachen bei Aristoteles

Aristoteles (384–322 v. Chr.), der vielleicht wichtigste Naturforscher unter den Philosophen der Antike, kannte nicht nur die »Kausalursache«. Für ihn war sie nur eine von vier Ursachentypen. Er nannte sie **»Wirkursache«**. Daneben kannte er die **Zweckursache**, die **Formursache** und die **Stoff- bzw. Materialursache**. Verdeutlicht hat er diese Unterscheidung am Beispiel der Statue: Die Wirkursache der Statue ist der Bildhauer und sein Schaffen. Das Material, aus dem die Statue besteht (z. B. Marmor) ist die Stoff- oder Materialursache, die dargestellte Gestalt ist die Formursache und die Funktion, die die Statue als künstlerischer Schmuck ausübt (der Zweck, dem sie dient), ist die Zweckursache. Die Zweckursache war für Aristoteles die wichtigste: Seine Ansicht, dass man an das Wesen eines Gegenstandes gelangt, wenn man den ihm innewohnenden Zweck erkennt, hat sowohl das philosophische Denken als auch die Naturforschung über Jahrhunderte geprägt (siehe Apropos: Teleologische Welterklärung, teleologisches Denken).
In der Philosophie haben sich für diese vier Ursachen die lateinischen Bezeichnungen durchgesetzt: *causa efficiens* (Wirkursache), *causa finalis* (Zweckursache), *causa materialis* (Stoff- oder Materialursache) und *causa formalis* (Formursache). ■

LOGIK-CHECK

Teleologische oder kausale Erklärung?

▶ Klären Sie, welche der folgenden Aussagen eine teleologische und welche eine kausale Erklärung enthalten! In welchen Aussagen ist die teleologische Erklärung sinnvoll und warum?

Die Blüten sind genau so geformt, damit die Bienen Honig daraus schöpfen können.
Wegen der Klimaerwärmung überwintern immer mehr Zugvögel in Deutschland.
Autos enthalten Katalysatoren, weil dadurch der Schadstoffausstoß verringert wird.
Er hatte einen Unfall, weil seine Bremsen versagt haben.

DENK DIR WAS!

Angenommen, Sie müssten einen halbseitigen biographischen Lexikoneintrag über eine berühmte Persönlichkeit A schreiben. Die Rahmendaten für die fiktive Person A sind:
Geboren 1920
Schulbesuch 1926–1933 in Deutschland und von 1933–1939 in England
1939–1945 Mitarbeiter des britischen Geheimdienstes mit der Aufgabe, verschlüsselte militärische Botschaften des Gegners zu dechiffrieren
1946–1948 Studium der Medizin (abgebrochen)
1948–1953 Studium der Mathematik mit Promotion
1953–1958 Arbeit in einer Versicherungsgesellschaft
1958–1985 Professor an der London School of Economics für Mathematik, dabei Autor mehrerer Standardwerke zur Logik und Mathematik
1990 plötzlicher Tod (Todesursache unklar: Herzinfarkt?, Mord?, Selbstmord?)

- ▶ Verbinden Sie diese Daten zu einer biographischen Skizze, indem sie zwischen ihnen Zusammenhänge herstellen. Finden Sie im Nachhinein heraus, wo Sie kausale (Realgründe und logische Gründe) und wo teleologische Erklärungen verbunden haben.

APROPOS

Teleologische Welterklärung, teleologisches Denken

Die heutige Wissenschaft stützt sich in ihren Theorien ausschließlich auf **kausale Erklärungen**: Ein Phänomen, z.B. die Erderwärmung, wird erklärt, indem man auf die *Ursachen* hinweist, die das Phänomen bewirkt haben (z.B. der erhöhte CO_2-Ausstoß). Kausale Erklärungen geben somit eine Antwort auf die Frage »Wodurch?«. Viele Jahrhunderte jedoch stützten sich sowohl die Philosophie als auch die Wissenschaft, beeinflusst durch die Naturphilosophie des Aristoteles, auf **teleologische Erklärungen**: Man erklärte ein Phänomen, indem man auf den *Zweck* hinwies, zu dem es entstanden ist und dem es dient oder dienen soll. Man fragte also immer: »Wozu ist es gut?« oder »Wozu ist es entstanden?« So könnte man die Erderwärmung teleologisch so erklären, dass sie dazu da ist, die Menschen zu einem Umdenken im Umgang mit der Natur zu veranlassen. Teleologische Erklärungen erklären ein Phänomen so, als ob Vorgänge in der Welt von etwas oder jemandem zu bestimmten Zwecken gelenkt würden. So kann man teleologisch das Ansammeln von Wasser in den Wolken damit erklären, dass der dadurch entstehende Regen die Felder bewässert. Teleologische Erklärungen übertragen also zwecksetzendes menschliches Handeln auf die Natur. Sie erklären Vorgänge nicht »vorwärts« (Ein Vorgang A bewirkt ein später eintretendes Ereignis B), sondern »rückwärts« (Ein Ereignis A wird durch einen Zweck B bewirkt, der später liegt als A. A läuft also zeitlich auf B zu).

> **AN DIE PINNWAND**
> *Nichts geschieht ohne Ursache, sondern alles hat einen zureichenden Grund.*
> Leukipp

Nicolai Hartmann (1882–1950), ein in der ersten Hälfte des 20. Jahrhunderts sehr bekannter Philosoph, hat in seinem Buch ›Teleologisches Denken‹ (1951) darauf hingewiesen, dass dieses Denken die gesamte Philosophie beherrscht hat, dass »die Geschichte der Metaphysik nahezu eine einzige geschlossene Reihe teleologischer Systeme bildet« und dass das teleologische Denken sich bis heute in unsere Erklärungen hineinschleicht. ■

APROPOS

Der Satz vom hinreichenden Grund

In Kurzform lautet er: **Nichts geschieht ohne Grund**. Er ist, kurz gesagt, die Grundlage unserer Welterklärungsversuche.
Der Satz geht bis auf die antike Philosophie zurück, doch seine prägnante und für die Philosophie einflussreichste Formulierung erhielt er durch *Gottfried Wilhelm Leibniz* (1646–1716), für den er der »Grundsatz aller Erkenntnis« war. Leibniz schreibt: »Im Sinne des zureichenden Grundes finden wir, dass keine Tatsache als wahr und existierend gelten kann und keine Aussage als richtig, ohne dass es einen zureichenden Grund dafür gibt.«
Arthur Schopenhauer (1788–1860) formulierte diesen Grundsatz folgendermaßen: »Nichts ist ohne Grund, warum es sei.«
In seiner frühen Schrift ›Ueber die vierfache Wurzel des Satzes vom zureichenden Grunde‹ (1813) machte er aber darauf aufmerksam, dass dieser Satz mehrdeutig ist, da »Grund« hier verschiedene Bedeutungen haben kann. Die beiden für die Philosophie wichtigsten sind: der **Realgrund** (Schopenhauer nennt ihn »Ursache«), also das, was wir heute als Kausalursache ansehen, und der **logische** oder **Erklärungsgrund** (bei Schopenhauer »Erkenntnisgrund«), also der Grund im Sinne einer logischen »Begründung«. Der erste Grund liegt auf der *Ebene der Wirklichkeit,* der zweite auf der *Ebene der sprachlichen Argumentation*.
Beispiel: Draußen gefriert das Wasser, weil die Null-Grad-Grenze unterschritten wurde (Realgrund).
Weil es Wasser ist, kann es nur drei Aggregatzustände haben (logischer Grund, Begründung).
Nur im ersten Sinne kann der Satz vom zureichenden Grunde als Erklärung der Welt und des Naturgeschehens dienen. Im zwei-

ten Fall wird einfach nur erklärt, was wir »logischerweise« unter »Wasser« verstehen. ■

LOGIK-CHECK

Realgrund oder logischer Grund?

▶ Unterscheiden Sie in den vier folgenden Fällen zwischen Realgrund und logischem Grund/Begründung:

1) Weil die Triebwerke ausfielen, stürzte das Flugzeug ab.

2) Weil es ein Kiwi war, flog der Vogel nicht weg.

3) Weil er den Führerschein hatte, durfte er das Auto seines Vaters benutzen.

4) Weil er auf nasser Fahrbahn ins Rutschen kam, stieß er mit dem Wagen gegen einen Baum.

APROPOS

Möglichkeit und Notwendigkeit

»Möglich« und »notwendig« sind sogenannte Modalbegriffe: Begriffe, die bestimmte Arten des »Seins« bezeichnen. Beide können sich sowohl auf die »Wirklichkeitsebene« als auch auf die Ebene der Sprache, d. h. auf den Bereich von Aussagen und Begriffen, beziehen.

Auf der *Wirklichkeitsebene* unterscheidet man drei *Modi*, also Arten des Seins: **Wirklichkeit**, **Möglichkeit** und **Notwendigkeit**. In welcher Beziehung diese drei Seinsarten zueinander stehen, ist in der Philosophie umstritten. Bei *Aristoteles* (384–322 v. Chr.) steht Möglichkeit (griech. »dynamis«) zwischen Nicht-Wirklichkeit und Wirklichkeit. Es ist das potenziell Seiende, aus dem sich das aktuell Seiende, also die Wirklichkeit entwickelt. Diese Entwicklung ist aber nicht notwendig: Ob sich das Mögliche zum Wirklichen entwickelt, ist also nicht ausgemacht.

Nicolai Hartmann (1882–1950) verknüpft dagegen Möglichkeit, Wirklichkeit und Notwendigkeit auf das Engste. Wirklichkeit setzt nach Hartmann Möglichkeit und Notwendigkeit voraus.

Was nicht wirklich wurde, war auch nicht möglich. Im Gegensatz zum aristotelischen nennt man dies den »megarischen« Möglichkeitsbegriff, weil er von der frühgriechischen Schule der Megariker vertreten wurde.
Auch Aussagen oder Verknüpfungen von Aussagen können möglich oder notwendig sein. Damit beschäftigt sich die sogenannte **Modallogik.** Sie kann als eine Erweiterung der sogenannten Aussagenlogik (siehe Kap. 5, S. 104) verstanden werden. Die normale Aussagenlogik ist »zweiwertig«, d. h. die Aussagen sind entweder wahr oder falsch. Nun kommen die Werte »möglich/unmöglich« und »notwendig« hinzu. Um diese Werte zu definieren, hat man den Begriff der »möglichen Welt« eingeführt. Also: **Eine Aussage ist möglich,** wenn sie in einer möglichen Welt wahr ist (z. B. »Es gibt Menschen, die mit einem Chip geboren werden«). **Eine Aussage ist notwendig,** wenn sie in allen möglichen Welten wahr ist (z. B. Junggesellen sind unverheiratet).
Wenn »möglich« im Sinne von »erlaubt« verstanden wird, beschäftigt sich damit die »deontologische Logik«. Sie gehört zur »Metaethik« (siehe Kap. 11, S. 256) und untersucht die sprachliche Beschaffenheit von Regeln und Normen. ■

LOGIK-CHECK

Notwendige Aussagen

▶ Prüfen Sie, ob es sich bei folgenden Aussagen um notwendige Aussagen im Sinne der Modallogik handelt:
- Alle Körper sind ausgedehnt.
- Es gibt kleine unteilbare Bestandteile der Materie.
- Dreiecke sind nie rund.
- Entweder gibt es Drachen oder es gibt keine Drachen.
- Entweder gibt es Drachen, die Feuer spucken, oder es gibt keine Drachen.

APROPOS

Determinismus, Handlungsfreiheit, Willensfreiheit

Unter **Determinismus** versteht man in der Philosophie am häufigsten die Auffassung, dass alles, was geschieht, der kausalen Gesetzmäßigkeit unterworfen ist (deshalb wird er zuweilen auch »kausaler Determinismus« genannt) und damit alle Ereignisse der Welt, auch das Handeln des Menschen, durch Naturgesetze vorherbestimmt sind. Der Gegenbegriff heißt **Indeterminismus**. Indeterministen glauben, dass die Naturvorgänge nicht völlig kausal bestimmt sind, sondern dass es auch Zufall gibt. Außerdem nehmen sie häufig an, dass der Mensch Willensfreiheit hat, d.h. die Freiheit besitzt, die Kausalkette zu durchbrechen.

Eine besondere Form des Determinismus ist der *Geschichtsdeterminismus*: Dessen Vertreter gehen davon aus, dass der Verlauf und der Ausgang der Geschichte durch ein unverrückbares Gesetz festgelegt ist. Bei zwei der bedeutendsten Vertreter des Geschichtsdeterminismus, *Georg Wilhelm Friedrich Hegel* (1770–1831) und *Karl Marx* (1818–1883), ist dies das Gesetz der »Dialektik« (siehe Kap. 7, Info-Portal: Zyklische und lineare Geschichtsauffassungen, S. 156). Die Vertreter des Geschichtsdeterminismus glauben, dass individuelles Handeln keinen entscheidenden Einfluss auf den Gang der Geschichte hat.

Im Allgemeinen lehnen die Vertreter des Determinismus die Möglichkeit einer freien Bestimmung des Willens, die sogenannte »Willensfreiheit«, ab. Dagegen halten sie die sogenannte »Handlungsfreiheit« für möglich.

Unter **Handlungsfreiheit** versteht man die Freiheit, das, was man will, auch verwirklichen zu können. Die Bestimmung und Richtung meines Willens ist aber (z.B. durch meinen Charakter) festgelegt. Wenn ich also eine Reise nach China unternehmen will, so bemisst sich meine Handlungsfreiheit an den Umständen, die mir dies erlauben oder nicht erlauben: Gesundheit, Geldmangel, schlechtes Wetter, politische Entwicklungen usw. Vertreter

des Determinismus und der Handlungsfreiheit sind *David Hume* (1711–1776) und *Arthur Schopenhauer* (1788–1860).
Bei der **Willensfreiheit** geht es um die Freiheit, eine neue Kette von Ursache und Wirkung zu stiften und die Richtung meines Willens selbst zu formen und zu bestimmen. Ein prominenter Vertreter der Willensfreiheit ist Immanuel Kant (1724–1804), der die Willensfreiheit eine »Kausalität durch Freiheit« nannte. Für Kant wie für mehrere andere Philosophen hängt es von der Existenz der Willensfreiheit ab, ob wir in unseren Handlungen wirklich frei sind und als für unser Handeln verantwortlich angesehen werden können. ■

INFO-PORTAL

Determinismus und Freiheit in der Philosophiegeschichte

Das Problem der Willensfreiheit, also die Frage, ob der Mensch in seinem Handeln und Wollen frei ist oder ob die Kausalkette lückenlos bleibt, ist bis heute eines der meist diskutierten Probleme der Philosophie. In den Vordergrund rückte der Gegensatz zwischen Determinismus und Indeterminismus allerdings erst, als sich in der frühen Neuzeit die Kausalerklärung in der Wissenschaft und Philosophie durchsetzte und zur ausschließlichen Form der Naturerklärung wurde. Doch der Sache nach gab es diesen Gegensatz bereits in der Antike.

Antike: Unter den frühgriechischen Materialisten und Vertretern der Atomtheorie vertrat *Leukipp* (5. Jh. v. Chr.) die Ansicht, die Atome bewegten sich mit Notwendigkeit auf der ihnen vorgezeichneten Bahn, während *Epikur* (341–271 v. Chr.) behauptete, es gäbe zufällige Abweichungen von der Bahn. Die beiden großen Vertreter der klassischen griechischen Philosophie, *Platon* (427–347 v. Chr.) und *Aristoteles* (388–322 v. Chr.), gingen beide davon aus, dass der Mensch Willensfreiheit hat. Die spätantiken *Stoiker* hingegen waren Anhänger des Determinismus.

Mittelalter: Die theologisch orientierten Philosophen des Mittelalters lehnten jeden Determinismus ab, weil er mit der Willensfreiheit kollidierte, die nach ihrer Ansicht Gott dem Menschen verliehen habe. Ein Problem ergab sich dadurch, dass Gott als allwissend angesehen wurde und man die göttliche Vorsehung und Vorherbestimmung, die den Verlauf der Zukunft schon kannte, mit der freien Entscheidungsmöglichkeit des Menschen in Einklang bringen musste.

Neuzeit: Mit *René Descartes* (1596–1650) wurde die Debatte über Determinismus erst richtig angestoßen. Descartes trennte streng zwischen der Welt der Materie, in der alles dem Gesetz der Kausalität unterworfen ist, und der Welt des Geistes, in der dies nicht der Fall ist. Da der Mensch durch seinen Geist Anteil an dem nicht-determinierten Teil der Wirklichkeit hat, besitzt er Willensfreiheit. Beide Bereiche, Materie und Geist, stehen nach Descartes miteinander in Wechselwirkung.

Baruch de Spinoza (1632–1677) vertritt einen Determinismus. Für ihn gibt es nur eine einheitliche Natur, die er mit Gott identifiziert. Materie und Geist sind lediglich Ausdrucksformen der immer gleichen Natur und beide dem Kausalzusammenhang unterworfen.

Gottfried Wilhelm Leibniz (1646–1716) glaubt wie Descartes, dass die Welt der Materie determiniert, die Welt des Geistes jedoch nicht determiniert ist. Beide Welten beeinflussen sich nach Leibniz aber nicht, sondern existieren parallel nebeneinander.

David Hume (1711–1776) war ein Determinist. Allerdings sah er die in der Natur herrschende kausale Verknüpfung von Ursache und Wirkung nicht als etwas streng Beweisbares an, sondern als etwas, das wir aus unserer Erfahrung und Gewohnheit nur folgern, nicht aber gesetzmäßig ableiten können. Eine Willensfreiheit gab es für Hume nicht, wohl aber Handlungsfreiheit.

Immanuel Kant (1724–1804) ist der berühmteste Vertreter des Indeterminismus und der Willensfreiheit. Wie für Descartes und Leibniz gibt es für ihn ein Reich der Natur, indem es streng kausalgesetzlich zugeht, und ein »Reich der Freiheit«, zu dem der Mensch aufgrund seiner Eigenschaft, ein Vernunftwesen zu sein,

Zugang hat. Allerdings ist die Kausalität kein objektives Gesetz der Wirklichkeit (der Welt als Ding an sich), sondern ein dem Menschen eigenes Erkenntnisschema, das er gewissermaßen an die Natur anlegt und das daher nur für die ihm zugängliche Welt (Welt der Erscheinungen) gilt.
Pierre Simon Laplace (1749–1827) ist ein klassischer Vertreter des mechanistischen Weltbildes, in dem alles wie in einer Maschine nach dem Gesetz von Druck und Stoß abläuft. Mit der Gedankenkonstruktion des »Laplace'schen Dämons« (siehe Apropos: Der Laplace'sche Dämon) soll gezeigt werden, dass es theoretisch denkbar ist, alle Kausalzusammenhänge zu durchschauen und damit die Zukunft vorhersehbar zu machen.
Für *Arthur Schopenhauer* (1788–1860) ist alles Geschehen in der Welt determiniert. Es gibt keine Willensfreiheit. Unser Wille ist durch unseren Charakter ein für alle Mal festgelegt. Wie Hume gesteht Schopenhauer aber Handlungsfreiheit zu.
Moderne: Auch *Albert Einstein* (1879–1955), der Schöpfer der Relativitätstheorie, glaubte, dass alle Vorgänge in der Welt determiniert sind. Berühmt wurde seine Aussage in einem Brief, dass der »Alte« (gemeint ist Gott) nicht würfelt. Allerdings sind wir nach Einstein nicht in der Lage, alle kausalen Zusammenhänge zu durchschauen und behelfen uns deshalb mit einem Begriff wie »Zufall«.
Für *Karl R. Popper* (1902–1994) gibt es auch in der physikalischen Welt keine streng determinierten Prozesse, erst recht nicht in der Welt des Denkens und Fühlens, die für ihn eine eigene Form der Wirklichkeit ist. Popper hält deshalb daran fest, dass der Mensch Entscheidungs- und Willensfreiheit hat. ■

PRO UND CONTRA
Ist Moral determiniert?

Unter Philosophen und Wissenschaftlern ist umstritten, ob bestimmte, als unmoralisch oder krankhaft eingeschätzte sexuelle Handlungen wie Pädophilie (Kindesmissbrauch) dem Täter immer als »freie« Handlungen zugerechnet werden können oder auf physischen Anlagen beruhen, auf die der Täter keinen Einfluss hat.

Berühmt wurde der Fall eines vorher unbescholtenen Lehrers, der plötzlich pädophile Neigungen entwickelte. Als man bei ihm einen Gehirntumor feststellte und diesen entfernte, waren die Neigungen verschwunden. Auch in anderen Fällen wurden bei Pädophilen Hirnschädigungen festgestellt.

Kann bei diesen Tätern Ihrer Meinung nach ein freier Wille vorausgesetzt werden? Kann man ihnen die volle Schuld an Ihren Taten zurechnen? Sollte jeder Kriminelle nach seiner Tat medizinisch und psychologisch untersucht werden?

▶ Nennen Sie Argumente und Gegenargumente.

APROPOS

Der Laplace'sche Dämon

Der Laplace'sche Dämon ist ein Gedankenkonstrukt des französischen Mathematikers und Philosophen **Pierre Simon Laplace** (1749–1827) und diente dazu, ein streng deterministisches Weltbild zu verdeutlichen. Der Laplace'sche Dämon ist eine Intelligenz, die einen umfassenden Überblick hat über alle in der Natur wirkenden Kräfte, über die Lage und Beschaffenheit aller Objekte und alle diese Kenntnisse auch auswerten könnte. Dann wären alle Vorgänge im Universum durchschaubar und vorhersagbar. ■

DER KLEINE PHILOSOPHENSTECKBRIEF

Gesucht wird: Menschenfreund und Skeptiker

Erfolg sieht eigentlich anders aus: Der Gesuchte litt in seiner Jugend häufig unter Depressionen und seine Mutter unterstellte ihm sogar mangelnde geistige Fähigkeiten. Er brach sein Jurastudium ebenso ab wie eine kurze Tätigkeit als Kaufmann. Später arbeitete er kurzzeitig als Botschaftssekretär und Bibliothe-

kar. Einen Lehrstuhl verwehrte man ihm, weil er als Atheist und Religionskritiker galt.
Umso erstaunlicher ist, was aus ihm wurde: einer der bekanntesten Historiker seines Landes und einer der größten Denker der Philosophiegeschichte. Sein Leitfaden war eine skeptisch prüfende Vernunft. In allem, was er tat und dachte, war er das Gegenteil eines Dogmatikers. Dabei kritisierte er nicht nur die heiligen Kühe der Religion, sondern auch die heiligen Vernunftprinzipien von Philosophie und Wissenschaft. Eines davon war die Kausalität. Das Prinzip der Kausalität, so behauptete er, lässt sich nicht aus der Erfahrung ableiten. Was uns daran glauben lässt, dass die Sonne auch morgen früh aufgehen wird, ist unsere Gewohnheit und unsere Fähigkeit, bestimmte, in zeitlich regelmäßiger Folge ablaufende Vorgänge durch Assoziation so miteinander zu verknüpfen, dass wir sie als eine kausale Verknüpfung wahrnehmen. Doch ob die Sonne morgen wirklich wieder aufgehen wird, wissen wir nicht mit absoluter Sicherheit.

AN DIE PINNWAND
Das, wobei unsere Berechnungen versagen, nennen wir Zufall.
Albert Einstein

Während er mit seinen Überzeugungen überall aneckte, galt er privat als Menschenfreund, anregender Plauderer und Bonvivant. Er lebte, so schrieb einer seiner Biographen, wie ein Epikureer und starb wie ein Stoiker. Über seinen Rang als Philosoph streitet heute niemand mehr. Sein monumentales Mausoleum überragt einen der Hügel seiner Heimatstadt.
▶ Wer war's?

DENK DIR WAS!

Stellen Sie sich eine Welt vor, in der an einem bestimmten Wochentag die Gesetze der Kausalität nicht gelten – so wie man an einem bestimmten Wochentag den Strom abschalten würde. Die uns gewohnte Naturgesetzlichkeit wäre für einen Tag außer

Kraft gesetzt, d.h. bestimmte Ursachen wären nicht mehr mit ganz bestimmten Wirkungen verknüpft. Wenn ich aus dem Fenster springe, wäre nicht klar, was passiert: Falle ich, fliege ich, bleibe ich in der Luft stehen? Wenn ich auf eine Mauer zufahre, würde es nicht zwingend zu einer Kollision kommen usw.

▶ Versuchen Sie, eine solche Welt zu skizzieren. Welche Probleme ergeben sich dabei? Überlegen Sie, ob es menschliche Erfahrungen gibt, die mit einer solchen nicht-kausalen Welt Ähnlichkeit haben!

APROPOS

Zufall, Fortuna

Wenn von Zufall die Rede ist, sollte man zwischen zwei grundverschiedenen Begriffen unterscheiden: **Zufall im objektiven Sinne** ist gleichbedeutend mit Lücken im kausalen Geschehen der Natur, wie sie vor allem von der Quantenphysik im Verhalten der Elementarteilchen angenommen wird (siehe Kap. 7, S. 151). Abgesehen von diesem quantenphysikalischen Indeterminismus wird »Zufall« gewöhnlich **im subjektiven Sinne** verwendet, nämlich zur Bezeichnung unserer Unwissenheit um die verborgenen kausalen Ursachen von Ereignissen. Meist meint man damit also einen Sammelbegriff für Ereignisse, die man weder kausal erklären kann, noch in ihrer Wirkungsweise im Einzelnen verfolgen kann. Die Tatsache, dass wir vieles nicht erklären können, ist der Grund dafür, dass Begriffe wie »Schicksal« oder »Fortuna« im Denken der Menschen eine so große Rolle gespielt haben. **Fortuna** wurde in der Geistesgeschichte sogar zur Glücksgöttin erhoben, die manchmal unparteiisch, manchmal launisch, ihre Glücksgüter unter die Menschen verteilt. Der Begriff »Schicksal« (»fatum«), der auch immer wieder im Zusammenhang mit »Fortuna« auftaucht, verweist dagegen wieder auf die unabänderliche Notwendigkeit allen Geschehens zurück. Ich erkenne zwar nicht den kausalen Zusammenhang, weiß aber, dass ich ihm unentrinnbar unterworfen bin. ■

PRO UND CONTRA

Gibt es Zufälle im Leben?

In dem Roman ›Die Brücke von San Luis Rey‹ von Thornton Wilder wird das Leben mehrerer Personen erzählt, die sich nicht kennen, sich aber an einem bestimmten Tag im Jahr 1714 zur gleichen Zeit auf der Brücke von San Luis Rey in Peru befinden, als diese zusammenstürzt. Dass sie an diesem Tag und zu diesem Zeitpunkt die Brücke betreten haben, hängt oft von kleinen, völlig unvorhersehbaren Umständen ab.

Genau so voller Unwahrscheinlichkeiten steckt auch die Wirklichkeit selbst:

Im Jahre 2009 verpasste eine Frau aus Südtirol den Flug der Air-France-Maschine, die in der Nähe der brasilianischen Küste abstürzte. Zehn Tage später kam sie bei einem Autounfall ums Leben.

▶ Was ist bei solchen Ereignissen am Werk, Zufall oder Notwendigkeit? Bringen Sie Argument und Gegenargumente. Welche Möglichkeiten der Erklärung sehen Sie im Sinne subjektiver oder objektiver Zufälle? In welcher Weise bieten sich kausale oder teleologische Erklärungen an?

APROPOS

Wahrscheinlichkeitstheorie, Chaostheorie- und Spieltheorie

Selbst die knallharten Deterministen müssen zugeben, dass bisher keine Wissenschaft in der Lage ist, alle Vorgänge in der Natur und schon gar nicht menschliches Handeln zuverlässig vorauszusagen. Wenn es einen Laplace'schen Dämon gibt (siehe Apropos: Der Laplace'sche Dämon, S. 179), so kennen wir ihn nicht. Doch es gibt Versuche, dem Unvorhersehbaren durch bestimmte Kalkulationsmethoden auf die Schliche zu kommen. Drei davon sind:

Die Wahrscheinlichkeitstheorie versucht, mit mathematischen Mitteln Voraussagen über das Eintreffen von Ereignissen oder Ereigniskonstellationen zu machen, die als zufällig eingeschätzt werden. Die Wahrscheinlichkeit eines Ereignisses wird definiert als die »Anzahl der günstigsten geteilt durch die Anzahl der möglichen Fälle«. Es ist eine Definition, die auf den Philosophen *Blaise Pascal* (1623–1662) und den Mathematiker *Pierre de Fermat* (1607–1665) zurückgeht. Um die benötigten Daten zu ermitteln, werden möglichst viele »Zufallsexperimente« ausgeführt, d. h. es wird durchprobiert und mathematisch erfasst, was sich in möglichst vielen Stichproben ergeben hat. Die Wahrscheinlichkeitstheorie spielt u. a. innerhalb der Wirtschaftswissenschaften, z. B. bei der Prognose von Konjunkturdaten oder in der Versicherungswirtschaft, eine große Rolle.

Die Chaostheorie ist entstanden, weil man erkannt hat, dass kleine Veränderungen in der Konstellation der Ursachen in manchen Bereichen riesengroße Wirkungen haben können. Dabei geht es nicht um die Erklärung zufälliger Abläufe, sondern um Vorgänge, die kausal determiniert und mathematisch beschreibbar sind, die aber aufgrund leicht veränderter Anfangsbedingungen völlig außer Kontrolle geraten, sich also »chaotisch« entwickeln können. Ein bekanntes Beispiel ist die Entwicklung des Wetters. Selbst der Flügelschlag eines Schmetterlings kann hier auf lange Sicht großräumige Wetterveränderungen herbeiführen (Schmetterlingseffekt).

Die Spieltheorie: Hier geht es darum, für eine Gruppe von Menschen, die miteinander in Beziehung und Abhängigkeit stehen, die rationalsten Entscheidungen für ein bestimmtes Problem auszuloten. Dabei spielt auch die Abstimmung und Kooperation der Mitglieder einer Gruppe eine große Rolle. Militärische Strategien und Planungen stützen sich häufig auf die Spieltheorie. ■

EINE PHILOSOPHISCHE KOPFNUSS 1

Kann man Wahrscheinlichkeit ausrechnen?

Der italienische Mathematiker *Luca Pacioli* (1445–1514 oder 1517) hielt über lange Zeit Mathematiker und Philosophen mit einer Aufgabe in Atem, die er 1494 vorlegte: Die Verteilung eines Gewinns sollte in Abhängigkeit von dem wahrscheinlichen Ausgang eines Spiels berechnet werden.
Leicht abgewandelt lautet die Aufgabe folgendermaßen:
Zwei Männer, A und B, spielen in einem Ballspiel gegeneinander. Für jedes gewonnene Spiel gibt es einen Punkt. Gesamtsieger ist, wer 7 Punkte erreicht hat. Für den Gesamtsieger sind 80 € Preisgeld ausgesetzt.
Die Serie muss endgültig unterbrochen werden, als es 5:4 für A steht.
Nun soll das Preisgeld unter beiden Kontrahenten aufgeteilt werden. Die Summe, die jeder erhält, richtet sich nach der Wahrscheinlichkeit, die für A bzw. B besteht, das Spiel noch zu gewinnen.
▶ Wie viel Geld erhält A, wie viel B?

EINE PHILOSOPHISCHE KOPFNUSS 2

Das Gefangenendilemma

Eine der berühmtesten Kopfnüsse der Spieltheorie ist das sogenannte »Gefangenendilemma«. Folgendes Problem stellt sich: Zwei eines schweren Verbrechens verdächtige Komplizen werden in ihrem Fluchtwagen verhaftet. Außer überhöhter Geschwindigkeit kann man ihnen allerdings nichts nachweisen. Um das Verbrechen aufzuklären, schlägt man jedem von ihnen folgenden Deal vor:
»Wenn Du gestehst und der andere nicht gesteht, bist Du frei und der andere bekommt zehn Jahre.
Wenn Du gestehst und der andere gesteht auch, bekommt jeder fünf Jahre.

Wenn Du nicht gestehst und der andere gesteht, bekommst Du zehn Jahre und der andere ist frei.
Wenn keiner von Euch beiden gesteht, bekommt jeder ein Jahr.«

- Wie lautet die beste Entscheidung, wenn beide nicht miteinander kommunizieren können?
- Wie lautet die beste Entscheidung, wenn beide miteinander kooperieren und kommunizieren können?

EINE PHILOSOPHISCHE KOPFNUSS 3

Gibt es sichere Voraussagen?

Welche der folgenden Voraussagen können Ihrer Meinung nach als sicher gelten:
Auch in tausend Jahren wird die Sonne immer noch morgens aufgehen.
Auch in tausend Jahren wird die Winkelsumme eines Dreiecks 180 Grad betragen.
Wenn bis 2050 nicht mehr als 1100 Millionen Tonnen CO_2 ausgestoßen werden, kann die Klimaerwärmung auf zwei Grad beschränkt werden.

- Worauf gründet sich die größere bzw. geringere Sicherheit der Voraussagen?

APROPOS

Wissenschaft und wissenschaftliche Methode – Deduktion und Induktion

Es ist die **Wissenschaft**, die versucht, kausale Zusammenhänge in der Welt mit Hilfe von Theorien zu verdeutlichen. Wissenschaft ist, kurz gesagt, eine theoriebildende, systematisch strukturierte und methodisch kontrollierte Form der Welterkenntnis. Als solche war sie lange Zeit identisch mit der Philosophie. Dass sie sich vor allem auf Erfahrungserkenntnis, also auf die empirische Beobachtung der Welt, stützt, ist eine Entwicklung der frühen

Neuzeit und steht in engem Zusammenhang mit dem, was man als wissenschaftliche Methode verstand.
Bis in die frühe Neuzeit orientierte man sich an *Aristoteles* (384 bis 322 v. Chr.). In den Schriften, die in seinem Werk ›Organon‹ zusammengefasst sind, identifiziert Aristoteles wissenschaftliche Erkenntnis mit **Deduktion** (über Syllogismus, Deduktion und Induktion als logische Formen des Schließens siehe Kap. 5, Begriffe, Aussagen und Argumente: einige Basics, S. 91). Dies bedeutet: Wahre Aussagen über die Welt entstehen, indem man aus vorausgesetzten allgemeinen Aussagen – aus Axiomen – logische Schlussfolgerungen ableitet.
Dem setzte zu Beginn des 17. Jahrhunderts *Francis Bacon* (1561 bis 1626) sein Werk ›Novum Organon‹ (1620) entgegen. Bacon propagiert die **Induktion** als wissenschaftliche Methode: Beobachtungen, Messungen und Ergebnisse von Experimenten werden zu Gesetzmäßigkeiten verallgemeinert. Axiome im Sinne des Aristoteles sind für Bacon nur Hypothesen, die empirisch bestätigt werden müssen.
Auch für *David Hume* (1711–1776) beruht Wissenschaft auf empirischen Beobachtungen. Doch er bestritt die Gültigkeit des induktiven Schlusses: Wir können noch so viele Beobachtungen der gleichen Art machen, es folgt daraus nicht, dass dies für alle beobachtbaren Fälle gilt.
Der *Wiener Kreis*, eine Gruppe von Philosophen und Wissenschaftlern zu Beginn des 20. Jahrhunderts (siehe Kap. 5, Der Wiener Kreis, S. 102), stützte sich wiederum auf die Induktion als allgemeine Erkenntnismethode: Mit Hilfe der Verallgemeinerung von »Basissätzen«, die sich unmittelbar auf konkrete Dinge und Vorgänge beziehen, ließen sich Aussagen und Theorien »verifizieren«, d. h. als wahr erweisen.
Karl R. Popper (1902–1994), ein Kritiker des Wiener Kreises, lehnte wie David Hume die Gültigkeit des induktiven Schlusses ab. In seinem berühmten Hauptwerk zur Wissenschaftstheorie, ›Logik der Forschung‹ (1935), griff er wieder auf ein deduktives Vorgehen zurück, verband dies aber mit der Idee der empiri-

schen Kontrolle: Der Wissenschaftler bildet zunächst allgemeine Hypothesen, aus denen man Prognosen ableiten kann. Sie müssen aber so formuliert sein, dass sie empirisch »falsifiziert«, d. h. durch die Erfahrung widerlegt werden können. Eine solche Widerlegung führt wiederum zur Bildung »besserer« Hypothesen. Wissenschaftliche Erkenntnisgewinnung erfolgt nach Popper also durch »Falsifizierung«, nicht durch »Verifizierung«. ■

LOGIK-CHECK

Induktion oder Deduktion?

- Prüfen Sie die folgenden Schlüsse: In welchen Fällen handelt es sich um eine Induktion und in welchen Fällen um eine Deduktion?
- Welche dieser Schlussfolgerungen können als wissenschaftlich haltbar gelten und welche nicht?

Das neue Medikament gegen Ebola wurde bei 200 Versuchspersonen getestet.
In etwa 80 % der Fälle trat eine Besserung, nirgends trat eine Verschlechterung ein.
Also: Das neue Medikament ist ein wirksames Mittel gegen Ebola.

Alle Körper dehnen sich bei Erwärmung aus.
Das Meerwasser wird durch die Klimaveränderung erwärmt.
Das Meerwasser wird sich ausdehnen.

Alle Schwäne sind weiß, weil der Begriff »Schwan« als Tier mit langem Hals und weißem Gefieder definiert wird.
Also sind die in Westaustralien vorkommenden schwarzen schwanähnlichen Tiere keine Schwäne.

EINE PHILOSOPHISCHE KOPFNUSS

Induktiver Schluss oder faules Ei? Goodmans Rätsel der Induktion

Der amerikanische Philosoph *Nelson Goodman* (1906–1998) hat folgendes, nach ihm benanntes Problem vorgelegt, das aber in ähnlicher Form schon bei *Bertrand Russell* (1872–1970) vorkommt.
Betrachten wir diese Induktion:
Alle bisher geprüften Smaragde sind grün.
Also folgern wir: Alle Smaragde sind grün.

Wir führen jetzt ein neues Adjektiv ein, nennen wir es »blün«.
Als »blün« sollen alle Smaragde gelten, die grün und zugleich geprüft sind, aber auch diejenigen, die blau und ungeprüft sind.
Aus: »Alle bisher geprüften Smaragde sind grün«
können wir jetzt auch folgern: »Alle Smaragde sind blün.«

▶ Ist Goodmans Rätsel der Induktion ein faules Ei? Warum oder warum nicht?

DER KLEINE PHILOSOPHENSTECKBRIEF

Gesucht wird: der Falsifikator

Für alle, die glaubten, dass uns die Wissenschaft mit ihren Kausalerklärungen und Voraussagen die Wahrheit über die Welt liefert, war der junge Wiener Pädagoge eine Provokation: Er verkündete, dass es uns niemals möglich sein wird, die Wahrheit einer Theorie nachzuweisen. Er drehte den Spieß um: Wissenschaftliche Theorien müssten vielmehr eine Eigenschaft haben, die man ihnen sonst zu allerletzt zuschrieb – sie müssen falsch sein können. Den Nachweis der Fehlerhaftigkeit und Korrekturbedürftigkeit nannte er »falsifizieren«. Dabei war er kein Feind der Wahrheit. Im Gegenteil: Auch sein Ziel war es, sich der Wahrheit anzunähern. Doch dies war für ihn nur auf dem krummen, nicht auf dem geraden Weg erreichbar: Nur korrekturfähige Theorien, so glaubte er, ermöglichen wissenschaftlichen Fortschritt.

Mit seinen Thesen revolutionierte er die Wissenschaftstheorie. Sein Buch konnte gerade noch rechtzeitig erscheinen, bevor ihn die politischen Umstände aus Europa vertrieben. Er kehrte schließlich nach Europa, aber nicht mehr nach Österreich zurück, wurde ein international geachteter Professor, nahm die britische Staatsbürgerschaft an und schrieb seine Werke fortan in Englisch. Offenheit für Kritik und Korrektur wurde auch das Credo seiner politischen Philosophie: Er wandte sich gegen alle diejenigen in Politik und Wissenschaft, die mit dem Anspruch auftraten, endgültige und unveränderbare Lösungen zu präsentieren.

Im Alter provozierte er die gelehrte Welt ein weiteres Mal, indem er für einen Indeterminismus und für die Freiheit des menschlichen Willens eintrat.

Mit seinen Thesen wirkte der Falsifikator weit über die Philosophie hinaus: Mit 63 Jahren schlug ihn die britische Königin zum Ritter.

▶ Wer war’s?

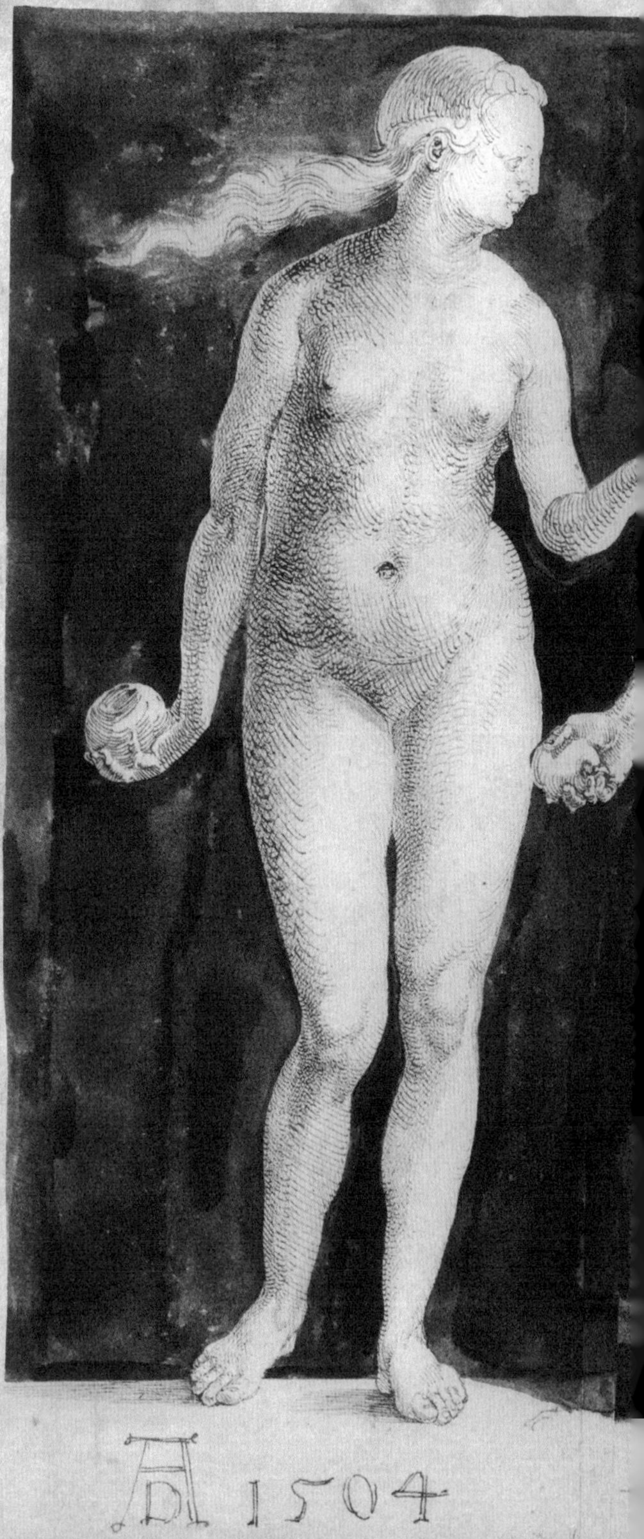
AD 1504

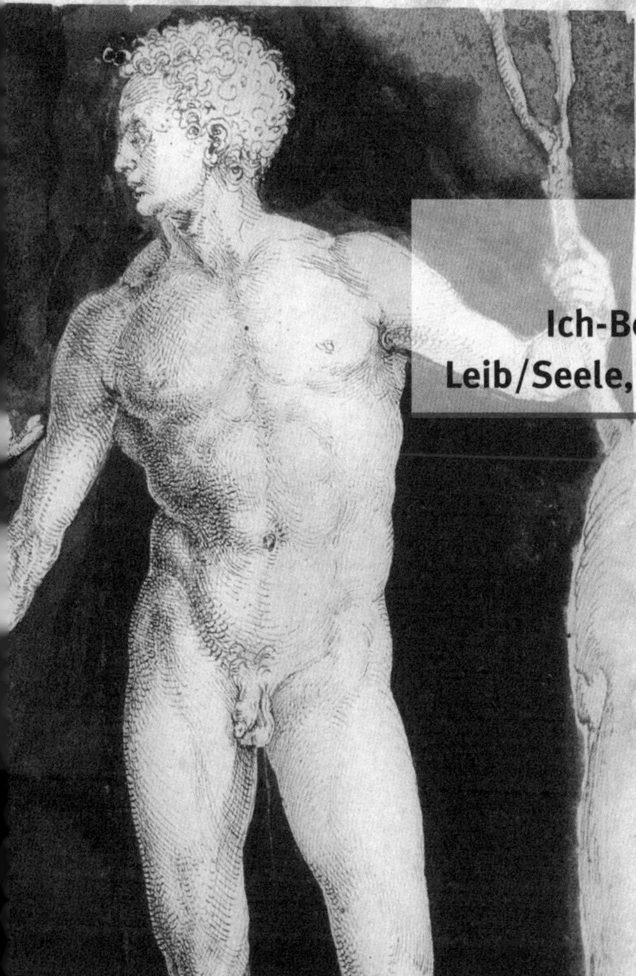

KAPITEL 9

Ich-Bewusstsein, Leib/Seele, Individuum

Albrecht Dürer: Adam und Eva
New York, The Pierpont Morgan Library

Im Grunde beschäftigt sich die Philosophie von ihren Anfängen bis heute mit zwei großen Rätseln: mit dem Rätsel des Kosmos, mit der Frage also, was und wie unsere Welt eigentlich ist und was sie zusammenhält (siehe Kap. 7: Raum und Zeit, Kosmos und Geschichte). Ein mindestens genauso großes Rätsel für den Menschen aber ist der Mensch selbst. Er ist nämlich das Wesen, das sich nicht von selbst versteht. Er nimmt sich nicht einfach so hin, wie er ist. Er macht sich zum Problem und stellt Fragen: Woher komme ich? Welches ist meine Rolle in der Welt? Aber vor allem: Bin ich ein normaler Bestandteil der Natur oder gibt es etwas Besonderes an mir, habe ich ein gewisses »Extra«, das mich von allen anderen Wesen unterscheidet?

Es sind diese grundlegende Unsicherheit im menschlichen Selbstverständnis und zugleich das Beharren auf diesem angeblichen »Extra«, die dazu führen, dass der Mensch Theorien über sich selbst bastelt, um seine Sonderstellung oder sogar seine führende Rolle in der Natur zu untermauern. Die Annahme eines solchen »Extra« entspringt offenbar einem tiefen Bedürfnis und füllt zugleich eine schmerzlich empfundene Erklärungslücke. Woher, so meinen viele, sollte sonst unsere Fähigkeit kommen, Sprache zu bilden, Kultur zu schaffen und die Natur zu beherrschen? Religionen füllen diese Erklärungslücke, aber sie ist auch eine Herausforderung für die Philosophie. Im Unterschied zur Religion lehnt die Philosophie es allerdings ab, sich auf heilige Texte oder religiöse Offenbarungen zu stützen. Sie hat es sich zur Aufgabe gemacht, sich nüchtern, rational und kritisch mit jenem menschlichen Extra zu befassen, das viele verschiedene Namen hat. Manche nennen es Vernunft, man-

che Geist oder Bewusstsein, andere sprechen von der Seele oder sogar von der »unsterblichen Seele«.
Doch der menschliche Geist richtet sich nicht nur auf die Welt. Indem der Mensch erkennt, denkt oder handelt, ist er sich als Erkennender, Denkender und Handelnder bewusst: Er hat ein Bewusstsein von sich selbst als eines »Ich«. Es ist eben genau dieses, mit Geist, Bewusstsein, Seele, aber auch mit unseren Hirnfunktionen eng verknüpfte »Ich«, das uns zum »Subjekt« macht, das den Dingen der Welt, den »Objekten« gegenübersteht. Das Besondere an diesem »Ich« ist aber auch, dass es selbst zum Objekt der Erkenntnis werden kann. Wie viel »Ich« kann »Ich« also erkennen?
Eines der großen Probleme der Philosophie ist bis heute, herauszufinden, was es mit dem »Ich-Bewusstsein« auf sich hat, das, so scheint es, all unserer Erkenntnis zugrunde liegt. Wie viel purer Geist steckt hier eigentlich drin? Reden wir hier eigentlich von Realitäten oder handelt es sich nur um Fiktionen, mit denen sich der Mensch froh macht und mit denen sich die Philosophie wichtig tut? Ist das »Ich« wirklich mehr als das Personalpronomen in der ersten Person Singular? Hirnforscher und Neurophysiologen sind jedenfalls dabei, die Anhänger von »Seele, Selbst und Ich« auszubremsen und sie mit Erkenntnissen zu konfrontieren, in denen es mehr um Hirnströme und Neuronen als um ein eigenständiges Ich oder ein autonomes »Selbst« geht. Hat das »Ich« also ein Gehirn oder hat vielmehr das Gehirn ein »Ich«? Die Philosophie muss in jedem Fall reagieren: Sie kann wissenschaftliche Korrekturen unseres gewohnten Menschenbildes nicht außer Acht lassen und muss auf der Basis neuer Erkenntnisse immer wieder einen neuen Anlauf unternehmen, auf dem Wege des »Ich« dem Rätsel Mensch auf die Spur zu kommen.
Die Metaphysik, die Erkenntnistheorie, die philosophische Anthropologie, die Moralphilosophie und die in jüngster Zeit so einflussreiche Philosophie des Geistes: Sie alle haben

sich mit dem Problem dieses Ich beschäftigt und sind dabei unweigerlich auf eines der ganz großen, man könnte fast sagen »ewigen« Probleme der Philosophie gestoßen: auf das sogenannte »Leib-Seele-Problem«. Hier steht die Frage im Mittelpunkt, in welchem Verhältnis Körper und Geist zueinander stehen und ob der Geist eine eigenständige Existenz hat. Dies ist mehr als eine nüchterne wissenschaftliche Frage. Sie trifft vielmehr das menschliche Selbstverständnis im Kern. Wenn es keine selbstständig existierende Seele gibt, wenn der Geist im Wirbel der Neuronen gefangen und die Vernunft ein Sklave der Triebe ist – müssen wir dann nicht unser Selbstbild radikal verändern?

»Ich sein« und »Subjekt sein«, kurz: Subjektivität, ist aber nicht nur ein metaphysisches und erkenntnistheoretisches Problem. Auch in der Moralphilosophie und in der politischen Philosophie verstehen wir uns als Subjekte, nämlich als eigenständige, verantwortliche, auf bestimmte Ziele ausgerichtete Handelnde. Dafür wird auch häufig der Begriff »Person« verwendet. »Subjektivität« im Sinne von Personalität, Individualität und Autonomie ist über Jahrhunderte hinweg zu einem philosophischen Projekt geworden. Aber auch dieses Projekt war nie unumstritten. Sind wir vielleicht doch eher Herden- und Massenmenschen? Ist Individualität etwa nur ein Konstrukt?

APROPOS

Charles Darwin, ›Die Abstammung des Menschen‹

Die in Philosophie und Religion lange vorherrschende Meinung von der Sonderrolle des Menschen wurde durch die Wissenschaft zunehmend in Frage gestellt. So wie *Sigmund Freud* (1856–1939) unsere traditionelle Vorstellung von »Seele« durcheinandergewirbelt hat (siehe Info-Portal: Vereint oder getrennt? Was die Philosophen zum Leib-Seele-Problem sagen, S. 200), so hat der Naturforscher *Charles Darwin* (1809–1882) in seinem

Buch ›Die Abstammung des Menschen‹ (1871) die vom Christentum und anderen Religionen beförderte Sicht in Frage gestellt, der Mensch sei die Krone der Schöpfung und ein Wesen ganz anderer Art als die Tiere. Nach Darwin ist der Mensch ein hochkomplexes Tier, ein Produkt der natürlichen Evolution, ein Organismus, der sich durch Auslese und Anpassung in einem langen Zeitraum entwickelt und gegenüber anderen Arten durchgesetzt hat. Dass Darwin angeblich behauptet hat, der Mensch stamme vom Affen ab, ist eine grobe Vereinfachung. Vielmehr hat er herausgefunden, dass Primaten und Menschen gemeinsame Vorfahren haben. Der Mensch hat damit einen festen Platz innerhalb der Natur erhalten (siehe auch Kap. 6: Gott, Info-Portal: Moderne Kritiker und Verteidiger der Schöpfungstheorie, S. 130). ■

AN DIE PINNWAND
Nur ein Schilfrohr, das zerbrechlichste in der Welt, ist der Mensch, aber ein Schilfrohr, das denkt.
Blaise Pascal

APROPOS

Cogito ergo sum

»Cogito ergo sum« ist Latein und heißt übersetzt: **»Ich denke, also bin ich.«** Es ist einer der berühmtesten Sätze der Philosophie und so etwas wie die Gründungsurkunde der Philosophie der Neuzeit. Geprägt hat ihn der französische Philosoph *René Descartes* (1596–1650) in seinem Werk ›Meditationen über die erste Philosophie‹ (1641; auch als ›Meditationen über die Grundlagen der Philosophie‹ übersetzt). Descartes stellte sich folgende Frage: Gibt es ein sicheres Fundament für unsere Erkenntnis? Gibt es etwas, was unbezweifelbar ist? Antwort: Ja. Ich kann an allem zweifeln, aber an dem Denkakt des Zweifelns kann ich nicht zweifeln: Ich denke, also bin ich.

Für Descartes liegt in diesem Satz nicht nur die sichere Grundlegung der Erkenntnis, sondern zugleich eine metaphysische

Einsicht: Da die Existenz im bloßen Denken als absolut sicher gegeben ist, ist das »Ich« für ihn eben ein denkendes Wesen *(res cogitans*, wörtl. eine »denkende Sache«), d.h. eine selbstständige, vom Körper unabhängig existierende, unvergängliche Substanz. ■

LOGIK-CHECK

▶ Prüfen Sie, ob der berühmte Satz von Descartes »Ich denke, also bin ich« einen logisch gültigen Schluss enthält oder nicht.

PRO UND CONTRA

Haben Tiere eine Seele?

Lange hielt sich in der westlichen Philosophie (und Religion) die Meinung, der Mensch habe, im Gegensatz zum Tier, eine individuelle unsterbliche Seele. *René Descartes* (1596–1650) behauptete nicht nur, dass Tiere keine Seele haben, sondern er betrachtete sie als bloße Körperwesen, nämlich als denk- und gefühlsunfähige Automaten. Dagegen ging man in den östlichen, asiatischen Philosophien (z.B. im Buddhismus) immer davon aus, dass alle Wesen an einer umfassenden Weltseele teilhaben. Danach sind alle Wesen in einer Einheit verbunden und der Mensch hat keine Sonderstellung. Zu den wenigen westlichen Philosophen, die diese Ansicht teilten, gehört *Arthur Schopenhauer* (1788–1860), der immer einen Pudel mit dem Namen »Atman« (Weltseele) hielt und der mit seiner Auffassung, dass das Leiden der Tiere eine moralisch belastende Bedeutung hat und deshalb vermieden werden sollte, zu einem philosophischen Vorreiter des Tierschutzes wurde.

▶ Nennen Sie Argumente für und gegen die These, dass Tiere eine Seele haben. Welche Unterschiede würden Sie zwischen einzelnen Tierarten machen?
Nehmen Sie dabei Bezug zu folgenden Vorstellungen von »Seele«:

- Seele als individuelle »Geistseele«, als ein unsterbliches Vermögen zur Vernunfterkenntnis, das den Menschen auch mit Gott verbindet.
- Seele als Psyche im weiteren Sinn, der Wahrnehmungs- und Leidensfähigkeit einschließt.
- Seele als moralisches Gewissen und Unterscheidungsfähigkeit von Gut und Böse.

APROPOS
Seelenwanderung

Die Lehre von der **Seelenwanderung** gibt es in vielen Kulturen und Religionen. Doch nicht immer ist mit »Seele« das Gleiche gemeint. Die im Westen vor allem bekannten Seelenwanderungslehren finden sich im Hinduismus, Buddhismus und in der frühen griechischen Kultur. Der *Hinduismus* meint damit einen unsterblichen Wesenskern (Atman), der auch mit der Weltseele identisch ist und in einem Menschen oder Tier wiedergeboren werden kann. Für den *Buddhismus* gibt es keine individuelle unsterbliche Seele, sondern ein sich veränderndes moralisches Persönlichkeitsprofil (Karma). Die Art, wie ich moralisch lebe, hat Einfluss darauf, wie und in welchem Wesen sich das Karma fortzeugt.
In Griechenland wurde die Seelenwanderungslehre u. a. von der religiösen Strömung der Orphiker verbreitet. Die *griechische Philosophie*, so z. B. die *Pythagoreer* oder *Platon*, nimmt wieder die Idee eines unsterblichen geistigen Wesenskerns auf. Bei Platon ist im Begriff der Seele allerdings auch die Fähigkeit der intellektuellen Erkenntnis eingeschlossen. ■

PRO UND CONTRA
Wie viel Körper braucht der Geist?

Dass der Geist in vielfacher Weise vom Körper abhängig ist, dass unsere geistigen Tätigkeiten von körperlichen Voraussetzungen beeinflusst werden, ist unbestritten. Ein einfaches Beispiel dafür ist, dass wir bei Fieber oder bei schmerzhaften Krankheiten zu keinen großen geistigen Leistungen in der Lage sind. Andererseits gibt es genügend Beispiele von Menschen, die trotz körperlicher Handicaps großartige geistige Leistungen erbringen oder durch geistige Motivation Krankheiten überwinden. Eines der bekanntesten Beispiele ist der englische Physiker *Stephen Hawking* (geb. 1942), einer der bekanntesten Wissenschaftler unserer Zeit, der an Amyotropher Lateralsklerose leidet und sich nur noch über einen Sprachcomputer verständlich machen kann.

- Nennen Sie weitere Argumente für die These, dass der Geist nicht auf Funktionen des Körpers reduziert werden kann!
- Finden Sie im Gegensatz dazu weitere Argumente für die Abhängigkeit des Geistes vom Körper. Welche körperlichen Bedingungen müssen Ihrer Meinung nach erfüllt sein, damit der Geist überhaupt funktionsfähig ist?

APROPOS

Das Leib-Seele-Problem

Unter **Leib-Seele-Problem** versteht man das Problem des Verhältnisses zwischen Körper und Geist. Handelt es sich um zwei völlig verschiedene Formen der Wirklichkeit oder sind sie in Wahrheit identisch? Wer ist Herr im Haus des Menschen, Geist oder Körper? Auf welche Art üben sie Einfluss aufeinander aus? Sind es zwei Aspekte einer tiefer liegenden Einheit oder lässt sich der Geist sogar ganz auf körperliche Funktionen zurückführen? Die beiden großen, grundsätzlichen Positionen zum Thema, der **Dualismus** (Geist und Körper sind grundsätzlich verschieden) und der **Monismus** (Geist und Körper sind im Grunde eins) lassen sich bis heute verfolgen. ■

INFO-PORTAL

Vereint oder getrennt?
Was die Philosophen zum Leib-Seele-Problem sagen

Antike und mittelalterliche Philosophie: »Seele« heißt altgriechisch »Psyche«. Der altgriechische Begriff *psyche* bedeutete zunächst so viel wie Lebenshauch. So wurde ursprünglich angenommen, dass im Tod sich die Seele (*psyche*) vom Körper trennt und als dessen schattenhaftes Abbild weiterlebt. In der frühen griechischen Philosophie verbreitet sich der sogenannte Leib-Seele-Dualismus, d.h. die Lehre, dass Leib und Seele bzw. Körper und Geist zwei verschiedene, voneinander getrennte Dinge sind. Während der Körper vergänglich war, galt die Seele als unsterblich.

Die Pythagoreer: Die frühgriechische Schule der Pythagoreer ist bekannt dafür, dass in ihr die Lehre von der Seelenwanderung eine große Rolle spielt, nach der die Seele nach dem Tod eines Körpers weiterlebt und in andere Körper überwechselt.

Für *Platon* (427–347 v.Chr.) ist die Seele ebenfalls unsterblich. Sie bezeichnet nun den moralischen und geistigen Kern einer Person.

Für *Aristoteles* (384–322 v.Chr.) ist die Seele ein Lebensprinzip des Körpers, sozusagen der in ihm eingepflanzte Entwicklungscode, der aber mit dem Körper vergeht. Den Geist als tätiges Prinzip des Denkens betrachtet er hingegen als unvergänglich und unsterblich.

Bei *Augustinus* (354–430) verbindet sich das Christentum mit der These von der Unsterblichkeit der Seele, die aus der griechischen Philosophie stammt. Die Seele gilt als etwas Immaterielles und wird nicht nur mit dem Geist/der Vernunft, sondern auch mit dem moralischen Kern des Menschen in eine enge Beziehung gesetzt.

17. und 18. Jahrhundert: Hier wurde die Beweisbarkeit der Unsterblichkeit der Seele auf den Prüfstand gestellt.

Mit *René Descartes* (1596–1650) nimmt das Leib-Seele-Problem richtig Fahrt auf. Descartes formuliert den klassischen neuzeitlichen Dualismus von Geist und Materie. Er trennt Leib und Seele scharf: Er identifiziert die Seele mit der denkenden Substanz (»res cogitans« – siehe Apropos: Cogito ergo sum, S. 196) im Gegensatz zum Körper als der materiellen, d. h. ausgedehnten Substanz (»res extensa«). Beide Substanzen wirken aufeinander ein. Der von Descartes begründete neuzeitliche Rationalismus wird auch, in Anlehnung an die latinisierte Form seines Namens (»Cartesius«), als »cartesischer Rationalismus« bezeichnet und hat als solcher die gesamte neuzeitliche Philosophie geprägt.

Baruch de Spinoza (1632–1677) vertritt demgegenüber einen Monismus: Es gibt nur eine einzige Substanz, die sich in Körper oder Geist ausprägen kann.

Gottfried Wilhelm Leibniz (1646–1716) stellt einen »Parallelismus« fest: Geist und Körper existieren unabhängig und parallel nebeneinander und beeinflussen sich nicht.

David Hume (1711–1776) kritisiert die von Descartes ausgehende rationalistische Tradition. Für ihn ist nicht die Vernunft Herrscher über die Leidenschaften, sondern umgekehrt: Die Vernunft folgt den Impulsen der Leidenschaft. Hume leugnete die Unsterblichkeit der Seele und behauptete, dass die Seele kein Gegenstand der Erfahrung sein könne.

Auch *Immanuel Kant* (1724–1804) kritisierte den Beweisanspruch der sogenannten »reinen« Vernunft. Er hielt die Unsterblichkeit der Seele für nicht beweisbar. Doch blieb er weiterhin davon überzeugt, dass es gute moralische Gründe gibt, an sie zu glauben.

19. Jahrhundert: Im 19. Jahrhundert entstand die Psychologie als empirische Wissenschaft. Immer klarer wurde, dass Körper und Geist in einem engen Zusammenhang stehen.

Gustav Theodor Fechner (1801–1887) glaubte, dass Leib und Seele zwei verschiedene Betrachtungsweisen derselben Sache und damit in Wahrheit identisch sind.

Arthur Schopenhauer (1788–1860) und *Friedrich Nietzsche* (1844–1900): Beide glaubten wie Hume, dass die Vernunft von nicht-rationalen Willens- und Triebregungen abhängig sei. Für

Schopenhauer war die Vernunft sogar nur ein »Epiphänomen«, ein von der Natur zusätzlich hervorgebrachtes, aber relativ wirkungsloses Phänomen.

Sigmund Freud (1856–1939), der Begründer der Psychoanalyse, entwarf ein komplexes, körperliche und geistige Funktionen verbindendes Seelenmodell (Modell der Psyche), in dem die einflussreiche Rolle des triebbestimmten, nicht-rationalen Unterbewusstseins betont wird. Es besteht aus drei Instanzen: dem »Über-Ich« (Instanz der moralischen Kontrolle, der Forderungen und Normen), dem »Ich« (das dem »Realitätsprinzip« folgt) und dem »Es« (dem ursprünglichen, triebbestimmten und unbewussten Bereich der Seele).

20./21. Jahrhundert: In der Moderne wird der klassische Dualismus, also die strikte Trennung von materieller und geistiger Welt, von den meisten Philosophen abgelehnt. Als »real« gelten häufig nur körperliche, d. h. materielle Prozesse. So werden z. B. geistige Prozesse mit körperlichen Prozessen identisch gesetzt (Identitätsthese) oder als Funktionen körperlicher Prozesse aufgefasst (Funktionalismus).

Für *Max Scheler* (1874–1928) bilden Leib und Seele eine Einheit. Dennoch hält er an der Sonderrolle des Menschen fest, indem er stattdessen den Gegensatz zwischen »Geist« und »Leben« betont. Im Unterschied zum Tier kann der Mensch sich mit Hilfe des Geistes über den Naturzusammenhang erheben.

Gilbert Ryle (1900–1976) ist der Ansicht, dass die Annahme eines vom Körper unabhängigen Geistes ein Irrtum ist und daher rührt, dass man »Körper« und »Bewusstseinsprozesse« in die gleiche Schublade steckt. Der Geist steckt aber nach Ryle nicht im Körper wie ein »Gespenst in der Maschine«, er ist nicht »neben« dem oder »im« Körper. Mit »Geist« bezeichnen wir vielmehr die Art, wie wir körperliche Prozesse, z. B. auch Handlungen, aus einer bestimmten Perspektive beschreiben. Wissenschaftlich nachweisbar sind nach Ryle aber nur körperliche Funktionen.

Karl R. Popper (1902–1994) gehört zu den wenigen Philosophen, die noch einen Dualismus vertreten, also die materielle und geistige Welt trennen und die geistige Welt für eine eigene Form der Wirklichkeit halten. Körperliche und geistige Prozesse wirken nach Popper gegenseitig aufeinander ein.

Donald Davidson (1917–2003) vertrat die Identitätsthese: Physikalische und mentale Ereignisse sind für ihn identisch. Wenn wir z.B. Wünsche, Verlangen usw. verspüren, so ist dies gleichbedeutend mit dem Stattfinden neuronaler Prozesse im Gehirn.

Hilary Putnam (geb. 1926) galt zeitweise als wichtigster Vertreter eines Funktionalismus: Gehirn und Geist verhalten sich zueinander wie Hardware und Software eines Computers.

Gerhardt Roth (geb. 1942): Für den Hirnforscher Roth gibt es nichts, was wir eindeutig als »Seele« identifizieren können. Es lassen sich aber »neurochemische und elektrophysiologische Prozesse nachweisen, deren Zusammenspiel das bedingt, was unter ›Seele‹, ›Psyche‹, ›Geist‹ verstanden wird«. Nach Roth ist alles Psychische ein Produkt des Gehirns. Es entstehen Zustände wie das Ich-Gefühl, die »teilautonom« sind und selbst wieder auf neuronale Prozesse im Gehirn zurückwirken.

Für *Thomas Metzinger* (geb. 1958) gibt es im Menschen nichts Dauerhaftes, was wir »Seele« nennen könnten. Auch er hält Bewusstsein und Geist für Produkte des Gehirns, das in der Lage ist, »Selbstmodelle« zu bilden, die aber, z.B. im Traum oder bei bestimmten Krankheiten, sich verändern oder aussetzen können. ■

DER KLEINE PHILOSOPHENSTECKBRIEF ?

Gesucht wird: der Erz-Rationalist

Viele Spekulationen gibt es um seinen Tod, der ihn mit 54 Jahren, fern von seiner Heimat, am schwedischen Königshof ereilte. War es ein natürlicher Tod oder war er vergiftet worden? Jedenfalls passen solche Spekulationen zu seinem ungewöhnlichen Leben, das er in großen Teilen im Ausland verbracht hat: Er diente als Soldat im Dreißigjährigen Krieg und zog mit den Armeen quer durch Mitteleuropa. Seine großen Werke schrieb er, der lockeren Zensurbestimmungen wegen, in den Niederlanden. Als höchste Wissenschaft galt ihm die Mathematik. Deren rationale Beweisführung übertrug er auf die Philosophie. Er zweifelte an allem, bevor er nicht sichere Beweise in Händen hatte. Die Revolution in der Philosophie, die von ihm ausging, war so durchgreifend, dass man aus der lateinischen Form seines Namens ein Adjektiv bildete und mit ihm fortan den gesamten Rationalismus der westlichen Philosophie bezeichnete. Er war ein Freund des neuen kopernikanischen Weltbildes, nach dem sich die Erde um die Sonne und nicht umgekehrt die Sonne um die Erde dreht. Deshalb fürchtete er den langen Arm der kirchlichen Inquisition. Das von ihm geplante große Hauptwerk mit dem Titel ›Die Welt‹ hat er deshalb nie veröffentlicht.

▶ Wer war's?

EINE GROSSE PHILOSOPHISCHE KOPFNUSS IN ZWEI STÜCKEN

Wie real ist mein Ich?

Die Hundert-Millionen-Euro-Frage lautet: Wie kann ich beweisen, dass es mich wirklich gibt? Das, was ich als Realität wahrnehme, könnte, wie *René Descartes* (1596–1650) gezeigt hat, Einbildung, Traum oder künstlich erzeugt sein. Die Existenz des Ich hingegen betrachtete er als im Denken unbezweifelbar gegeben. Doch ist die Realität des Ich als denkendes Wesen dadurch wirklich gesichert? Könnte nicht auch das Ich eine Illusion sein?

Stück 1: Bin ich Teil eines Traums?

Auch in meinen Träumen gibt es Menschen, die sich ihrer bewusst sind (meistens sind sie mir sehr ähnlich), die Angst haben, körperliche Schmerzen verspüren usw. Ich könnte also auch Teil eines Traums sein, den ein anderer (oder »ein anderes«) träumt. Es müsste natürlich ein sehr langer und in sich stimmiger Traum sein und auch alle Menschen, denen ich begegne, müssten ein Teil davon sein. Aber nun, warum nicht.

▶ Welche plausiblen Gründe gibt es für die Annahme, dass ich mehr bin als eine Traumfigur?

Stück 2: Bin ich ein künstlich erzeugtes Ich? Kann man reales und künstlich erzeugtes Bewusstsein unterscheiden? Der amerikanische Philosoph *Hilary Putnam* (geb. 1926) hat uns mit der Möglichkeit konfrontiert, alle unsere Vorstellungen von Realität, darunter unser »Ich-Bewusstsein«, könnten von einem Gehirn ausgehen, das in einem Tank liegt und von einem Computer mit entsprechenden elektrischen Impulsen versorgt wird. Unsere sogenannte Realität wäre dann nur eine Simulation.

Eine ähnliche Idee ist in dem bekannten Film ›Matrix‹ (1999) aufgegriffen worden. Durch eine Matrix wird eine virtuelle Realität erzeugt, die die Menschen aber als wahre Realität erleben. In Wirklichkeit befinden sie sich bereits im 22. Jahrhundert und werden von maschinenartigen Wesen als Eiweißquelle benutzt.

▶ Gibt es stichhaltige Argumente für die Annahme, dass die von uns erfahrene Realität die »wirkliche« Realität ist? Kann man ausschließen, dass wir in einer simulierten Realität leben?

LOGIK-CHECK

Was ist der Sinn von »Ich«?

Der Philosoph *Thomas Metzinger* (geb. 1958) glaubt, dass die Rede von dem »Ich« im Sinne eines Gattungsbegriffs logisch unsinnig ist.

Betrachten Sie die Verwendung von »Ich« in den folgenden drei Sätzen:

»Der, den du gestern im Kino gesehen hast, war ich.«

»Dein Ich und mein Ich, das sind immer noch zwei verschiedene paar Schuhe.«

»Die persönliche Atmosphäre im Hotel ›Ferien vom Ich‹ bringt Ihnen Erholung und schöne Erinnerungen.« (Werbetext)

▶ Welche grammatische Funktion hat das »Ich« in diesen drei Sätzen und was ist jeweils damit gemeint? Welche Verwendung von »Ich« könnte im Sinne Metzingers unsinnig sein und warum?

DENK DIR WAS!

Was ist das Ich? Allgemein gesprochen ist es das Bewusstsein, dass hinter meinen Eindrücken, Wahrnehmungen und Gedanken eine einzelne, einheitliche Instanz steht, ein Subjekt. Kurz gesagt: »Ich« kann jeder zu sich sagen, der Bewusstsein, Wahrnehmung und Denken hat.

Doch wie sieht es konkret aus? Hat mein eigenes Ich ein Profil? Genau darum geht es: Erstellen Sie das Profil ihres Ich! Versuchen Sie etwas über jenes ominöse Etwas zu sagen, als das Sie sich selbst wahrnehmen.

▶ Welche Beobachtungen machen Sie dabei? Welche Probleme tun sich auf?

PRO UND CONTRA

Kann mein Ich sich einen anderen Körper suchen?

Das Oberhaupt des tibetischen Buddhismus, der Dalai Lama, wird immer als Wiedergeburt seines Vorgängers angesehen. Er wird von hochrangigen Vertretern der religiösen Hierarchie als Kind ausgewählt, indem man ihm bestimmte Fragen stellt und Gegenstände zeigt, die nur der alte Dalai Lama wissen und kennen konnte.

Stellen Sie sich vor, Sie selbst würden auf eine solche Art erfahren, dass Sie die Wiedergeburt einer Person sind, die vor 200 Jahren gelebt hat, und man würde Ihnen Einzelheiten aus deren Leben erzählen.

▶ Wie würde sich Ihr Ich-Bewusstsein durch eine solche Nachricht verändern? Was spricht dagegen, dass sich dieses Bewusstsein verändert?

APROPOS

Philosophie des Geistes

Die **Philosophie des Geistes** hat sich als eine neue Disziplin der Philosophie im 20. Jahrhundert entwickelt. Ihr Thema ist aber ein altes: wie sich der menschliche Geist und sein Verhältnis zum Körper erklären lässt. Das Leib-Seele-Problem (siehe dazu Apropos: Das Leib-Seele-Problem, S. 199) hat hier also eine eigene philosophische Heimat gefunden. Die englische Bezeichnung »philosophy of mind« drückt noch deutlicher aus, dass es nicht um Geist im Sinne von objektiven geistigen Produkten, von Kultur oder gar von »Weltgeist« geht (dies wäre ein Thema der Kulturphilosophie), sondern um das Bewusstsein, um die »mentale« Seite des Menschen. Die meisten neueren Vertreter der Philosophie des Geistes diskutieren das Problem in enger Anlehnung an die empirischen Wissenschaften, die Hirnforschung, Neurobiologie und Neurophysiologie. Verbreitete Meinung ist dabei, dass geistige Prozesse aufs Engste mit physiologischen Prozessen verknüpft sind (siehe Info-Portal: Vereint oder getrennt? Was die Philosophen zum Leib-Seele-Problem sagen, S. 200).

AN DIE PINNWAND

Ich möchte ein solcher werden, wie einmal ein anderer gewesen ist.

Kaspar in Peter Handkes gleichnamigem Stück

Zu den wichtigsten Vertretern der Philosophie des Geistes gehören in England *Gilbert Ryle* (1900–1976), in den USA *Donald Davidson* (1917–2003) und *Hilary Putnam* (geb. 1928) sowie in Deutschland *Thomas Metzinger* (geb. 1958). ■

PRO UND CONTRA

Kann ich mein altes Ich ablegen?

Prof. Peter K. lehrt seit zwanzig Jahren an einer Hochschule. Er gilt zwar als Mann, fühlt sich aber als Frau und strebt eine Geschlechtsumwandlung an, die er schließlich auch durchführen

lässt. Danach lehrt er unter dem Namen Prof. Petra K. an seinem alten Arbeitsplatz weiter.
Handelt es sich in Folge der Geschlechtsumwandlung um einen Identitätswechsel oder kann sich Petra K. mit Peter K. weiterhin als dieselbe Person betrachten?

▶ Nennen Sie Argumente dafür und dagegen!

Unter welchen Umständen kann man ihrer Meinung nach von einem Identitätswechsel sprechen und wie beurteilen Sie generell die Möglichkeit eines solchen Wechsels? Nehmen Sie zu folgenden Optionen Stellung:

- Identitätswechsel liegt bei gravierenden körperlichen oder psychischen Veränderungen (Schizophrenie, Gedächtnisverlust, Geschlechtsumwandlung) vor.
- Ein radikaler Bruch in der Biographie (neuer Name, neue Existenzform) kann einen Identitätswechsel bedeuten.
- Ob es ein Identitätswechsel ist oder nicht, hängt vom subjektiven Gefühl jedes Einzelnen ab.
- Es gibt keinen Wechsel der Identität. Der Mensch hat immer dasselbe »Ich«.

▶ Für welche Option entscheiden Sie sich und warum?

DENK DIR WAS!

Das Internet bietet die Möglichkeit, uns mit einem Pseudonym, also mit versteckter Identität, in einem virtuellen Raum zu bewegen und zu kommunizieren.

1) Stellen Sie sich vor, Sie müssten eine »new identity app« entwickeln, sodass jeder User mit Hilfe eines Schemas sich seine eigene Internet-Identität basteln kann. Welche Basisdaten müsste Ihrer Meinung nach ein solches Schema enthalten (Alter? Geschlecht? Beruf? etc.)

2) Entwerfen Sie für sich selbst eine perfekte Internet-Zweitbiographie. Ihr zweites Ich hat nicht nur einen anderen Namen, sondern andere Lebensdaten, eine andere Vergangenheit, andere Neigungen, möglicherweise sogar ein anderes Geschlecht. Diese neue Person (»persona« heißt ursprünglich so viel wie »Maske«) bekommt einen eigenen Wikipedia-Eintrag und soll im Netz mit einer eigenen Mailadresse, einem eigenen Facebook- und Twitter-Account agieren.

- Testen Sie, wie weit es möglich ist, ein zweites virtuelles Ich von ihrem ersten Ich zu trennen. Wo sind die Grenzen dieses anderen Ich? Was haben Sie und Ihr zweites Ich weiterhin gemeinsam?

PRO UND CONTRA

Ein neues Ich-Gefühl aus dem Katalog? Nozicks »Erlebnismaschine«

Robert Nozick (1938–2002) hat in seinem Buch ›Anarchie, Staat, Utopia‹ (1974) die Vorstellung einer »Erlebnismaschine« entwickelt: Danach könnte sich ein Mensch, in einem Becken schwimmend, mit Elektroden an eine Maschine anschließen lassen, die ihm gewünschte, angenehme Erlebnisse vermittelt. Man erlebt diese »inneren« Erlebnisse, die man sich vor dem Einstieg in das Becken wie in einem Katalog aussuchen kann, genau so, als ob sie »real« wären, also von »außen« erlebt würden. Man kann jederzeit wieder das Becken verlassen, um sich neue angenehme Erlebnisse programmieren zu lassen.

Nozick behauptet, dass wir im Grunde nicht wollen, dass unsere wahre Erlebniswelt durch eine virtuelle ersetzt wird.

- Welche Argumente fallen Ihnen zur Stützung dieser These ein?
- Welche Argumente gibt es dafür, dass das Katalogangebot von vielen angenommen würde?

INFO-PORTAL

Das »Ich-Bewusstsein« in der Philosophie

Erst ab dem 15. und 16. Jahrhundert, also in der Renaissance und beginnenden Neuzeit, rückte das Erkenntnissubjekt und damit das »Ich-Bewusstsein« ins Zentrum der Philosophie. Es fand so etwas wie eine »Wende zum Subjekt« statt: Das Erkenntnissubjekt und seine Erkenntnismöglichkeiten wurden zum Ausgangspunkt für die Frage, was und mit welcher Sicherheit wir Dinge in der Welt erkennen können und in welchem Verhältnis unser »Ich« zur Welt steht.

Für *René Descartes* (1596–1650) war das »Ich« eine vom Körper und von jeder äußeren Erfahrung unabhängige geistige Substanz (»res cogitans«). Diese war zugleich Erkenntnisorgan und unsterbliche Seele. (Siehe Info-Portal: Vereint oder getrennt? Was die Philosophen zum Leib-Seele-Problem sagen, S. 200)
Bei *David Hume* (1711–1776) gab es keine Erkenntnis unabhängig von Erfahrung. Das »Ich« war für ihn keine geistige Substanz, sondern ein konstantes Bündel von Wahrnehmungsinhalten.
Auch *Immanuel Kant* (1724–1804) sieht das »Ich« nicht mehr als Substanz, sondern als eine Erkenntnisvoraussetzung, eine notwendige, aber inhaltsleere Vorstellung, die alle unsere Erkenntnis begleitet.
Für *Johann Gottlieb Fichte* (1762–1814) ist das »Ich« Ausgangspunkt sowohl der Erkenntnistheorie als auch der Moralphilosophie. Wie bei Kant ist es eine leere, aber notwendige Vorstellung. Fichte nennt es das »absolute Ich«, eine freie, schöpferisch wirkende Tätigkeit, die all unseren Erkenntnissen und Handlungen zugrunde liegt, und unterscheidet es von dem »empirischen Ich«, dem konkreten Bewusstsein des Menschen von sich selbst.
Für *Arthur Schopenhauer* (1788–1860) gehört das Bewusstsein, ein »Ich«, ein Individuum zu sein, zu einer bloßen Oberflächenansicht. Das Wesen der Welt und jedes Individuums liegt in einer irrationalen universalen Kraft, dem »Willen«, der alles Leben hervorbringt und beherrscht. Wie der Buddhismus glaubt Schopen-

hauer, dass das »Ich« eine Illusion ist und wir in Wahrheit alle eins sind.

Max Stirner, eigentlich Johann Caspar Schmidt (1806–1856): Stirner machte in seinem Werk ›Der Einzige und sein Eigentum‹ (1844) das Ich zum Mittelpunkt seiner Philosophie. Ihn interessierte aber nicht die Rolle des »Ich« als Bewusstsein, sondern ausschließlich die moralische, pädagogische und gesellschaftspolitische Rolle des Ich. Stirner will dem Ich zu seinem Recht verhelfen, indem er es von allen gesellschaftlichen, religiösen, ideologischen und politischen Vorurteilen, Vorschriften und Bindungen befreit. Es soll dadurch zum »Eigner« seiner selbst werden. Ein Wahlspruch des »Eigners« ist: »Mir geht nichts über Mich.«

Ernst Mach (1838–1916) gehörte zu den wissenschaftsorientierten Philosophen des 19. Jahrhunderts, zu denjenigen also, die großen Wert auf die Einbeziehung naturwissenschaftlicher Kenntnisse legten. Mach hielt das »Ich« für eine bloße metaphysische Konstruktion. Er prägte den Satz: »Das Ich ist unrettbar.« Das Ich löst sich in Eindrücken und Relationen auf.

Friedrich Nietzsche (1844–1900) ist davon überzeugt, dass es das »Ich« als Subjekt und Bewusstseinsphänomen nicht gibt. Das »Ich« ist für ihn eine Konstruktion, eine Synthese des Denkens, das, wie bei Schopenhauer und Freud, in Wahrheit in einen größeren körperlichen und unbewussten Zusammenhang eingebettet ist.

Sigmund Freud (1856–1939) machte endgültig Schluss mit der jahrhundertealten Meinung, das »Ich« (und damit die Vernunft) halte die Fäden unseres Bewusstseins in der Hand. Das »Ich« ist für Freud nur eine von mehreren Instanzen unserer Psyche. Es ist mehr Knecht als Herr und steht in Abhängigkeit von dem nichtrationalen, triebbestimmten Unterbewusstsein (siehe Info-Portal: Vereint oder getrennt?, S. 200).

Edmund Husserl (1859–1938): Während Freud das »Ich« in seiner Bedeutung abwertet, wird es bei seinem Zeitgenossen Husserl wieder zum Ausgangspunkt jeder Erkenntnis. Husserl nimmt also die Tradition von Descartes, Kant und Fichte wieder auf. Ebenso wie diese meint er mit dem Ich nicht meine eigne, in Raum und Zeit befindliche Person, sondern das Ich als eine Vorstellung, die Grundlage jeder Erfahrung ist und auf die jede Erfahrung notwendigerweise bezogen ist.

Für *Martin Buber* (1878–1965) gibt es kein isoliertes »Ich«, kein »Ich an sich«. Der Mensch, so Buber in seinem Hauptwerk ›Ich und Du‹ (1923), bildet seine Identität immer in der Beziehung zwischen »Ich« und »Du« (den Mitmenschen) oder zwischen »Ich« und »Es« (der Welt der Dinge).

Karl R. Popper (1902–1994): In seinem Werk ›Das Ich und sein Gehirn‹ (1977) stellt Popper zwar fest, dass das Gehirn die materielle Basis des menschlichen Geistes und des Ich-Bewusstseins ist. Doch obwohl das Ich-Bewusstsein als Produkt der Evolution entstanden ist, hat es sich gleichsam zu einer eigenen Form von Wirklichkeit weiterentwickelt. Es erzeugt seinerseits geistige Objekte wie Ideen und Theorien, mit deren Hilfe das Ich die materielle Welt verändert.

Jean-Paul Sartre (1905–1980) setzt sich in seinem Frühwerk ›Transzendenz des Ego‹ (1936) von dem »Ich« seines Lehrers Edmund Husserl ab: Das »Ich« ist nicht mehr Grundlage jeder Erfahrung, sondern Gegenstand der Erfahrung. Am Anfang steht ein unpersönliches Bewusstsein, das im Verlauf seines Erfahrungsprozesses das Ich (Subjekt) und die Welt (Objekt) mit Inhalten füllt.

Thomas Metzinger (geb. 1958): Aufbauend auf den Erkenntnissen der Hirnforschung glaubt Thomas Metzinger in seinem Werk ›Der Ego Tunnel‹ (2009), dass es kein »Selbst«, kein »Ego« und kein »Ich« im Sinne einer Essenz, eines Wesens des Menschen gibt. Das »Ich« ist vielmehr ein Kunstgriff des Menschen, Ausdruck eines »phänomenalen Selbstmodells«, mit dessen Hilfe sich unser Bewusstsein ein Zentrum und eine bestimmte Sichtweise, die »Erste-Person-Perspektive« gibt. ■

APROPOS

Person, Subjekt, Individuum, Einzelner

Das **Ich**, das in der neuzeitlichen Philosophie als Brennpunkt und **Ursprung von Bewusstseins- und Erkenntnisprozessen** gilt, hat auch in der praktischen Philosophie, wo es um menschliches Handeln geht, ein Pendant: Derjenige, der selbständig und verantwortlich handeln kann, wird in der **Rechts- und Moraltheorie** als **Person** bezeichnet. Auch hier geht es um spezielle Fähigkeiten, die man nur dem Menschen zuschreibt. Als Person, also als der einzelne, urteils- und verantwortungsfähige Mensch, ist man Adressat moralischer und rechtlicher Regeln. Für Übertretungen kann man zur Rechenschaft gezogen werden.

AN DIE PINNWAND
Das Subjekt ist nicht so wichtig, es gibt keins.
Samuel Beckett

In der **politischen Philosophie** ist das **Individuum** Träger von Rechten und Freiheiten. Auch in der Philosophie der Lebenskunst ist das Individuum, der Einzelne, derjenige, dem die Lebensentscheidungen zufallen. ■

PRO UND CONTRA

Bin ich für mein früheres Ich verantwortlich?

Der Mensch verändert sich während eines Lebens mehrmals und oft tiefgreifend. Wir ändern uns biologisch: Unsere Körperzellen erneuern sich mehrmals in unserem Leben. Wir ändern uns physisch: Wir altern nicht nur, sondern können uns auch durch medizinische Eingriffe verändern. Wir ändern uns moralisch und lebenspraktisch: Wir können unsere Lebenseinstellung verändern und »ein neues Leben beginnen«.

Für die Juristen gilt allerdings die Annahme der »Kontinuität der Person«. Wenn jemand zurechnungs- und schuldfähig ist, wird er sein ganzes Leben lang als dieselbe Person, also als mit sich selbst identisch betrachtet.

Bin ich also immer für mein früheres Ich verantwortlich? Betrachten Sie die folgenden beiden Fälle:

1) Herr F. war in seiner Jugend ein notorischer Straftäter und ist wegen Gewalt- und Eigentumsdelikten mehrmals vorbestraft. Doch seine letzte strafbare Handlung liegt etwa 20 Jahre zurück. Seitdem hat sich Herr F. gründlich gewandelt. Er hat sozusagen die Seiten gewechselt. Inzwischen engagiert er sich in Wohlfahrtsorganisationen und kümmert sich als Sozialarbeiter um die Resozialisierung von Jugendlichen. Nun hat ihn die Vergangenheit eingeholt. Eine ehemals von ihm geschädigte Frau hat Schadenersatzforderungen gegen ihn erhoben. Herr F. lehnt dies ab mit der Begründung: »Ich bin heute ein ganz anderer Mensch und nicht mehr verantwortlich für Dinge, die lange zurückliegen.«
2) Herr P. hat sich in jungen Jahren verpflichtet, seiner Partnerin monatlich bis an ihr Lebensende einen bestimmten Betrag zu zahlen. Inzwischen hat er eine Hirnoperation hinter sich, mit der Folge einer totalen Amnesie, d. h. er kann sich an die Zeit vor der Operation nicht mehr erinnern. Von seiner damaligen Partnerin ist er längst getrennt. Er weigert sich, die Zahlungsverpflichtung einzugehen mit dem Argument, er habe mit seinem alten »Ich« nichts mehr zu tun.

- Welcher der beiden ist ihrer Meinung nach eher für seine Vergangenheit verantwortlich? Welche Argumente gibt es zugunsten von Herrn F. und welche Konsequenzen hätte es, wenn man seiner Meinung folgen würde? Was spricht für Herrn P.?
- Welcher der beiden hätte eine Chance, vor Gericht Recht zu bekommen?
- Woran sollte man die »Identität« einer Person festmachen?

DER KLEINE PHILOSOPHENSTECKBRIEF

Gesucht wird: schwarzes Schaf und arme Sau

In Wahrheit hieß er Johann Caspar Schmidt, doch einen Namen als Philosoph machte er sich unter einem Pseudonym, unter dem er bis heute bekannt ist.

Er war so etwas wie der Paria in der Philosophie seiner Zeit. Keiner wurde von den Zeitgenossen so viel beschimpft und geschmäht wie er. Religiöse und Staatstreue wetterten gegen ihn, aber auch den Revolutionären und Gesellschaftskritikern war er zu radikal. Er war nicht nur Atheist und erklärter Gegner des Staates, er lehnte auch jede Art von gesellschaftlichen und moralischen Regeln ab. Alles, was mit dem Anspruch auftrat, dem »Ich« Vorschriften zu machen, war ihm zutiefst suspekt. Denjenigen, die sich auf Grundsätze, Regeln und Weltanschauungen beriefen, hielt er den Satz entgegen: »Ich hab' meine Sach' auf Nichts gestellt.«

An Karriere war unter diesen Umständen für ihn nicht zu denken. Er verdingte sich zeitweise als Lehrer an einer Privatschule, als Journalist oder Übersetzer. Im Alter versank er immer tiefer in Armut. Auch seine Geschäftsideen, wie die, in Berlin eine allgemeine Milchversorgung zu organisieren, scheiterten. Er starb mit knapp 50 Jahren und wurde in einem Armengrab bestattet.

Die Zeitgenossen gaben ihm keine Chance, doch die Nachwelt hat ihn nicht vergessen, obwohl sein philosophisches Werk an Umfang schmal ist. Außer ein paar Aufsätzen besteht es vor allem aus einem einzigen Buch. Mit diesem hat er aber nicht nur zahlreiche Künstler und Philosophen beeinflusst, es verschaffte ihm auch den Ruf als eines Klassikers des Anarchismus (siehe Kap. 10, Info-Portal: Die Idee der Gerechtigkeit, S. 224; Info-Portal: Bürgerfreiheit gegen zu viel Staat – Liberale, Libertäre, Anarchisten, S. 234).

▶ Wer war's?

APROPOS

Individuum und Masse

Grob zusammenfassend könnte man sagen, dass im Verlauf der Philosophiegeschichte die Rolle des Subjekts, des Einzelnen, des **Individuums** immer wichtiger wurde. Doch gerade im Zeitalter der Massenbewegungen, also seit der zweiten Hälfte des 19. Jahrhunderts, gibt es immer mehr Philosophen, die sich auch Gedanken um den Einfluss machen, den **Massen** auf den Einzelnen und seine Identität ausüben. Der Franzose *Gustave Le Bon* (1841–1931) begründete die Massenpsychologie (›Psychologie der Massen‹ 1895), indem er den zerstörerischen Einfluss der Masse auf das Individuum untersuchte. Ähnlich kritisch zur Masse äußerte sich auch Sigmund Freud (1856–1939) in seinem Werk ›Massenpsychologie und Ich-Analyse‹ (1921). Auch er sah in der Einordnung in die Masse eine Unterwerfung des Individuums und ein Freisetzen irrationaler Energien. Kulturkritisch setzt sich der spanische Philosoph *Ortega Y Gasset* (1883–1955) in seinem Buch ›Der Aufstand der Massen‹ (1929) mit dem Einfluss der Massen auseinander. Für ihn haben die Massen eine nivellierende, also gleichmacherische Wirkung und setzen bisher unterdrücktes Aggressionspotential frei. *Elias Canetti* (1905–1994) sieht in seinem Werk ›Masse und Macht‹ (1960) das Eingehen in die Masse als einen grundsätzlichen anthropologischen Trieb, als einen Akt der »Entladung«, in dem die Ich-Grenzen gesprengt werden. ■

PRO UND CONTRA

Die Fankurve: Macht die Masse mich zum Tier?

Torsten macht eine Lehre als medizinisch-technischer Assistent und ist gerade für sich und seine Freundin auf Wohnungssuche. Torsten ist nicht vorbestraft, sein Leben verläuft normalerweise ruhig. Doch seine große Leidenschaft ist Fußball. Unter den Fans seines Clubs gehört er zu den Ultras (»Brigade Kampfschwein«). Er gehört zum harten Kern derjenigen, die auch bei jedem Auswärtsspiel dabei sind und, von der Polizei eskortiert, in einen bestimmten Stadionblock geführt werden. Der Spieltag gehört ganz den Ultras und der Fankurve. Schon vormittags wird »vorgeglüht« und es werden die Fangesänge eingeübt. Nach jedem Spiel suchen die Ultras die Konfrontation mit den Fans des Gegners. Es kommt häufig zu unkontrollierbaren Übergriffen und Schlägereien, regelmäßig auch mit der Polizei. Die Randale ist Teil der Gruppenidentität.

Für Torsten sind die Ultras ein fester sozialer Bezugspunkt, den er nicht missen will. Er weiß, dass er sich dort anders verhält und sein normales braves Leben an der Garderobe abgibt. »Fan zu sein, bei 40 000 Leuten im Stadion, ist toll«, sagt Torsten. Und er sagt auch: »Bei den Ultras werde ich zum Tier!«

- ▶ Warum könnte sich Torsten bei den Ultras wohlfühlen? Nennen Sie Argumente für das Massenerlebnis! Inwiefern könnte es für das Individuum wichtig sein?
- ▶ Warum könnte die Masse einen schädlichen Einfluss auf das Individuum ausüben?

KAPITEL 10

Gerechtigkeit

Justitia auf der Weltkugel (16. Jh.)
akg-images

Das Thema Gerechtigkeit zeigt uns besonders nachdrücklich, wie die Philosophie aus Fragen entsteht, die den Menschen seit seiner frühesten Geschichte begleiten. Es gibt offenbar bei allen Menschen ein unstillbares Bedürfnis nach Gerechtigkeit. Doch ebenso offenbar ist, dass damit ein ganzes Bündel von Fragen verbunden ist, die bis heute nicht eindeutig beantwortet sind: Soll man alle vor dem Gesetz gleich behandeln oder ist es gerechtfertigt, benachteiligten Bürgern Vergünstigungen einzuräumen? Ist es richtig, wenn der Staat sozial schwache und benachteiligte Bürger unterstützt oder gesellschaftliche Gruppen, die in wichtigen Stellungen unterrepräsentiert sind, gezielt fördert?
Ist es richtig, wenn es in einem Staat verschiedene Klassen von Bürgern gibt? Ist etwas daran auszusetzen, wenn es auf der einen Seite sehr wohlhabende und auf der anderen Seite sehr arme Menschen gibt? Müssen wir den Gesetzen und Ergebnissen des Marktes folgen oder soll der Staat den Markt kontrollieren und ihm Regeln auferlegen?
Welche Rechte haben die Bürger überhaupt? Gibt es unverzichtbare Grundrechte? Wie weit ist der Staat überhaupt berechtigt, die Handlungsfreiheit der Bürger einzuschränken? Wieso sollte es überhaupt Herrschende und Regierende auf der einen Seite und Beherrschte und Regierte auf der anderen Seite geben? Welchen Sinn hat ein Staat überhaupt? Darf sich der Bürger auch gegen den Staat wenden? Sind Gesetze in jedem Fall und unter allen Umständen zu befolgen oder haben Bürger das Recht, Widerstand gegen den Staat zu leisten?
Warum widerspricht die Rechtsprechung so oft unserem Empfinden von Recht und Unrecht? Nach welchen Maßstä-

ben wird ein politisches System eingerichtet oder Recht gesprochen?

Alle diese Fragen lassen sich im Grunde in der einen Frage zusammenfassen: Was macht eine Gesellschaft und einen Staat gerecht? Oder noch allgemeiner: Was ist überhaupt Gerechtigkeit?

Das ist die Grundfrage sowohl der politischen Philosophie als auch der Rechtsphilosophie und zugleich eine der ältesten und brisantesten Fragen der Philosophie überhaupt. Wie unterschiedlich auch immer die Antworten ausfallen: Sie haben direkten Einfluss auf unseren Alltag und auf die ideologischen und politischen Auseinandersetzungen in der Gesellschaft. Wenn es um »Gerechtigkeit« geht, dann wird schnell klar, welche »praktischen« Auswirkungen Philosophie haben kann.

Mit der griechischen Philosophie begannen die Bemühungen, Recht, Staat und Gesellschaft auf eine rationale Grundlage zu stellen. Die beiden großen Klassiker der politischen Philosophie der Antike, Platon und Aristoteles, versuchten, den Staat als eine Ordnung darzustellen, in der sich die Natur des Menschen verwirklicht. Die politische Ordnung und die Rechtsordnung orientierten sich an der ewigen Ordnung der Natur. Ebenso haben die politischen Philosophen des Mittelalters sich an der göttlichen Schöpfungsordnung orientiert. Für Thomas von Aquin, den vielleicht berühmtesten Kirchenlehrer, spiegelte sich im Staat die göttliche Weltordnung. Diese Verknüpfung von Staats- und Naturordnung zerbrach in der europäischen Neuzeit, also etwa ab dem 15. Jahrhundert. Sowohl der Staat als auch die Rechtsordnung wurden nun als etwas angesehen, das der Mensch selbst geschaffen hat. Die Philosophen waren nun vor die Aufgabe gestellt, »Gerechtigkeit« mit Vernunftargumenten zu begründen. Der einzelne Bürger mit seinen »Grundrechten« trat nun in den Mittelpunkt der Diskussion. Der Staat war gefordert, dem Willen und den Rechten des Bürgers

Rechnung zu tragen. Besonders in der seit dem 17. Jahrhundert sich durchsetzenden Aufklärung wurde der Staat von vielen Philosophen als eine Ordnung verstanden, die auf einem Vertrag zwischen den Bürgern beruht. Der Bürger musste also dieser Ordnung zustimmen und seine Rechte und Pflichten in einer Vereinbarung mit anderen bestimmen. Nichts konnte gerecht sein, was gegen den Willen der Bürger verstößt. Daraus entwickelte sich die Vorstellung von »Menschenrechten« und von der Demokratie als Staatsform, die den meisten heute als die »gerechteste« Staatsform gilt. Die Art, wie sich der Staat gegenüber seinen Bürgern verhält, rückte ins Zentrum der Gerechtigkeitsdebatte.

AN DIE PINNWAND
Die Gerechtigkeit ist die erste Tugend sozialer Institutionen so wie die Wahrheit bei Gedankensystemen.
John Rawls

APROPOS

Formen der Gerechtigkeit

Auf die Frage: »Was ist Gerechtigkeit?« gibt es keine eindeutige, einfache und kurze Antwort. Im praktischen Leben muss vieles nach Abwägung und Ermessen entschieden werden. Aber auch theoretisch unterscheidet man zwischen verschiedenen Formen von Gerechtigkeit. Die wichtigsten davon sind:
Die sogenannte **Grundgerechtigkeit**: Darunter versteht man die unverzichtbaren Grundrechte eines Bürgers, die in demokratischen Gesellschaften auch zumeist in der Verfassung verankert sind. Dazu gehören vor allem das Recht auf Leben, auf körperliche Unversehrtheit, auf Freiheit (u. a. auf Meinungs- und Glaubensfreiheit) sowie auf Eigentum.
Die **Verteilungsgerechtigkeit**: Sie besteht darin, dass keine Gruppe in der Gesellschaft materiell extrem benachteiligt wird und keine unüberbrückbaren sozialen Gräben in einer Gesell-

schaft entstehen. In der politischen Diskussion wird auch häufig der Begriff »soziale Gerechtigkeit« gebraucht.
Die **ausgleichende Gerechtigkeit**: Sie betrifft z. B. die Rechtsprechung, in der es darum geht, Schäden, die durch Rechtsverstöße entstehen, durch eine Strafe entsprechend »auszugleichen«. Sie kommt aber auch zwischen Vertragspartnern ins Spiel, wenn ermittelt werden muss, welche Vertragsleistung der einen Seite derjenigen der anderen Seite entspricht. ■

INFO-PORTAL

Die Idee der Gerechtigkeit in der Philosophiegeschichte

In der **klassischen griechischen Philosophie** war Gerechtigkeit noch nicht mit »Gleichheit«, »Gleichbehandlung« oder »Fairness« verbunden. Diese Ideen setzten sich erst seit der Aufklärung durch. Gerecht war vielmehr das, was jedem von seiner Natur her zukommt bzw. das, was in einer bestimmten Stellung oder Tätigkeit angemessen war. Mit dieser Gerechtigkeitsvorstellung war auch die Institution der Sklaverei vereinbar.
Platon (427–347 v. Chr.) prägte den Gerechtigkeitsgrundsatz: »Jedem das Seine!« Gerecht ist, wenn jeder im Staat (polis) die ihm von Geburt zukommende Rolle ausfüllt, sei es als Herrscher, Soldat oder als Mitglied der arbeitenden Bevölkerung. Ein Staat, in dem dies geschieht, ist ein »gerechter« Staat.
Für *Aristoteles* (384–422 v. Chr.) ist das gerecht, was dem Zweck (»télos«) eines Staates (»polis«) am meisten dient. Zweck des Staates ist die Förderung des tugendhaften Lebens der Bürger. Nicht alle Bürger sind jedoch in dieser Hinsicht gleich. Diejenigen, die in der Lage sind, für diesen Zweck am meisten zu tun, haben auch einen Anspruch auf den größten politischen Einfluss.
Die spätantike Schule der *Stoiker* begann, über die Polis hinauszuschauen. Sie dachten »kosmopolitisch«: Die gesamte Natur ist eine von Vernunftgesetzen geprägte Ordnung, in der wir auch

die Prinzipien der Gerechtigkeit finden, die für alle Menschen gelten. Hier liegt die Geburt des sogenannten »Naturrechts«, ein Maßstab für Gerechtigkeit, an dem sich jedes konkrete Recht messen lassen muss (siehe Apropos: Naturrecht, Menschenrechte, Rechtspositivismus, S. 229).

Auch im von der christlichen Theologie geprägten **Mittelalter** gab es Philosophen, die von der Existenz eines Naturrechts ausgingen. Für *Thomas von Aquin* (1225–1274), den einflussreichsten mittelalterlichen Kirchenlehrer, ist das Naturrecht in Gott als dem Ursprung und Ziel einer vernünftigen, zweckgerichteten Ordnung begründet. Derjenige Staat ist gerecht, in dem sich diese göttliche Weltordnung widerspiegelt.

Seit Beginn der **frühen Neuzeit** versuchten die Philosophen, Gerechtigkeit ausschließlich mit Hilfe der Vernunft und nicht mehr mit Bezug zu Gott zu begründen. Schon *Niccolò Machiavelli* (1469–1527) bezieht sich nicht mehr auf eine göttliche Weltordnung. Für ihn gibt es keinen Unterschied mehr zwischen Gerechtigkeit und erfolgreicher Machtausübung.

Seit dem **17. Jahrhundert** und besonders in der **Aufklärung** versuchte man demgegenüber, »Gerechtigkeit« von reiner Macht abzugrenzen und durch einen Gesellschaftsvertrag zu begründen, den die Bürger auf der Basis von Freiheit und Gleichheit miteinander abschließen.

Thomas Hobbes (1588–1679) gilt als Begründer der neuzeitlichen »Vertragstheorie« (siehe Apropos: Gesellschaftsvertrag, Vertragstheorie, S. 227). In dem vertragslosen sogenannten »Naturzustand« herrscht ein »Krieg aller gegen alle«. Gerechtigkeit entsteht erst, wenn die Menschen aus Gründen der Selbsterhaltung in einem »Gesellschaftsvertrag« alle Rechte an einen Souverän abgeben und dafür im Gegenzug Frieden und Sicherheit erhalten.

John Locke (1632–1704) interpretierte die Vertragstheorie anders als Hobbes. Für ihn haben die Menschen bereits im Naturzustand unverlierbare Rechte. Dazu gehört vor allem das Recht auf Leben, auf Freiheit und auf Eigentum. Der Gesellschaftsver-

trag muss diese Rechte schützen, sonst haben die Bürger ein Widerstandsrecht. Locke ist auch der erste Philosoph, der für eine Gewaltenteilung zwischen Exekutive (ausübender Gewalt) und Legislative (gesetzgebender Gewalt) eintritt, um eine unrechtmäßige Herrschaft zu verhindern.
Der französische Philosoph *Charles de Montesquieu* (1689 bis 1755) erweiterte die Forderung nach Gewaltenteilung: In einem gerechten Staat muss auch die Judikative (Rechtsprechung) unabhängig sein.
Jean-Jacques Rousseau (1712–1778) gilt mit seiner Version des Gesellschaftsvertrags als Urheber der Idee der Volkssouveränität. Auf ihn stützten sich auch die Anhänger der Französischen Revolution, die »Freiheit, Gleichheit und Brüderlichkeit« einforderten.
Auch *Immanuel Kant* (1724–1804) übernahm die Idee des Gesellschaftsvertrags und erweiterte sie noch durch die Forderung, auch die Völker und Staaten müssten einen solchen Vertrag miteinander abschließen, um den Weltfrieden zu sichern.

Im 19. Jahrhundert begann der Streit darüber, ob »Freiheit« oder »Gleichheit« für die Gerechtigkeit wichtiger ist. Sozialistische Theoretiker wie *Karl Marx* (1818–1883) legten den Schwerpunkt auf die Gleichheit, auf die Verwirklichung einer »klassenlosen Gesellschaft«, während Vertreter des Liberalismus wie *John Stuart Mill* (1806–1873) die individuelle Freiheit betonen, die der Bürger auch gegen den Staat behaupten kann.

Die beiden wichtigsten Gerechtigkeitstheorien des **20. Jahrhunderts** kommen aus den USA. In beiden hat die Freiheit Vorrang vor der Gleichheit, allerdings in unterschiedlichem Grad. *John Rawls* (1921–2002) vertritt einen sozialen Liberalismus und greift wieder auf die Konstruktion eines Gesellschaftsvertrags zurück. Seine Vorstellung einer »Gerechtigkeit als Fairness« beinhaltet, dass der Staat auch die sozial Schwachen vom Wohlstand profitieren lassen muss. *Robert Nozick* (1938–2002) dagegen ist ein Libertärer. Er will nur einen »Mini-Staat«, dessen Aufgabe lediglich darin besteht, Eigentum und Sicherheit der Bürger zu schützen. ■

DER KLEINE PHILOSOPHENSTECKBRIEF

Gesucht wird: der Unauffällige

Das Aufregendste erlebte er vermutlich in jungen Jahren, als Soldat im Zweiten Weltkrieg, wo er es aus Protest gegen den Abwurf der Atombombe über Japan ablehnte, in den Offiziersrang aufzusteigen. Danach wurde die Philosophie sein Lebensinhalt. Nie hat er um seine Person irgendein Aufhebens gemacht. Vierzig Jahre lang lehrte er an der renommierten Harvard-Universität, war mit der gleichen Frau verheiratet und trägt auf fast allen Bildern die gleiche altmodische Hornbrille. Er blieb der Unauffällige – bis zu dem Zeitpunkt, wo er seine Gerechtigkeitstheorie veröffentlichte. Sein Hauptwerk schlug in der Ethik und politischen Philosophie in ähnlicher Weise ein wie die Relativitätstheorie Einsteins in der Physik. Es wurde in 27 Sprachen übersetzt und erbrachte den Nachweis, dass es gute Argumente dafür gibt, die Idee der Fairness zur Grundlage einer gerechten Gesellschaftsordnung zu machen. Der Unauffällige musste sich jetzt mit Kritik und Kommentaren aus aller Welt auseinandersetzen. Interviews und Auftritte in den Medien vermied er dennoch, wo es ging. Als er starb, hatte man ihn jedoch längst als den erkannt, der er war: der bedeutendste politische Philosoph seiner Zeit.

▶ Wer war's?

APROPOS

Gesellschaftsvertrag, Vertragstheorie

Dass Staaten untereinander Verträge abschließen können, ist uns ebenso vertraut wie die Tatsache, dass Privatpersonen untereinander Verträge abschließen. In der philosophischen Theorie des Gesellschaftsvertrags, der sogenannten **Vertragstheorie,** geht es jedoch um mehr. Hier wird der Staat insgesamt aufgefasst als Folge eines Vertrags zwischen freien und gleichen Bürgern, die auf diese Weise Rechte und Pflichten untereinander verteilen und gemeinsame Institutionen wie Parlament, Regierung, Polizei, Rechtswesen schaffen, um Schutz und Rechtssicherheit zu garantieren. Gemeint ist damit nicht, dass ein solcher Vertrag wirklich jemals abgeschlossen wurde. Gemeint ist vielmehr, dass man die Existenz eines Staates nur dann rechtfertigen kann, wenn er auf der Zustimmung der Bürger beruht, wenn man ihn also als Folge eines – wenn auch stillschweigenden – Abkommens zwischen den Bürgern versteht. Ihre Blütezeit erlebte die Vertragstheorie in der Aufklärung, sie wurde aber auch im 20. Jahrhundert durch *John Rawls* wiederbelebt (siehe Info-Portal: Die Idee der Gerechtigkeit in der Philosophiegeschichte, S. 224). ■

DENK DIR WAS!

Das Rawls-Spiel

Um zu rational begründbaren Prinzipien der Gerechtigkeit zu gelangen, fordert uns der amerikanische Philosoph John Rawls auf, uns auf folgende Modellsituation einzulassen, die er als »original position« bezeichnet:
Stellen wir uns eine Gruppe von Menschen vor, die mit einem »Schleier des Nichtwissens« belegt sind, d. h. sie wissen nichts über ihre natürlichen Eigenschaften und Begabungen, über ihre Bedürfnisse und Vorstellungen von einem guten Leben, über die ökonomischen und politischen Bedingungen der Gesellschaft, in der sie leben und auch nichts über ihre Position in dieser Gesellschaft. Sie wissen also auch nicht, ob sie in dieser Gesellschaft zu den Erfolgreichen oder zu den Verlierern gehören würden.
Auf welche Art von »Verteilungsgerechtigkeit« würden sich die Mitglieder dieser Gruppe verständigen? Welche Art von sozialer und wirtschaftlicher Gleichheit bzw. Ungleichheit wäre mit dieser Gerechtigkeit vereinbar? Wie sollten die von der Gesellschaft

erwirtschafteten Güter verteilt werden? Prüfen Sie folgende vier Lösungsvorschläge:

A) Die Güter sollten auf alle Mitglieder der Gesellschaft gleich verteilt werden. Dort, wo soziale und wirtschaftliche Unterschiede entstehen, sollten sie durch Umverteilung ausgeglichen werden.

B) Die Güter sollten je nach Leistung der einzelnen Mitglieder verteilt werden. Die daraus entstehenden sozialen Unterschiede müssten als Folge unterschiedlicher Leistung in Kauf genommen werden.

C) Soziale und wirtschaftliche Ungleichheiten sind nur dann gerechtfertigt, wenn sie den am wenigsten Begünstigten den größtmöglichen Vorteil bringen.

D) Soziale und wirtschaftliche Ungleichheiten werden akzeptiert, wenn der Staat diejenigen unterstützt, die sich selbst nicht helfen können.

▶ Spielen Sie das Rawls-Spiel in einer Gruppe mit 3 oder 4 Personen. Welche Lösung hat sich durchgesetzt? Welche der vier Lösungen ist Ihrer Meinung die gerechteste und warum? Welche Lösung hat John Rawls gewählt?

APROPOS

Naturrecht, Menschenrechte, Rechtspositivismus

Naturrecht ist der Sammelbegriff für solche Rechte, die vor und über dem staatlichen geltenden Recht stehen und die den Menschen zu allen Zeiten und an allen Orten zustehen. Während die Philosophen der Antike solche Rechte in der Naturordnung und die Philosophen des Mittelalters sie in Gott verankert sahen, wird seit der Aufklärung das »Naturrecht« als ein überzeitliches Vernunftrecht verstanden. Eine Ausformulierung des Naturrechts fand z. B. in der Französischen Revolution durch die Proklamation der sogenannten **Menschenrechte** statt. In ihr wird festgestellt, dass es unveräußerliche Rechte wie das Recht auf Freiheit, Eigentum, auf Sicherheit und auf Widerstand gegen Un-

terdrückung gibt. Die »Menschenrechte« sind weitgehend identisch mit dem »Weltbürgerrecht«, dem Recht also, das jedem Bürger an jedem Ort der Welt zusteht.
Im Gegensatz dazu ist das **positive Recht** das jeweils im Staat geltende Recht. Positives Recht und Naturrecht bzw. Menschenrechte können in Konflikt miteinander geraten, z. B. in Diktaturen, wo die Freiheitsrechte der Bürger beschnitten werden. Anhänger des Naturrechts gestehen dem Bürger in einem solchen Fall ein Widerstandsrecht zu. Die **Rechtspositivisten** dagegen sind der Meinung, dass ausschließlich das positive Recht Geltung beanspruchen kann. ■

PRO UND CONTRA

Können Menschenrechte immer aufrechterhalten werden?

In Ausnahmesituationen, z. B. im Krieg oder bei einer Naturkatastrophe, nehmen sich Staaten immer wieder das Recht, die Grundrechte ihrer Bürger einzuschränken. So wurden im Zweiten Weltkrieg in mehreren Staaten Menschen interniert, die wegen ihrer Herkunft verdächtigt wurden, Verbindungen zum Feind zu haben (z. B. Bürger japanischer Abstammung in den USA). Bei Naturkatastrophen wird regelmäßig die Bewegungsfreiheit der Bürger eingeschränkt (wenn z. B. bestimmte Gebiete geräumt werden müssen).

▶ Welche berechtigen Gründe gibt es Ihrer Meinung in einem solchen Fall, die Grundrechte einzuschränken? Welche Gründe sprechen dagegen?

EINE PHILOSOPHISCHE KOPFNUSS

Wann ist Widerstand gerecht?
Das Problem der »legitimen Diktatur«

Mit Ausnahme der sogenannten »Rechtspositivisten« (siehe Apropos: Naturrecht, Menschenrechte, Rechtspositivismus, S. 229) sind die meisten politischen Philosophen der Ansicht,

dass der Bürger Widerstand gegen eine Regierung leisten darf, wenn diese ohne Legitimation an die Macht gekommen ist und wenn sie die Menschenrechte verletzt.
Gibt es aber ein Recht auf Widerstand, wenn eine diktatorisch handelnde Regierung auf demokratische Weise gewählt wurde? So kam in Deutschland Hitler durch freie Parlamentswahlen an die Macht; in Algerien und Ägypten wurden islamistische Regime frei gewählt, die daraufhin begannen, die Grundfreiheiten abzuschaffen.

▶ Auf welcher Rechtsgrundlage könnte sich ein Widerstand hier berufen? Wer könnte und sollte über die Berechtigung eines Umsturzes oder einer Revolution entscheiden?

APROPOS
Universalismus, Relativismus

Mit **Universalismus** bezeichnet man die Auffassung, dass rational begründete Werte und Rechte für alle Menschen, in allen Kulturen und zu allen Zeiten gleichermaßen, also »universal« gelten. Der **Relativismus** hingegen glaubt, dass solche Rechte kultur- und zeitabhängig sind und deshalb nur »relative« Gültigkeit besitzen.
Besonderen Diskussionsstoff bietet die Unterscheidung zwischen Universalismus und Relativismus auch im Bereich der Menschenrechte. In der westlichen Philosophie hat sich seit der Erklärung der Menschenrechte in der Französischen Revolution der Universalismus weitgehend durchgesetzt: Die Grundrechte, wie z. B. das Recht auf freie Meinungsäußerung oder das Recht auf körperliche Unversehrtheit (also u. a. Verbot der Folter), müssen demnach für alle, immer und überall gelten. Eingang gefunden hat dies u. a. in die ›Allgemeine Erklärung der Menschenrechte‹ durch die UN.
Obwohl diese Erklärung von den meisten Staaten unterzeichnet wurde, ist der Universalismus außerhalb der westlichen Welt umstritten. So werfen Länder wie China den westlichen Staaten

vor, sie wollten anderen Kulturen »westliche Werte« aufdrängen und respektierten nicht deren eigenes Verständnis von Recht und Moral. ■

PRO UND CONTRA

Relative oder universale Rechtsnormen?

▶ Welche der folgenden Rechte oder Vorschriften kann Ihrer Meinung nach universale Geltung beanspruchen und welche nicht:

- Ein Bürger darf nicht gegen die Regeln der Gemeinschaft verstoßen, weder in der Familie noch im Staat.
- Männer und Frauen sind in jeder Hinsicht als gleichberechtigt zu behandeln.
- Jeder Bürger hat das Recht auf eine Grundversorgung durch den Staat.

APROPOS

Völkerrecht, Kriegsrecht

Das **Völkerrecht** ist eine staatenübergreifende Rechtsordnung, die Regeln aufstellt, nach denen sich Staaten im Umgang miteinander richten sollten. Zu den Prinzipien des modernen Völkerrechts, wie sie in der Charta der Vereinten Nationen festgelegt sind, gehören z. B. die gegenseitige Anerkennung der Staaten als gleichberechtigt und der Verzicht, Gewalt anzudrohen und anzuwenden. Kriege sind damit völkerrechtswidrig. Allerdings gibt es Ausnahmen, so z. B. im Fall der Selbstverteidigung, oder wenn ein Staat einer Intervention von außen zustimmt. Kommt es zu kriegerischen Handlungen, gelten die Bestimmungen des **Kriegsrechts**, das heute meist als **humanitäres Völkerrecht** bezeichnet wird. Es enthält u. a. Bestimmungen zum Schutz von Zivilisten oder zur humanen Behandlung von Kriegsgefangenen. Das Völkerrecht schützt unter normalen Umständen die Souveränität eines Staates und verbietet gewaltsame Einmischungen in dessen innere Angelegenheiten. Einen immer wieder diskutierten Problemfall stellt die sogenannte **humanitäre Intervention** dar, d. h. das militärische Eingreifen der internationalen Staatengemeinschaft in einem Land, wenn es dort massive Menschenrechtsverletzungen, Verbrechen gegen die Menschlichkeit oder Völkermord gibt. ■

EINE PHILOSOPHISCHE KOPFNUSS

Kann militärische Gewalt gerecht sein? Das Problem der humanitären Intervention

1) In Ruanda kam es im Jahr 1994 von Seiten der Mehrheitsbevölkerung, der Hutus, zu einem Völkermord am Stamm der Tutsis. Knapp eine Million Menschen wurden ermordet. Die internationale Staatengemeinschaft griff nicht ein.

2) 1999 kam es im damals noch existierenden Jugoslawien zu einem Bürgerkrieg in der mehrheitlich von Albanern bewohnten Provinz Kosovo. Albanische Untergrundkämpfer kämpften gegen serbische Polizei und Armee. Es kam zu massiven Vertreibungen der albanischstämmigen Bevölkerung. Hier griff die NATO im Namen einer »humanitären Intervention« zugunsten der albanischen Kosovaren ein, was zu einer faktischen Abtrennung des Kosovo von Serbien führte.

3) In Nordkorea hat sich eine Diktatur etabliert, die sich »sozialistisch« nennt, aber rigoros gegen Andersdenkende oder einfach Verdächtige vorgeht, die in Lagern inhaftiert und gefoltert werden. Weite Teile der Bevölkerung sind verarmt; Hungersnöte sind inzwischen die Regel. Nordkorea besitzt Atomwaffen. Die internationale Gemeinschaft versucht humanitäre Hilfe zu leisten und Nordkorea auf dem Verhandlungsweg zu bewegen, nuklear abzurüsten.

▶ Das Völkerrecht schützt die Souveränität von Staaten und verbietet ein militärisches Eingreifen in die inneren Angelegenheiten eines Staates. In welchen der drei beschriebenen Fälle ist Ihrer Meinung dennoch eine »humanitäre Intervention« gerechtfertigt? Unter welchen Umständen sollte es generell erlaubt sein, militärisch einzugreifen?

INFO-PORTAL

Bürgerfreiheit gegen zu viel Staat – Liberale, Libertäre, Anarchisten

Bis auf die Aufklärung und vor allem auf das 19. Jahrhundert gehen politische Strömungen zurück, die sich auf die Freiheit, die Initiative und das Selbstbewusstsein des Individuums berufen und die Macht des Staates möglichst einschränken wollen.
Die Liberalen sehen die Aufgabe des Staates vor allem darin, die Rechte und das Eigentum des Bürgers zu sichern. Die Politik sollte nicht in die Entwicklungen und Kräfte des freien Marktes eingreifen. Im Konflikt zwischen Freiheit und Gleichheit stehen die Liberalen auf Seiten der Freiheit. Begründet wurde der klassische Liberalismus durch *John Locke* (1632–1704), ›Zwei Abhandlungen über die Regierung‹ (1690) und *Adam Smith* (1723 bis 1790), ›Der Wohlstand der Nationen‹ (1776). **Die Libertären** sind radikale Liberale, die nur noch einen Mini-Staat dulden wollen und vor allem in den USA weit verbreitet sind. Jeden Eingriff in die Lebensführung und Überzeugungen des Einzelnen, aber auch jeden Eingriff in die Eigentumsordnung, auch jede Art von Sozialhilfe lehnen sie ab. Eines der wichtigsten Bücher des modernen Libertarianismus ist ›Anarchie, Staat, Utopia‹ (1974) von *Robert Nozick* (1938–2002). **Die Anarchisten** lehnen den Staat und seine Institutionen grundsätzlich ab, weil sie glauben, dass jede Art von staatlicher Ordnung für den Einzelnen eine Fremdbestimmung und Freiheitsberaubung darstellt. Stattdessen sollen sich Einzelne mit anderen auf Selbstverwaltungsbasis freiwillig zusammenschließen, z. B. in Genossenschaften oder Kommunen. Zu den klassischen Werken des Anarchismus zählen ›Der Einzige und sein Eigentum‹ (1845) von *Max Stirner* (1908–1956) und ›Gott und Staat‹ (1882) von *Michail Bakunin* (1814–1876). ■

APROPOS
Freiheit

Wenn von **Freiheit** im Zusammenhang mit Gerechtigkeit die Rede ist, dann ist nicht die persönliche Gestaltungsfreiheit gemeint (»Ich kann machen, was ich will«), sondern die »politische Freiheit«, die eine Säule der sogenannten »Grundgerechtigkeit« (siehe Apropos: »Formen der Gerechtigkeit«, S. 223) ist und die allen Bürgern in gleichem Maße zugestanden werden muss. Diese sogenannten »Freiheitsrechte« sind normalerweise Bestandteil einer demokratischen Verfassung. Dazu gehört die Freiheit, am politischen Meinungsbildungsprozess mitzuwirken, also die Freiheit zu wählen, die Meinungs- und Diskussionsfreiheit, die Versammlungsfreiheit und die Pressefreiheit. Dazu kommen im öffentlichen Leben u. a. die Freiheit der Kunst, der wissenschaftlichen Forschung und die Religionsfreiheit, im Bereich der ökonomischen Beziehungen u. a. die Vertragsfreiheit, beispielsweise die Freiheit, Tarifverträge unabhängig vom Staat aushandeln zu können. Neu ist das Recht auf »informationelle Selbstbestimmung«, d. h. die Freiheit, mit seinen Daten eigenverantwortlich umgehen und sie vor Missbrauch schützen zu können. Ein Kennzeichen von Diktaturen, d. h. »ungerechten Staaten«, ist es, genau diese Freiheitsrechte einzugrenzen und zu beschneiden. ■

LOGIK-CHECK
»Freiheit muss immer auch die Freiheit des Andersdenkenden sein.« (Rosa Luxemburg)

▶ Formulieren Sie diese Aussage logisch zu einem Syllogismus, zu einer gültigen Schlussfolgerung um. Welcher Begriff von Freiheit muss dabei zugrunde gelegt werden?

PRO UND CONTRA

Bürgerfreiheit gegen staatliches Recht – Drei Problemfälle

1) Der Farmer P. weigert sich, staatliche Autoritäten anzuerkennen und Steuern zu zahlen. Er will alle seine Angelegenheiten allein regeln. Er ist Selbstversorger, erzieht seine Kinder zu Hause, verteidigt sich eigenhändig mit einer Waffe und erwirbt Dinge, die er braucht, durch Tausch.

Darf der Staat ihn zwingen, sich den Gesetzen zu unterwerfen?

2) Der Künstler C. will seine Bilder im Ausland aufstellen und vertreiben. Der Staat verbietet ihm dies mit dem Argument, nationale Kulturgüter dürften nicht ins Ausland gebracht werden.

Darf C. die staatlichen Gesetze umgehen?

3) Der Bürger B. erkennt staatliche Gesetze grundsätzlich an – mit einer Ausnahme: Er weigert sich aus Gewissensgründen, in der Armee zu dienen.

Darf der Staat ihn zum Dienst mit der Waffe zwingen?

> **AN DIE PINNWAND**
> *Meine Sache ist nicht das Wahre, Gute, Rechte, Freie usw., sondern allein das Meinige, und sie ist keine allgemeine, sondern ist – einzig, wie ich einzig bin. Mir geht nichts über Mich!*
> Max Stirner

▶ Beurteilen Sie alle drei Fälle aus der Perspektive des Bürgers und aus der Perspektive des Staates! Wie werden solche Fälle in Staaten wie China, den USA oder Deutschland behandelt?

PRO UND CONTRA

Freiwilliger Kannibalismus

Das Gesetz schützt unsere Unverletzlichkeit als Person, insbesondere auch unsere körperliche Unversehrtheit. Andererseits schützt es auch unsere Freiheit und unser Eigentumsrecht. So hat nach den Worten des Philosophen *Max Stirner* (1806 bis

1856) der Einzelne »Selbsteigentum«, er ist »Eigner« seiner selbst. Kann er also mit seinem Körper machen, was er will?

Im Jahr 2004 gab der Computertechniker A aus Rotenburg eine Anzeige auf, in der er anfragte, ob jemand sich bereit erklären würde, sich von ihm auf freiwilliger Basis töten und verzehren zu lassen. Tatsächlich meldete sich ein Interessent B, der dem Angebot zustimmte. A tötete B (angeblich auf Verlangen) und hatte bereits 40 Pfund von ihm verzehrt, als er verhaftet wurde. Er wurde schließlich zu lebenslanger Haft verurteilt.

- Wer hat hier Ihrer Meinung nach einen Rechtsbruch begangen? War B berechtigt, seinen Körper zum Fraß anzubieten? Ist der Staat verpflichtet, die körperliche Unversehrtheit auch gegen den Willen des Bürgers zu schützen?
- Handelt es sich hier Ihrer Meinung nach um Totschlag oder Mord, wie das Gericht annahm? Kann man das Urteil als »ausgleichende Gerechtigkeit« verstehen?
- Vergleichen Sie diesen Fall mit der Prostitution, in der der Körper zu Zwecken sexueller Dienstleistung angeboten wird, mit der Organtransplantation und mit der Sterbehilfe, bei der das Leben eines Menschen auf eigenes Verlangen beendet wird. In welchen Fällen darf Ihrer Meinung nach der Staat eingreifen und in welchen nicht?

APROPOS

Gleichheit und »positive Diskriminierung«

Die Forderung nach **Gleichheit** spielt in der Diskussion um Gerechtigkeit eine große Rolle. Doch »Gleichheit« kann mehrere Bedeutungen haben, z. B.

Gleichheit vor dem Gesetz: Kein Bürger darf vor dem Gesetz gegenüber einem anderen aufgrund seines Geschlechtes, seiner Herkunft oder seiner Religion benachteiligt werden.

Chancengleichheit: Für jeden Bürger sollen mit Hilfe des Staates die gleichen Voraussetzungen geschaffen werden, sein Leben erfolgreich zu gestalten.

Materielle Gleichheit: Alle Bürger sollten bezüglich ihres Einkommens und Vermögens gleichgestellt werden.

Positive Diskriminierung: In bestimmten gesellschaftlichen Bereichen (Berufszweige, öffentliche Ämter), in denen bestimmte Gruppen von Bürgern (Frauen, Behinderte, ethnische Minderheiten) aufgrund von ungerechtfertigter Benachteiligung (»negative Diskriminierung«) unterrepräsentiert sind, wird diese Benachteiligung dadurch ausgeglichen, dass gesetzlich eine Bevorzugung dieser benachteiligten Gruppen verlangt wird, entweder durch eine bestimmte Quote oder dadurch, dass bei gleicher Qualifikation ein Vertreter der benachteiligten Gruppe den Vorzug erhält. ■

PRO UND CONTRA

Frauen in Führungspositionen – Ist positive Diskriminierung gerecht?

In Deutschland lag 2010 der Anteil von Frauen, die Führungspositionen in der Privatwirtschaft besetzen, bei ca. 30 %. Der Anteil von Frauen in Aufsichtsräten betrug Ende 2012 nur 13 % und in Vorständen von Unternehmen sogar nur 4 %.

Angenommen, diese geringe Zahl beruht – worauf vieles hindeutet – auf der Benachteiligung von Frauen bei der Besetzung von Führungspositionen. Ist es dann gerecht, als Ausgleich Frauen bei Besetzung solcher Positionen zu bevorteilen bzw. ihnen eine bestimmte Quote zu reservieren? Oder sollte man darauf vertrauen, dass dadurch, dass konsequent nur noch die geeignetsten Kandidaten/Kandidatinnen eingestellt werden, sich das Problem auf Dauer von selbst löst?

▶ Was spricht für die erste, was für die zweite Lösung?

INFO-PORTAL

Soziale Gerechtigkeit gegen Ausbeutung: Sozialismus, Kommunismus, Marxismus

Mit der Industrialisierung in Europa ab dem Ende des 18. Jahrhunderts entstand mit der im großen Stil betriebenen Fabrikarbeit und mit dem Proletariat, der Industriearbeiterschaft, eine neue Form der wirtschaftlichen Ausbeutung und eine neue soziale Klasse. Diese, auf einem freien Markt beruhende, als »Kapitalismus« bezeichnete Gesellschaftsordnung forderte sowohl die Philosophie als auch die Politik heraus. Es traten Denker auf den Plan, die eine neue Eigentumsordnung und eine politische und soziale Gleichstellung der Arbeiterschaft forderten. Dabei erhielt die Forderung nach »Gleichheit« ein größeres Gewicht als die nach individueller Freiheit.

Der **Sozialismus** fordert ganz allgemein eine soziale Emanzipation der Arbeiterklasse und ein Eingreifen des Staates, wenn aufgrund von Ausbeutung Menschen unterbezahlt werden und Eigentum ungerecht verteilt wird. Viele Sozialisten fordern eine Abschaffung der auf privatem Besitz von Produktionsmitteln beruhenden Marktgesellschaft durch Verstaatlichung der Schlüsselindustrien, andere geben sich mit sozialen Reformen (Mitbestimmung, Sozialleistungen, Mindestlohn u. a.) zufrieden. Der Konflikt zwischen Reformern und Revolutionären prägt die Geschichte des Sozialismus.

Der **Kommunismus** ist eine radikale Form des Sozialismus. Er fordert eine radikale Umgestaltung des Kapitalismus durch eine proletarische Revolution, an deren Ende, nach einer mehr oder minder längeren Übergangsphase, die kommunistische Gesellschaft steht, in der es kein Privateigentum an Produktionsmitteln und keine Klassengegensätze mehr gibt.

Der Kommunismus beruft sich auf die philosophische Theorie des **Marxismus**, die von *Karl Marx* (1818–1883) und *Friedrich Engels* (1820–1895) begründet wurde. In ihrem gemeinsam verfassten ›Manifest der Kommunistischen Partei‹ (1818) fordern sie einen internationalen Zusammenschluss der Proletarier gegen das kapitalistische System (»Proletarier aller Länder vereinigt Euch!«). In seinem theoretischen Hauptwerk ›Das Kapital‹ untersucht Marx die Wirkungsmechanismen der kapitalistischen Gesellschaft und sagt voraus, dass aufgrund der im System angelegten Widersprüche und der Verelendung weiter Bevölkerungsteile das kapitalistische System Krisen produziert, die letztlich seinen Untergang herbeiführen. Der russische Revolutionär *Wladimir Iljitsch Uljanow*, genannt *Lenin* (1870–1924), forderte die Bildung einer kommunistischen Kaderpartei, die das Proletariat auf den Weg in die kommunistische Gesellschaft führen sollte. ■

DER KLEINE PHILOSOPHENSTECKBRIEF

Gesucht wird: der schwarze Kerl aus Trier

Als leidenschaftlicher Streiter für seine Sache: So erlebten ihn schon seine Kommilitonen in Bonn und Berlin. Sein später engster Freund, ein Unternehmersohn aus Wuppertal, beschrieb den jungen bärtigen Hitzkopf als den »schwarzen Kerl aus Trier«. Dieser eckte auch später überall an: Aus Preußen, Belgien und Frankreich wurde er ausgewiesen, als Staatenloser fand er schließlich ein Exil in London. Er hätte dort kaum überlebt ohne die Hilfe seines Wuppertaler Freundes, der ihm immer wieder aus Geldsorgen half und sogar für ihn die Vaterschaft eines unehelichen Kindes übernahm.

Die Gesellschaft, in der er lebte, und in der es als Folge der Industrialisierung immer mehr schlecht bezahlte Lohnsklaven gab, empfand er als zutiefst ungerecht.

Er verbrachte sein Leben damit, ihre verborgenen Wirkungsmechanismen zu erforschen. Als studierter Philosoph arbeitete er jahrelang Tag für Tag im Lesesaal des British Museum, um sich in Fragen der Ökonomie einzuarbeiten. Er war sich sicher, nachweisen zu können, dass die gesellschaftliche Entwicklung auf einen radikalen Umsturz und die Schaffung einer gerechten Gesellschaft hinauslief. Dem wollte er in seinen politischen Aktivitäten nachhelfen: Er wurde zum Wortführer derjenigen, die zur

Revolution aufriefen. Seitdem ist mit seinem Namen nicht nur eine philosophische, sondern auch eine weltumspannende politische Bewegung verbunden.

▶ Wer war's?

EINE PHILOSOPHISCHE KOPFNUSS

Gleichheit und Gerechtigkeit

Artikel 3, Absatz 1 und 2 des deutschen Grundgesetzes lauten: »Alle Bürger sind vor dem Gesetz gleich. Männer und Frauen sind gleichberechtigt.« Spätestens seit dem Zeitalter der Aufklärung scheinen »Gleichheit« und »Gleichbehandlung« zu den wichtigsten Inhalten von »Gerechtigkeit« zu gehören.

▶ In welchen der folgenden Aussagen ist die Verknüpfung von »Gleichheit« und »Gerechtigkeit« gerechtfertigt und in welchen nicht?
Wenn es eine Wehrpflicht gibt, sollten alle Bürger den Wehrdienst gleichermaßen ableisten.
Alle Bürger sollten gleichermaßen das Wahlrecht haben.
Alle Bürger sollten die gleichen Steuern zahlen.
Alle Bürger sollten das gleiche Einkommen haben.

DENK DIR WAS!

Der Entwurf eines idealen Staates

Immer wieder haben Philosophen in der Vergangenheit der tristen politischen Wirklichkeit den Entwurf eines idealen Staates, genannt »Utopie«, entgegengesetzt. Stellen Sie sich selbst einmal vor, Sie wären beauftragt, den Bewohnern einer herrenlosen Insel den Entwurf einer politischen Verfassung vorzulegen. Geben Sie dabei Antworten auf folgende Fragen:

▶ Welche Art politischer Herrschaft (Parlament, Regierung, Herrschaft eines Einzelnen) sollte es geben und wie kann man sie rechtfertigen?

▶ Welche Arten von Freiheit sollte es geben?

- Soll es Privateigentum geben? Wie soll das Eigentum an Grund und Boden und an den von der Wirtschaft produzierten Gütern verteilt werden? Wie soll das Verhältnis zwischen Armut und Reichtum sein?
- Darf man sich seine Arbeit aussuchen oder wird sie zugeteilt?
- Sollten die Bürger Steuern zahlen? Nach welchen Maßstäben soll die Steuer berechnet werden?
- Wie sollte das Bildungssystem organisiert werden und wer bezahlt dafür (Schulpflicht, Einheitsschule)?
- Wie ist die medizinische Versorgung organisiert? Wer bezahlt dafür?

INFO-PORTAL

Theoretiker des Marktes

Mit der Entstehung der modernen Marktgesellschaften, vor allem seit dem Zeitalter der Industrialisierung, stellte sich für die Philosophie die neue Frage, in welchem Verhältnis Markt und Verteilungsgerechtigkeit zueinander stehen.
Der schottische Moralphilosoph und Aufklärer *Adam Smith* (1723–1790) gilt als der Begründer des Marktliberalismus: Der Markt wird verstanden als ein sich selbst regulierendes Wettbewerbssystem, das auf Arbeitsteilung, Angebot und Nachfrage beruht und Überschüsse produziert, die der gesamten Gesellschafts- und Kulturentwicklung dienen. Der Staat sollte hier nicht eingreifen, da der Markt selbst, wie »durch eine unsichtbare Hand«, eine gerechte Verteilung der Güter organisiert.
Karl Marx (1818–1883) kam zu dem Ergebnis, dass der Markt durch zunehmende Zentralisierung die Klassengegensätze immer mehr verschärft: Auf der einen Seite finden sich immer mehr Reiche und auf der anderen immer mehr Arme. Dieser Prozess der Verelendung lässt schließlich die Kaufkraft versiegen und führt letztlich zum Kollaps der Produktion sowie des gesamten kapitalistischen Marktmechanismus. Dies wiederum führt zu einer vom Proletariat geführten Revolution, die das Privateigen-

tum an Produktionsmitteln abschafft und in gesellschaftliches Eigentum überführt. Marx wurde damit zu einem der philosophischen Väter des Sozialismus und Kommunismus.
John Maynard Keynes (1883–1946) lehnte die marktorientierte Wirtschaft nicht ab, trat aber dafür ein, dass der Staat regulierend eingreift. Bei einer Wirtschaftsflaute sollte der Staat durch eigene Investitionen die Nachfrage gezielt ankurbeln, während es bei einem Wirtschaftsboom ratsam ist, das Geld knapp zu halten.
Im Gegensatz dazu vertrat *Friedrich August von Hayek* (1899 bis 1992) einen konsequenten Neoliberalismus: Staatliche Eingriffe in die Wirtschaft gefährden seiner Meinung nach ebenso die Rechtssicherheit von Wirtschaftsunternehmen wie die individuellen Freiheitsrechte. ■

PRO UND CONTRA

Geld ohne Arbeit. Ist das gerecht?

In einer Marktgesellschaft kann alles zur Ware werden. Auch Geld ist eine Ware, für die es Anlegeformen und einen Handelsplatz gibt: die Börse. Hier zwei Problemfälle:

PROBLEMFALL 1: Ein Lottogewinn
In Deutschland fand im Jahr 2013 folgender Rechtsstreit statt: Ein Mann, der von seiner Frau getrennt lebte, aber noch nicht von ihr geschieden war, hatte zusammen mit seiner Freundin im Lotto getippt und eine Millionen Euro gewonnen. Da er noch nicht geschieden war, erhob seine Noch-Ehefrau Anspruch auf die Hälfte des Geldes. Das Gericht erkannte diesen Anspruch an. Die Klage des Mannes dagegen blieb erfolglos.
Ist es gerecht, dass der Mann die Hälfte seines Gewinnes abgeben musste? Nennen Sie Argumente dafür und dagegen.

PROBLEMFALL 2: Börsenspekulation
Herr A. hat eine Erbschaft von 100 000 Euro gemacht und für diese 30 % Erbschaftssteuer bezahlt. Mit den verbleibenden 70 000

Euro spekuliert er an der Börse und kann den Betrag auf 140 000 Euro verdoppeln.

▶ Sollte Herr B. nochmals durch eine Börsensteuer belastet werden? Sollte der Staat generell in den Geldmarkt eingreifen? Nennen Sie Gründe und Gegengründe.

PRO UND CONTRA

Mindestlohn

In Deutschland herrscht Tariffreiheit, d.h. Arbeitgeber und Gewerkschaften können für jede Branche die Löhne frei aushandeln. Dennoch setzt hier und in vielen anderen Ländern der Staat Rahmenbedingungen und Grenzwerte, z.B. durch einen Mindestlohn. Sollte der Staat durch einen Mindestlohn in die Tariffreiheit eingreifen?

BEISPIEL: Der Friseursalon von Frau K.

Frau K. hat einen Friseursalon in Sachsen mit 15 Angestellten. Diese erhalten einen Stundenlohn zwischen 4,50 und 5 Euro. Die meisten der Angestellten müssen zusätzlich noch Hartz IV beziehen, da sie sonst ihre Familie nicht ernähren können.

In Deutschland hat man nun einen generellen Stundenlohn von 8,50 Euro eingeführt, damit alle von ihrem Verdienst auch leben können. Die Angestellten von Frau K. sind deshalb für das neue Mindestlohngesetz.

Frau K. ist dagegen, da sich ihre Personalkosten nun fast verdoppeln und sie die Mehrkosten an die Kunden weitergeben muss. Sie fürchtet, dass diese wegbleiben werden und sie Angestellte entlassen, oder, im schlimmsten Fall, ihren Laden schließen muss.

▶ Nennen Sie Argumente für und gegen den Mindestlohn. Nach welchen Maßstäben sollte sich seine Höhe berechnen? Sollte er in allen Branchen in gleicher Höhe eingeführt werden?

KAPITEL 11

Moral und Glück

Hans Sebald Beham: Fortuna (1541)

Dass wir moralisch handeln sollen, ist Teil unserer Erziehung von früher Kindheit an: Eltern, Schule, Religion, Gesellschaft – für alle ist klar: Moralisch handeln ist geboten und der moralisch handelnde Mensch ist besser als der nicht moralisch handelnde. Und jeder weiß auch irgendwie, welche Art von Handeln gemeint ist. Häufig wird auf religiöse Vorschriften, z. B. auf die zehn Gebote in der Bibel, verwiesen. Oder auf Regeln, Gesetze und Konventionen, die immer schon gegolten haben.

Aber warum eigentlich moralisch sein? Die Philosophie geht davon aus, dass die Regeln, nach denen wir handeln, keineswegs selbstverständlich und nicht vom Himmel gefallen sind. Es sind Regeln von Menschen für Menschen. Sie müssen vor der Vernunft bestehen können. Auch hier geht sie der Sache auf den Grund. Es stellen sich, wie überall in der Philosophie, Fragen über Fragen: Sind moralische Regeln kulturabhängig? Nach welchen Maßstäben wurden sie aufgestellt? Gibt es ein moralisches Grundgesetz, an dem wir uns orientieren können? Welchem Sinn und Zweck dient Moral? Dem Glück, dem allgemeinen Wohl? Oder braucht die Moral gar keinen Zweck?

Aber auch die Moralphilosophen wissen, dass es mit der Beantwortung der Frage nach der Begründung von Moral nicht getan ist. Der Teufel steckt auch hier im Detail, sprich: im täglichen Handeln. Auch wenn ich weiß, was ich »grundsätzlich« tun soll, weiß ich noch lange nicht, wie ich mich in einer bestimmten konkreten Situation verhalten soll – vor allem, wenn es mehrere Möglichkeiten gibt, moralisch zu handeln, diese sich aber widersprechen. Man denke nur an die Konflikte, die sich im Zusammenhang mit Krankheit und Tod ergeben können. »Moralische Zwickmühlen« lauern überall. Auch mit ihnen muss sich die Moralphilosophie beschäftigen.

Auch wird klar, dass Dinge, die auf den ersten Blick überhaupt nichts mit Moral zu tun haben, doch zu einem moralischen Problem werden können. Prominentes Beispiel ist die Technik – vom Internet über die Gentechnik bis zur Atombombe.

Jedem ist intuitiv einsichtig, dass nicht alles, was technisch möglich ist, auch moralisch gerechtfertigt ist. Und in einer Zeit, in der wir uns der Rolle der Umwelt immer bewusster werden, muss man nach den moralischen Maßstäben fragen, die wir in unserem Handeln nicht nur allgemein gegenüber der Natur, sondern vor allem auch gegenüber anderen Lebewesen anlegen müssen. Namhafte Philosophen wie der Australier *Peter Singer* (geb. 1946) treten inzwischen für die Rechte höher entwickelter Tiere ein. Als erstes Land hat Neuseeland im Jahr 1999 den Menschenaffen (»nicht humanen Hominiden«) besondere Rechte verliehen.

Mit der Zeit haben sich die Fragen der Moralphilosophie verfeinert und erweitert. Auch hat sich einiges, was man früher zur Ethik, also zur Moralphilosophie rechnete, zu einem eigenständigen Fragekomplex entwickelt. Dazu gehört die Frage nach dem »guten Leben«. Ursprünglich eng mit der Frage nach dem moralisch tugendhaften Leben verknüpft, wird es inzwischen mehr mit einem glücklichen, erfüllten und gelungenen Leben assoziiert. Um ein solches »gelungenes Leben« kümmert sich die sogenannte »Philosophie der Lebenskunst«. Weil wir immer weniger auf Autoritäten und Traditionen vertrauen und sich der Einzelne für eine Vielzahl von Lebensformen entscheiden kann, wird sie zunehmend wichtiger.

APROPOS

Seinssätze, Sollenssätze

Die Unterscheidung zwischen Seinssätzen und Sollenssätzen spielt in der Metaethik (siehe Info-Portal: Grundbegriffe und Strömungen der Moralphilosophie, S. 256), aber auch in der Logik und Sprachphilosophie eine wichtige Rolle.
Kurz gesagt: **Seinssätze** sind Sätze, in denen behauptet wird, dass etwas »ist«. **Sollenssätze** dagegen behaupten, dass etwas »sein soll«. Im ersten Fall liegt eine Tatsachenbehauptung vor, im zweiten Fall wird eine Forderung aufgestellt, eine Aufforderung, etwas Bestimmtes zu verwirklichen. Beispiel: »Die Tür ist zwei Meter breit« ist ein Seinssatz. »Die Tür soll zwei Meter breit sein« ist hingegen ein Sollenssatz.
Doch Vorsicht: Nicht alle »Seinssätze« enthalten ein »ist« (oder eine Form von »sein«) und nicht alle Sollenssätze eine Form von »sollen«. Beispiel: »Bären halten Winterschlaf« ist auch ein Seinssatz, während sich hinter »Bären haben Anspruch auf Artenschutz« ein Sollenssatz verbirgt. Es ist nämlich möglich, die beiden letzten Sätze so umzuformulieren, dass ein »ist« oder ein »soll« vorkommen. Sie könnten z. B. lauten: »Es ist eine Tatsache, dass Bären Winterschlaf halten« bzw. »Bären sollten als Art geschützt werden«.
Warum ist diese anscheinend so triviale Unterscheidung, auf die schon der schottische Aufklärer *David Hume* (1711–1776) aufmerksam gemacht hat, für die Philosophie wichtig? Einmal, weil man mit ihrer Hilfe zwei große Bereiche der Philosophie unterscheiden kann: Die *theoretische Philosophie* hat es mit Seinssätzen, mit Behauptungen über die Welt und den Menschen, zu tun, während es in der *praktischen Philosophie* um Sollenssätze, um Regeln des menschlichen Handelns geht. Und zum anderen hilft er uns, eine Art von Schlussfolgerung zu analysieren, die in der Ethik sehr häufig vorkommt, nämlich dass ein Sollenssatz – eine Regel – aus einem Seinsssatz – einer Tatsachenbehauptung – abgeleitet wird. Eine solche Ableitung wird von vielen Philosophen als *naturalistischer Fehlschluss* bezeichnet. Den

Begriff prägte der englische Philosoph *George Edward Moore* (1873–1958) in seinem Werk ›Principia Ethica‹ (1903) (siehe Kap. 5, Apropos: Der naturalistische Fehlschluss, S. 99). ■

LOGIK-CHECK

Seins- oder Sollenssatz?

▶ Welche der folgenden Sätze sind Seinssätze und welche Sollenssätze? Formulieren Sie die Sätze jeweils so um, dass klar erkennbar wird, um welche Art von Sätzen es sich handelt.
Hunde haben zu diesem Lokal keinen Zutritt!
Hunde haben in diesem Lokal keinen Platz, sich auszustrecken.
Ein Versprechen zu halten ist Pflicht.
Ein Versprechen zu halten ist oft sehr schwer.

▶ Hinter welchem der beiden folgenden Sätze verbirgt sich ein naturalistischer Fehlschluss?
Weil wir ein Teil der Natur sind, dürfen wir die Natur nicht zerstören.
Wenn wir die Klimavorgaben der UN erfüllen wollen, müssen wir den Ausstoß von Kohlendioxyd drastisch verringern.

LOGIK-CHECK

Ist mit »gut« immer »gut« gemeint?

Wenn wir moralisch handeln, handeln wir »gut«. Wenn wir ständig moralisch handeln, kommen wir in den Ruf eines »guten« Menschen. »Gut« drückt offenbar eine positive Bewertung aus. Doch ist »gut« immer gleich »gut« im Sinne von »moralisch gut«? Bezeichnen wir damit auch immer einen *moralischen* Wert? Offenbar nicht. Wenn ich sage »Ich habe heute gut gegessen«, dann enthält die Aussage zwar eine Wertung, aber nicht im moralischen Sinn.

▶ Untersuchen Sie folgende Sätze, in denen der Begriff »gut«

verwendet wird. In welchen kann »gut« im moralischen Sinne verstanden werden? In welchem Sinn wird »gut« in den anderen Sätzen benutzt?

Wenn ich jemandem helfen kann, fühle ich mich gut.
Meine Devise ist: jeden Tag eine gute Tat!
Zwei freie Tage in der Woche sind eine gute Sache.
Was gut für mich ist, ist auch gut für die anderen.
»Es ist überall nichts in der Welt, ja überhaupt auch außer derselben zu denken möglich, was ohne Einschränkung für gut könnte gehalten werden, als allein ein *guter Wille*.« (*Immanuel Kant*)

EINE PHILOSOPHISCHE KOPFNUSS

Warum überhaupt moralisch sein?

Die Philosophen haben ganz verschiedene Antworten auf die Frage gegeben, warum wir uns überhaupt auf Moral einlassen sollen.

Immanuel Kant (1724–1804) glaubte, dass die Erkenntnis des Menschen, ein Vernunftwesen zu sein, ihn dazu bringt, sich dem Moralgesetz als einer Gesetzgebung der Vernunft zu unterwerfen.

Arthur Schopenhauer (1788–1860) war der Überzeugung, dass die Einsicht, dass Leben leiden bedeutet und dass alle Menschen (und alle Lebewesen) in einem tieferen Sinne eine Einheit sind, uns dazu bringt, uns im Leiden anderer wiederzuerkennen und Mitleid als moralische Grundtugend zu üben.

Für *Friedrich Nietzsche* (1844–1900) dagegen stand fest, dass der Antrieb zum moralischen Handeln nicht in der Menschenliebe, sondern im Eigeninteresse und sogar in einem gut versteckten »Willen zur Macht« liegt. Die von uns so genannte Moral, die er »Sklavenmoral« nennt, ist für ihn eine Fessel, mit deren Hilfe sich die Schwachen vor den Starken schützen und sie gleichzeitig beherrschen.

Die *Utilitaristen* sehen den Sinn und Zweck moralischen Handelns in seinem Nutzen (»utile« = lat. »nützlich«; siehe Info-Portal: Grundbegriffe und Strömungen der Moralphilosophie,

S. 256). Sie glauben, dass wir uns um des allgemeinen Wohles willen und damit auch in unserem eigenen Interesse an moralische Regeln halten müssen.

Was sagt man aber einem Menschen, der auf dem folgenden Standpunkt steht: Ob der Mensch ein Vernunftwesen ist oder nicht, ist mir ebenso gleichgültig wie die Frage, ob alle Lebewesen miteinander verbunden sind? Auch am allgemeinen Wohl ist er nicht interessiert. Er will sich schlicht und einfach nicht auf Moral einlassen.

> **AN DIE PINNWAND**
> *Erst kommt das Fressen,*
> *dann kommt die Moral.*
> Bertolt Brecht

▶ Fallen Ihnen bessere Argumente als die oben genannten ein?

DENK DIR WAS!

Moralische Grundregeln für die Insel

Stellen Sie sich vor, Sie würden als Gouverneur auf eine Insel geschickt, die, ursprünglich unbewohnt, erst kürzlich von Flüchtlingen aus allen möglichen Kulturen besiedelt worden ist. Die Menschen dort befolgen untereinander keine moralischen Regeln. Alles ist erlaubt, jeder misstraut jedem, es herrscht das Recht des Stärkeren und jeder fürchtet Gewalt.

Sie sollen als erste Maßnahme einige moralische Grundregeln einführen, und zwar solche, von denen Sie erwarten können, dass alle oder fast alle ihnen zustimmen.

▶ Stellen Sie eine kleine Liste der Grundregeln zusammen, die Sie einführen würden, um das Zusammenleben auf der Insel zu normalisieren.

PRO UND CONTRA

Ist Moral eine soziale Frage?

Moha ist ein Jugendlicher aus Somalia, der im dortigen Bürgerkrieg seine Eltern verloren hat. Er lebt in einem Lager, ohne Hoffnung auf Ausbildung und Arbeitsplatz und ohne Aussicht auf ein menschenwürdiges Leben. Wenn er Geld hätte, könnte er einen kriminellen Schlepper bezahlen, der ihm die Flucht nach Europa ermöglicht.

- Ist es moralisch gerechtfertigt, wenn Moha sich in seiner Lage auf illegale Weise Geld beschafft?
- Darf er sich auf die Machenschaften eines Schleppers einlassen?
- Nennen Sie Argumente und Gegenargumente!

DER KLEINE PHILOSOPHENSTECKBRIEF

Gesucht wird: Prophet und Moralverneiner

Er wuchs mit strengen moralisch-christlichen Grundsätzen auf: Der Sohn eines protestantischen Pfarrers hatte als Junge den Ruf eines superbraven Schülers und Strebers, der nicht ganz zu Unrecht den Spitznamen »Professor« erhielt. Aber als er bereits mit 26 Jahren tatsächlich Professor wurde, begann er einen langen, Jahrzehnte dauernden philosophischen Kampf gegen die christliche Moral, die er als »Sklavenmoral« bezeichnete. Sie war für ihn lediglich ein Mittel der Schwachen und Zukurzgekommenen, die starken und vitalen Menschen zu beherrschen und im Zaum zu halten. Sein Blick ging auf eine Welt »jenseits von gut und böse«. Von der Universität hatte er sich schon sehr früh verabschiedet und die Gelehrten seiner Zeit betrachteten ihn mit Naserümpfen.

Im Stile eines Propheten predigte er nun die Heraufkunft eines neuen, starken Menschen, des »Übermenschen«, der von keiner »Sklavenmoral« mehr angekränkelt war. Davon war er selbst weit entfernt. Sein Leben lang kränkelnd, erlebte er mit 44 Jahren einen geistigen Zusammenbruch.

- Wer war's?

INFO-PORTAL

Grundbegriffe und Strömungen der Moralphilosophie

Praktische Philosophie: Damit ist der große Bereich der Philosophie gemeint, der es mit den Regeln oder Normen des menschlichen Handelns, also mit Sollenssätzen, zu tun hat. Dazu gehören die Ethik, die politische Philosophie, die Rechtsphilosophie und auch die Philosophie der Lebenskunst.

Ethik/Moralphilosophie: Die Ethik ist ein Teilbereich der praktischen Philosophie. Sie ist die philosophische Disziplin, die es mit der Begründung moralischer Normen und den Bedingungen ihrer Anwendung zu tun hat. »Ethik« im philosophischen Sinne ist gleichbedeutend mit »Moralphilosophie«.

Die Philosophie der Lebenskunst, also die Lehre vom guten, glücklichen und gelingenden Leben (siehe Apropos: Das gute Leben, S. 268), war in der Antike und im Mittelalter mit Ethik identisch, weil man das glückliche Leben mit dem moralisch guten Leben identifizierte. Inzwischen aber trennen die meisten Philosophen beide Bereiche: Während es die Ethik mit den Regeln menschlichen Zusammenlebens zu tun hat, geht es in der Philosophie der Lebenskunst vor allem um die erfolgreiche Lebensgestaltung des Einzelnen.

Drei Bereiche der Ethik:
normative Ethik/praktische oder angewandte Ethik/Metaethik

Die **normative Ethik** ist der Teil der Ethik, der sich mit den Grundsätzen und Begründungsfragen befasst. Hier geht es also um den obersten Maßstab moralischen Handelns, um die Frage: Welches Prinzip liegt unserem moralischen Handeln zugrunde?

Die **praktische oder angewandte Ethik** diskutiert die Frage, welche moralischen Normen in einer bestimmten Situation Anwendung finden können und in welcher Weise dies geschehen soll. Beispiel: Gilt das Verbot zu lügen auch unter Folter? Oder: Kann das Gebot, anderen keine Gewalt anzutun, bei der Frage eines Schwangerschaftsabbruchs Anwendung finden?

Die **Metaethik** schließlich untersucht die sprachlichen Äußerungen und Urteile, die wir gebrauchen, wenn wir »über« (»meta« = griech. über, nach) Moral reden oder moralische Regeln formulieren. Sie ist also auch ein Teil der Sprachphilosophie.

Zwei Grundtypen der normativen Ethik: deontologische Ethik und teleologische Ethik

Deontologische Ethik: Die deontologische (von griech. »to deon« = das Erforderliche) Ethik wird auch als *Pflichtethik* bezeichnet. Sie behauptet, dass wir moralische Regeln einzuhalten haben, unabhängig davon, welche Folgen mein Handeln kurzfristig oder langfristig hat. Moralisch zu handeln folgt nicht einem Zweck oder Klugheitsüberlegungen, sondern ist einfach Pflicht. Wichtigster Vertreter einer deontologischen Ethik ist *Immanuel Kant* (1724–1804). Für Kant ist der *Kategorische Imperativ* Maßstab dafür, welche Handlungen und Regeln ich aus Pflicht befolgen muss und welche nicht.

Teleologische Ethik: Für die teleologische Ethik ist eine Handlung dann moralisch, wenn sie eine bestimmte Konsequenz, Folge oder einen bestimmten Zweck (griech. »télos« = Zweck, Ziel) hat. Ist das erstrebte Ziel identisch mit »Glück«, heißt die teleologische Ethik *Eudämonismus* (griech. »eudaimonia« = Glück). Ist es die Verwirklichung von Freude und Lust, ist sie ein *Hedonismus* (griech. »hedone« = Lust, Freude). Der Eudämonismus war die vorherrschende ethische Theorie in der Antike. Gemeint war in der Regel nicht ein kurzzeitiger »Glücksrausch«, sondern ein langfristiges, vernunftgesteuertes Lebensglück. Vertreten wird er z.B. von *Aristoteles* (384–322 v.Chr.). Der Hedonismus spielt heute noch in der Philosophie der Lebenskunst eine Rolle. Der bekannteste Vertreter des Hedonismus in der Antike ist *Epikur* (ca. 341–271).

Geht es um die Verwirklichung eines Nutzens, handelt es sich um eine Form des *Utilitarismus* (lat. »utile« = nützlich). Gemeint ist dabei meist der Nutzen für die Gesellschaft insgesamt, also das allgemeine Wohl. Zwei große Spielarten des Utilitarismus haben sich herausgebildet: der sogenannte *Handlungsutilitarismus* und der sogenannte *Regelutilitarismus*. Für den Handlungsutilitarismus liegt der Nutzen im Ergebnis jeder einzelnen Handlung. Für den Regelutilitaristen ist der Nutzen langfristiger: Er stellt sich dann ein, wenn wir regelmäßig und konstant den moralischen Regeln folgen.

Der Utilitarismus hat sich vor allem in den englischsprachigen Ländern als vorherrschende Form der normativen Ethik durchgesetzt. Klassische Vertreter des Utilitarismus sind *Jeremy Bentham* (1748–1832) und *John Stuart Mill* (1806–1873).

Eine extreme Form der teleologischen Ethik ist der *ethische Egoismus*. Für ihn ist das moralisch, was dem Eigeninteresse dient. Im 19. Jahrhundert wurde der ethische Egoismus in einer radikalen Form (»Mir geht nichts über mich«) von *Max Stirner* (1806 bis 1856) vertreten. Im 20. Jahrhundert hat die Amerikanerin *Ayn Rand* (1905–1982) eine Mischung aus ethischem Egoismus und Eudämonismus vertreten: Danach führt rationales Eigeninteresse zum eigenen Glück und dient auch anderen. ■

APROPOS

Der Kategorische Imperativ

Der **Kategorische Imperativ** wurde von *Immanuel Kant* (1724 bis 1804) aufgestellt. Er ist so etwas wie ein Kompass für moralisches Handeln. Er sagt uns nicht konkret, was wir tun sollen, sondern gibt uns einen Maßstab an die Hand, mit dessen Hilfe wir prüfen können, ob das, was wir tun, sich mit Moral vereinbaren lässt oder nicht.

Imperativ heißt: Es handelt sich um eine Forderung, eine Regel oder ein Gesetz – in jedem Fall um etwas, was ein »Sollen« ausdrückt (siehe Apropos: Seinssätze – Sollenssätze, S. 251). Kategorisch heißt: Diese Regel gilt unbedingt, immer und überall, ohne jede Einschränkung. Sie ist nicht auf einen bestimmten Zweck ausgerichtet.

Kant selbst formulierte mehrere Versionen des Kategorischen

Imperativs. Die bekannteste lautet: »Handle nur nach derjenigen Maxime, durch die du zugleich wollen kannst, dass sie ein allgemeines Gesetz werde.« Mit »Maxime« meint Kant eine Regel, die ich für mich selbst aufgestellt habe und die nur für mich gilt. Wenn eine Maxime mit dem Kategorischen Imperativ vereinbar sein soll, muss sie die Eignungsprüfung zum allgemeinen Gesetz bestehen; sie muss »universalisierbar« (»verallgemeinerungsfähig«) sein, d. h. sie muss so beschaffen sein, dass ich wollen kann, dass *alle* Menschen sie als Maxime annehmen. Beispiel: Thomas hat sich zur Maxime gemacht, nur jede zweite S-Bahn-Fahrt zu bezahlen. Die übrigen fährt er schwarz. Kann er wollen, dass diese Maxime zugleich ein allgemeines Gesetz wird? Nicht wirklich. Denn es würde bedeuten, dass ich einen Vertrag zwischen S-Bahn-Gesellschaft und Bürger breche – Dienstleistung gegen Fahrkarte – und damit die Geltung moralischer Regeln untergrabe. Der Kompass des Kategorischen Imperativs schlägt negativ aus: Moralischer Eignungstest nicht bestanden. Der Kategorische Imperativ fordert hier von mir, nur mit gültiger Fahrkarte zu fahren. ■

AN DIE PINNWAND

Zwei Dinge erfüllen das Gemüt mit immer neuer und zunehmender Bewunderung und Ehrfurcht, je öfter und anhaltender sich das Nachdenken damit beschäftigt: der bestirnte Himmel über mir und das moralische Gesetz in mir.

Immanuel Kant

LOGIK-CHECK

Der Kategorische Imperativ – Test

▶ Welche der folgenden Regeln sind mit dem Kategorischen Imperativ vereinbar und welche nicht?

- Fundsachen von geringem Wert darf man behalten.
- Einem Todkranken, der nach seinem Befinden fragt, muss man immer die Wahrheit sagen.

– Sonntags sollten sich alle festlicher kleiden.
– Ich bin verpflichtet, jedem Notleidenden zu helfen.

- Welches ist der Unterschied und welches sind die Gemeinsamkeiten zwischen dem Kategorischen Imperativ und der sogenannten »Goldenen Regel«: »Was du nicht willst, das man dir tu, das füg auch keinem andern zu.«
- Prüfen Sie die obigen Aussagen auch mit Hilfe der Goldenen Regel.

APROPOS

Tugend/Tugendethik

Tugend ist eine positive Charaktereigenschaft oder eine positive soziale Fähigkeit. Während es in der neuzeitlichen Ethik vor allem um moralische Regeln und ihre Begründung geht, war die Ethik der Antike eine **Tugendethik**. »Moralisch gut leben« hieß »tugendhaft leben«; genauer gesagt: Die Ethik beschrieb eine Lebensform, die durch die Ausübung bestimmter Tugenden gekennzeichnet war. Für *Platon* (427–347 v. Chr.) waren die »Kardinaltugenden«, also die wichtigsten Tugenden: Tapferkeit, Gerechtigkeit, Besonnenheit (Maß) und Weisheit/Klugheit. Dieses »Viergespann« prägte die gesamte antike Ethik.
Aristoteles (384–322 v. Chr.) unterschied zwischen den von Klugheit bestimmten sozialen Tugenden, die er »ethische Tugenden« oder Charaktertugenden nannte, und den von Weisheit bestimmten »dianoethischen«, Erkenntnistugenden.
Das von der christlichen Theologie geprägte Mittelalter fügte den vier weltlichen Kardinaltugenden die drei christlichen Kardinaltugenden »Glaube, Liebe, Hoffnung« hinzu.
Mit *Immanuel Kant* (1744–1804) gewann die normative Ethik (siehe Info-Portal: Grundbegriffe und Strömungen der Moralphilosophie, S. 256) gegenüber der Tugendethik endgültig die Oberhand. Für ihn zählte in der Moral nur noch eine einzige Charaktereigenschaft: der gute Wille.

Lange Zeit rückte damit die Tugendethik in den Hintergrund. Heute bezeichnet man viele sogenannte Tugenden wie »Disziplin« oder »Fleiß« als »Sekundärtugenden«, weil sie nichts mit Moral zu tun haben, sondern Erfolgstechniken für alle möglichen Zwecke sind. In einer der wichtigsten moralphilosophischen Strömungen der Gegenwart, im **Kommunitarismus** wurde allerdings, in Anknüpfung an Aristoteles, die Bedeutung von Tugenden wieder betont. Welche Tugenden wir brauchen, hängt dann von den Werten ab, die wir verwirklichen wollen. Einer der wichtigsten Vertreter des Kommunitarismus ist der Amerikaner *Michael Sandel* (geb. 1953). ■

PRO UND CONTRA

Sind alle Tugenden moralisch?

▶ Untersuchen Sie die folgenden, gemeinhin als »Tugenden« geltenden Eigenschaften und nennen Sie jeweils Gründe für oder gegen die Ansicht, dass es sich hier um »moralische« Tugenden handelt:
Hilfsbereitschaft
Ordnungsliebe
Fleiß
Tierliebe
Sparsamkeit
Tapferkeit
Einfühlungsvermögen

PRO UND CONTRA

Ist sexuelle Identität eine moralische Frage?

Menschen haben unterschiedliche sexuelle Orientierungen. Viele sind heterosexuell, d. h. sie suchen Ihren Partner beim anderen Geschlecht, manche sind homosexuell und suchen ihren Partner beim gleichen Geschlecht oder sie sind bisexuell, d. h. sie suchen ihren Partner sowohl beim einen als auch beim anderen Geschlecht. Noch bis vor einigen Jahrzehnten galten Homosexuelle und Bisexuelle als unmoralisch. In vielen Religionen und manchen Ländern ist Homosexualität immer noch verboten.

▶ Nehmen Sie zu folgenden Argumenten Stellung. Welches überzeugt Sie am meisten und warum?
- Homosexualität ist unmoralisch, weil Gott den Menschen zur Ehe mit dem anderen Geschlecht bestimmt hat.
- Homosexualität ist unmoralisch, weil sie unnatürlich ist.
- Homosexualität ist wie Sexualität überhaupt weder gut noch böse. Sie hat mit Moral überhaupt nichts zu tun, weil es hier nur um eine natürliche Zuneigung zu einer bestimmten Gruppe von Menschen geht. Das allgemeine Zusammenleben der Menschen ist hier gar nicht betroffen.
- Homosexualität verstößt gegen das Sittengesetz.
- Freie Ausübung von Homosexualität und von jeder sexuellen Orientierung ist mit dem Kategorischen Imperativ vereinbar.

PRO UND CONTRA

Wer ist moralfähig?

▶ Welche der folgenden Eigenschaften sollte ein Lebewesen haben, damit es ein Recht hat, moralisch behandelt zu werden?

1) Es sollte im biologischen Sinne ein Mensch sein.

2) Es sollte ein bestimmtes Maß an Vernunft und Eigenbewusstsein haben.

3) Es sollte ein bestimmtes Maß an Leidensfähigkeit haben.

4) Es sollte entweder ein Tier oder ein Mensch sein.

5) Es sollte ein Organismus sein.

APROPOS

Moral und Ökologie – Unser Verhältnis zur Natur

In der Antike war die »Natur« noch ein sehr weiter Begriff: Sie umfasste den gesamten Kosmos, den Menschen genauso wie seine Umwelt. Erst als man in der Neuzeit begann, den Menschen der übrigen Natur (also der organischen und nicht-organischen Umwelt) gegenüberzustellen, stellte sich die Frage nach dem Verhältnis von Mensch und Natur in einer neuen Weise. Besonders in der westlichen Kultur haben die Menschen seitdem die Natur immer als eine Quelle von Ressourcen oder eine zu beherrschende Macht angesehen, die sie bearbeiten und ausbeuten können.

Es dauerte lange, bis sich die Philosophie Fragen einer »ökologischen Ethik« zuwandte, zu der auch, in einem erweiterten Sinn, das Verhältnis zwischen Mensch und Tier gehört. Aber auch wenn man die moralische Verantwortung gegenüber der Umwelt anerkennt, wird das Verhältnis zur Natur immer noch ganz verschieden beurteilt.

Für *Arthur Schopenhauer* (1788–1860) sind, beeinflusst durch buddhistisches und hinduistisches Denken, alle Lebewesen, einschließlich des Menschen und der gesamten Natur, in einer Einheit verbunden. Schopenhauer gilt als ein Vorreiter des Tierschutzes und einer ökologischen Ethik.

Auch der Utilitarist *John Stuart Mill* (1806–1873) glaubte, dass es unsere moralische Pflicht ist, nicht nur uns selbst als Menschen, sondern auch die Natur zu kultivieren und zu verbessern.

Der Theologe und Philosoph *Albert Schweitzer* (1875–1965) schreibt: »Wahrhaft ethisch ist der Mensch nur, wenn er der Nötigung gehorcht, allem Leben, dem er beistehen kann, zu helfen, und sich scheut, irgend etwas Lebendigem Schaden zu tun. Er fragt nicht, inwiefern dieses oder jenes Leben als wertvoll Anteilnahme verdient, und auch nicht, ob und inwieweit es noch empfindungsfähig ist. Das Leben als solches ist ihm heilig. Er reißt kein Blatt vom Baume ab, bricht keine Blume und hat acht, dass er kein Insekt zertritt.«

Der australische Philosoph *Peter Singer* (geb. 1946) setzt sich dafür ein, dass höher entwickelte Tiere, wie z. B. die Primaten, die ein bestimmtes Maß an Eigenbewusstsein und damit auch an Leidensfähigkeit haben, auch nach moralischen Gesichtspunkten behandelt werden müssen und nicht einfach als Sachen gelten dürfen. ■

PRO UND CONTRA

Welche Haltung gegenüber der Natur halten Sie für moralisch gerechtfertigter?

▶ Nennen Sie Argumente, die Mill stützen und solche, die Schweitzer Recht geben.

▶ Vergleichen Sie Albert Schweitzers Position auch mit der Position Peter Singers. Was bedeutet die jeweilige Position für
– die Haltung gegenüber Tieren?
– die Haltung zur Sterbehilfe?

▶ Welche Eingriffe in die Natur halten Sie für vertretbar:
– gentechnische Bearbeitung von Pflanzen, damit höhere Erträge erwirtschaftet werden können;
– Tierversuche mit Kleintieren (Ratten) zu medizinischen Zwecken;
– Scheren von Schafen, um Wolle zu gewinnen;
– Abholzung von Regenwäldern zur Rohstoffgewinnung?

DER KLEINE PHILOSOPHENSTECKBRIEF

Gesucht wird: der Tabubrecher

Seine Eltern mussten vor dem Holocaust von Österreich nach Australien fliehen, wo er geboren wurde. Später, als er bereits ein bekannter Philosoph war und an einer der renommiertesten Universitäten der westlichen Welt lehrte, warf man ausgerechnet in Deutschland und ausgerechnet ihm vor, er habe sich mit seinen Thesen in die Nähe der Nazis begeben. Dabei hatte er sich lediglich einem heißen Eisen der Ethik zugewandt, dem zuvor zu wenig Beachtung geschenkt worden war, der Frage nämlich, welche Bedingungen ein Lebewesen erfüllen muss, damit es Anspruch auf moralische Behandlung hat.

Bei der Beantwortung dieser Frage scheute er sich nicht, Tabus zu brechen. Denn der Anspruch auf moralische Behandlung ist für ihn kein Alleinstellungsmerkmal des Menschen. Auch höher entwickelten Tieren müssen wir ihn zusprechen. Noch revolutionärer war die These, dass nicht alle Menschen diesen Anspruch haben, sondern nur »Personen«, also Wesen, deren Schmerzempfinden und Selbstbewusstsein eine bestimmte Entwicklungsstufe erreicht haben.
Seine Gegner unterstellen ihm, damit einer neuen Form der »Euthanasie« das Wort zu reden. Alle Anfeindungen jedoch haben nicht verhindern können, dass er mit seinen sicher auch provokanten Thesen zur moralischen Aufwertung der Tiere und zur Moralfähigkeit oder Moralunfähigkeit des Menschen zu einem der bedeutendsten Vertreter der praktischen Ethik wurde.

- Wer war's?

PRO UND CONTRA

Wenn Rechte, dann auch Pflichten?

- Was halten Sie von dem Satz: Wer moralische Rechte hat, hat auch moralische Pflichten? Nennen Sie Argumente dafür und dagegen!
- Welche Konsequenzen hätte der Satz für die moralische Bewertung von Tieren und anderen nicht-menschlichen Lebewesen?

PRO UND CONTRA

Leben dürfen – sterben müssen oder leben müssen – sterben dürfen?

Das Recht auf leibliche Unversehrtheit ist ein Grundrecht. Entsprechend sind Ärzte verpflichtet, Leben zu erhalten. Andererseits hat jeder das Recht, über seinen Körper selbst zu bestimmen. Also auch das Recht, selbstbestimmt zu sterben?
Beurteilen Sie die folgenden beiden Fälle:

Der Schriftsteller Wolfgang Herrndorf wusste bereits Jahre vor seinem Tod, dass er an einem unheilbaren Hirntumor litt. Er kündigte an, dass er den Zeitpunkt seines Todes selbst bestimmen würde, wenn die Krankheit unerträglich würde. Herrndorf erschoss sich im August 2013 in Berlin.

▶ Ist Herrndorfs Verhalten moralisch gerechtfertigt?

Frau P. ist seit zehn Jahren ein Pflegefall und ans Bett gefesselt. Sie leidet an Krebs im Endstadium und erhält Morphiumspritzen. Sie selbst kann sich zu ihrem Zustand und ihren Wünschen nicht mehr äußern.

▶ Sollte ein Arzt in diesem Fall Sterbehilfe leisten dürfen?

APROPOS

Glück, Moral, Weisheit, Klugheit

Vier Begriffe, die in der Geschichte der Ethik eine große Rolle gespielt haben. Alle vier haben mit der Antwort auf die Frage zu tun: Wie lebe ich richtig?

Vor allem in der antiken Ethik wurde ein enger Zusammenhang zwischen ihnen hergestellt. Moralisches Handeln war gleichbedeutend mit tugendhaftem Handeln (siehe Apropos: Tugend/Tugendethik) und führte zum Glück. Die meisten antiken Moralphilosophen vertraten zugleich eine Tugendethik und eine Eudämonologie (siehe Info-Portal: Grundbegriffe und Strömungen der Moralphilosophie). Weisheit (sophía) und Klugheit (phrónesis) wurden zeitweise gleichgesetzt und gehörten zu den Kardinaltugenden. Der Weise ist das Ideal der antiken Moralphilosophie. Seit *Aristoteles* (384–322 v. Chr.) wurden Klugheit und Weisheit getrennt: Klugheit wurde zu einer mehr praktischen, »pragmatischen« Tugend. Sie wurde gebraucht, um sich in einer bestimmten Situation für das Richtige entscheiden zu können. Weisheit dagegen wurde jetzt mit einer mehr erkenntnisorientierten, kontemplativen Lebensform verbunden.

Heute gibt es immer noch Philosophen, die zwischen Moral und

Glück einen engen Zusammenhang sehen, besonders, wenn man unter »Glück« das allgemeine Wohl einer Gemeinschaft versteht. Hierzu gehören z. B. die Utilitaristen. Für andere, besonders für Vertreter einer deontologischen oder Pflichtethik sind das aber zwei völlig verschiedene paar Schuhe (siehe Info-Portal: Grundbegriffe und Strömungen der Moralphilosophie, S. 256). Wie viele Philosophen argumentieren sie bis heute, dass der moralische Mensch kein glücklicher und der glückliche kein moralischer Mensch sein muss. Sie unterscheiden auch streng zwischen Klugheitsregeln und moralischen Regeln.
In der Philosophie der Lebenskunst, wo es nicht mehr in erster Linie um moralisches Handeln, sondern um ein »gelingendes Leben« geht, sind Klugheit und Glück wieder in den Mittelpunkt gerückt. ■

INFO-PORTAL

Glücksvorstellungen in der Philosophie

Antike: Für die überwiegende Zahl der antiken Philosophen waren ein moralisch tugendhaftes und ein glückliches Leben dasselbe. Dieses Glück war aber eng mit Vernunft verbunden: Es bestand in der bewussten Einordnung in die vernünftige gesetzmäßige Ordnung des Kosmos. In praktischer Hinsicht wurde das Glück mit der menschlichen Tätigkeit identifiziert, in der die Vernunft am deutlichsten zum Ausdruck kommt: in der philosophischen Kontemplation, dem zweckfreien Nachdenken über die Welt. Auch der von *Epikur* (341–271 v. Chr.) vertretene Hedonismus, der Glück mit Freude und Lust identifizierte, meinte damit ein vernunftgemäßes Leben und einen vernunftgemäßen Umgang mit Gütern und sinnlichen Freuden.
Mittelalter: In der mittelalterlichen Philosophie wurde nicht nur die Vernunft mit der christlichen Theologie verknüpft, sondern auch das Glück. So bestand für den frühen Kirchenvater *Augustinus* (354–430) das wahre Glück nicht im flüchtigen irdischen Glück, sondern in der himmlischen Vereinigung mit Gott.

Aufklärung und Moderne: *Immanuel Kant* (1724–1804) war derjenige, der das Glück aus der Moralphilosophie hinauswarf. Das Moralbewusstsein ist für Kant gekoppelt an das Selbstverständnis des Menschen als Vernunftwesen, das sich über seine Neigungen erheben kann. Glück dagegen ist lediglich die Summe der Befriedigung menschlicher Neigungen.

Demgegenüber hielt *Jeremy Bentham* (1748–1832), der Begründer des Utilitarismus (siehe Info-Portal: Grundbegriffe und Strömungen der Moralphilosophie, S. 256) am Glück als dem Ausgangs- und Zielpunkt jeder Moral fest. Ziel des Handelns war für ihn das allgemeine Wohl, das er definierte als »die größtmögliche Menge von Glück für die größtmögliche Zahl«. Die Begriffe »Glück«, »Gewinn«, »Vorteil«, »Freude«, »Gutes« waren für ihn dabei gleichbedeutend. Für *John Stuart Mill* (1806–1873), den zweiten großen Vertreter des Utilitarismus, ging es um ein qualitativ höherwertiges Glück, das auch die geistigen Anlagen des Menschen befriedigt.

Arthur Schopenhauer (1788–1860) dagegen glaubte nicht daran, dass es ein positives Glück gibt. Für ihn war Glück lediglich die Abwesenheit von Leiden.

Im 20. Jahrhundert haben marxistische Philosophen wie *Ernst Bloch* (1885–1977) an der Utopie eines gesellschaftlichen Glücks, einer klassenlosen und die menschlichen Bedürfnisse befriedigenden Gesellschaft festgehalten. Die konkreten Glücksvorstellungen haben sich aber zunehmend »individualisiert«, d.h. sie sind von den Wünschen und Bedürfnissen des Einzelnen abhängig. ■

APROPOS

Das gute Leben

Das **gute Leben** war einer der Schlüsselbegriffe der Ethik der Antike. Gemeint war damit gleichzeitig das moralisch tugendhafte und das glückliche Leben. Beides wurde in der Antike nicht unterschieden. Als sich die Philosophie stärker den Fragen der

»normativen Ethik«, also den Fragen nach der Begründung moralischer Normen zuwandte, trat der Begriff des »guten Lebens« in seiner Bedeutung für die Ethik zurück. In der Gegenwart gewann er erneut an Bedeutung innerhalb der Philosophie der Lebenskunst im Sinne eines »gelingenden Lebens«. ■

EINE PHILOSOPHISCHE KOPFNUSS

Glück oder Moral?

Betrachten Sie die beiden folgenden Fälle und entscheiden Sie den jeweiligen Konflikt zwischen Glück und Moral.

FALL 1: S. findet im Kaufhaus eine Geldbörse, die 10 000 Euro enthält. Es ist genau das Geld, das ihm gefehlt hat, um ein kleines Café zu eröffnen und damit einen langgehegten Lebenstraum zu verwirklichen.
Warum soll er das Geld abgeben, warum soll er es behalten?

FALL 2: Die Ehe zwischen P. und K. ist nach zehn Jahren zerrüttet. Beide Ehepartner sind unglücklich und sind sich einig, dass eine Trennung für beide die Voraussetzung für ein künftiges glückliches Leben ist. Aber P. und K. haben zwei kleine Kinder, die beide die Eltern brauchen und sich beide gegen eine Trennung der Eltern wehren. Beide Kinder behaupten, sie würden bei einer Trennung de Eltern unglücklich.

- Sollen sich die Eltern auch gegen den Willen der Kinder trennen?
- Wie würde in diesem Konflikt jeweils ein Vertreter des Kategorischen Imperativs, ein Utilitarist und ein Hedonist entscheiden?

APROPOS

Moralistik

Kein philosophischer Begriff wird im Deutschen so häufig missverstanden wie der Begriff **Moralist**. Als solcher wird häufig derjenige bezeichnet, der an alle Dinge eine moralische Messlatte anlegt. Doch es gibt noch eine andere Bedeutung: Ein Moralist ist Teil der Tradition der **Moralistik**. Und die hat es nicht mit Moral, sondern mit den »mores«, den Sitten und sozialen Verhaltensweisen des Menschen zu tun. Es geht, in Anknüpfung an die Klugheits- und Glückslehren der antiken Ethik (siehe Apropos: Glück, Moral, Weisheit, Klugheit, S. 266), um das angemessene Verhalten in einem bestimmten sozialen Rahmen. Ein Moralist in diesem Sinne ist also jemand, der den Menschen in seinem typischen Verhalten beobachtet und daraus *Regeln der Weltklugheit* ableitet. Moralisten sind also weder Tugendlehrer noch Moralphilosophen, sondern eine Mischung aus Anthropologen, Soziologen (bevor es diese als eigene Wissenschaften gab) und philosophischen Klugheitslehrern. Sie äußern sich in literarisch geschliffener Form, in Aphorismen, Essays oder Porträtskizzen. Verbreitet ist die Moralistik vor allem in romanischen Ländern. Ihren Höhepunkt erlebte sie in Frankreich im 17. und 18. Jahrhundert. Einer ihrer bedeutendsten Vertreter war *François de la Rochefoucauld* (1613–1680) mit seinen ›Maximen und Reflexionen‹ (1665). ■

EINE PHILOSOPHISCHE KOPFNUSS

Kann Moral mir schaden?

In La Rochefoucaulds ›Maximen und Reflexionen‹ (1665) steht folgender Satz: »Der Vorsatz, nie zu betrügen, bringt uns in Gefahr, oft betrogen zu werden.«

- ▶ Wenn diese Einsicht stimmt, welche Folgerungen sollte man aus ihr ziehen? Sind die Folgerungen verschieden, je nachdem, ob ich moralische oder Klugheitserwägungen anstelle? Wenn ja, warum?

KAPITEL 12

Anhang
Lösungen, Argumente und Ideen

Zu Kap. 2: Einführung

EINE GROSSE KOPFNUSS DER PHILOSOPHIE → S. 22

Kann das Sein auch »nicht sein«?

Gorgias hat diese Sätze als Gegenposition zur eleatischen Schule formuliert (siehe Kap. 4, Apropos: Die Eleaten und das unbewegte Sein, S. 64). Diese hatte die Existenz eines einzigen, ewigen, wahren, unbewegten Seins behauptet. Die Kopfnuss ist nicht durch eine einzige Antwort lösbar. Sie ist vielmehr ein Türöffner für eine ganze Menge grundsätzlicher Probleme, die die Philosophie bis heute beschäftigen.

Zunächst einmal unterscheiden die Philosophen zwischen einer »logischen« Ebene, in der es darum geht, in einer logischen Sprachanalyse die Verwendung von Begriffen wie »sein« oder »nicht sein« zu klären, und einer »ontologischen« Ebene (also der Wirklichkeitsebene), in der es darum geht, ob etwas wirklich existiert und was als »Sein«, d. h. als Wirklichkeit bezeichnet werden darf.

Auf der logischen Ebene kann »sein« ebenfalls ganz verschieden verwendet werden (siehe auch Kap. 5, Begriffe, Aussagen und Argumente, S. 91). Hier geht es nicht um das »Sein« als Substantiv, sondern um die verbale Verwendung von »sein«. Die häufigste Verwendung ist die, wenn man einem Subjekt ein Prädikat zuspricht (»Prädikation«), z. B. »Die Wand ist grün«.

»Nicht sein« bedeutet hier so viel wie Verneinung. Nun sind zwei Aussagen wie »Die Wand ist grün« und »Die Wand ist nicht grün« nicht vereinbar. Hier gilt der »Satz des Widerspruchs«: »sein« und »nicht sein« im Sinne der Prädikation können nicht gleichzeitig behauptet werden, weil zwei einander widersprechende Aussagen nicht gleichzeitig wahr sein können.

Eine andere Verwendungsweise von »ist« ist die im Sinne einer Existenzaussage: »ist« meint hier so viel wie »existiert«. Gorgias unterscheidet die beiden Verwendungsweisen von »ist« nicht deutlich.

Bei der Frage, ob und in welcher Weise das »Sein«, also das wahrhaft Wirkliche, existiert, und worin das wahrhaft, unvergänglich Wirkliche besteht, befinden wir uns auf der ontologischen Ebene. Ein ontologisches Problem, das in der Geschichte der Philosophie seit den alten Griechen eine zentrale Rolle gespielt hat, ist die Frage der *Substanz*, d. h. nach den elementaren Bausteinen der Wirklichkeit, die allen Wandel der Natur überdauern. Worin bestehen diese Bausteine? Oder gibt es vielleicht keine ewigen Grundelemente und alles Wirkliche ist prozesshaft und vergänglich?
Ein zweites von Gorgias entdecktes Problem ist das sogenannte »Realismusproblem«, das in der Erkenntnistheorie der Neuzeit intensiv diskutiert wurde: Wenn es etwas Wirkliches gibt, können wir es dann erkennen? Oder bezieht sich unsere Erkenntnis nur auf eine Scheinwirklichkeit?
René Descartes (1596–1650), einer der Gründerväter der neuzeitlichen Erkenntnistheorie (siehe Kap. 9, S. 193), war der Ansicht, dass wir über das Denken an die wahre Wirklichkeit herankommen, während die sinnliche Wahrnehmung trügerisch sein kann. Dass die Welt, die wir wahrnehmen, nur eine Oberflächenwirklichkeit ist, hinter der sich die eigentlich wahre Welt verbirgt, wird von den Philosophen behauptet, die die sogenannte »Zwei-Welten-Theorie« vertreten (siehe Kap. 7: Apropos: Die Zwei-Welten-Theorie), darunter namhafte Philosophen wie *Platon* (427–347 v. Chr.), *Immanuel Kant* (1724–1804) oder *Arthur Schopenhauer* (1788–1860). Platon behauptet, das wahre Sein (Welt der Ideen) sei über eine intellektuelle visionäre Schau erkennbar, die aber nur wenigen vorbehalten ist. Für Kant ist die wahre Wirklichkeit (»Ding an sich«) nicht erkennbar.
Eine gewisse Ähnlichkeit mit der Zwei-Welten-Theorie findet man in der modernen Quantenphysik. Die »wahre« Wirklichkeit, die Welt der Elementarteilchen, ist zwar messbar, aber unserer Anschauung nicht mehr zugänglich.
Das dritte wichtige, von Gorgias aufgeworfene Problem betrifft die Beziehung zwischen Sprache und Wirklichkeit. Bildet Sprache Wirklichkeit ab oder ist die Sprache ein künstliches Netz, hinter dem die Wirklichkeit verborgen bleibt? Diese Fragen wurden zu zentralen Themen der Sprachphilosophie des 20. Jahrhunderts, wie sie u. a. von *Ludwig*

Wittgenstein (1889–1951) (siehe Kap. 5, S. 101) entwickelt worden ist. Die These, dass Sprache Wirklichkeit eins zu eins abbildet, wird heute kaum noch vertreten. Viel verbreiteter ist eine Art »kultureller Relativismus«, d. h. die Ansicht, dass jede Sprache eine eigene Sicht auf die Wirklichkeit vermittelt. Diese Sicht bedeutet, dass es einen gewissen Allgemeinheitsanspruch innerhalb einer Sprachgemeinschaft gibt, aber keine davon kann absolute Geltung beanspruchen.
Insgesamt lässt sich sagen, dass die provokanten Thesen des Gorgias wohl nicht akzeptabel sind, aber doch den Weg zu einer Reihe von wichtigen Fragen geebnet haben.

DER KLEINE PHILOSOPHENSTECKBRIEF → S. 29

Der Spion Gottes

Søren Kierkegaard (1813–1855)

DER KLEINE PHILOSOPHENSTECKBRIEF → S. 36

Der »stumme Ochse und engelsgleiche Doktor«

Thomas von Aquin (1225–1274)

Zu Kap. 3: Philosophische Themen und Probleme

LOGIK-CHECK → S. 44

Zwei Schlussfolgerungen

Die erste Schlussfolgerung (»Alle Schüler haben zu Hause ein iPad etc.«) ist deshalb falsch, weil hier zwei Sprechebenen verwechselt werden. Mit »iPad« ist im ersten Fall der Gegenstand und im zweiten Fall das Begriffswort gemeint. Es werden also »Objektsprache« und »Metasprache« miteinander vermischt (siehe Kap. 5, Apropos: Metasprache und Objektsprache, S. 89).
Die zweite Schlussfolgerung (»Einige Schüler haben zu Hause ein iPad«) ist aufgrund der unzureichenden zweiten Prämisse (»Einige iPads sind Schrottapparate«) fehlerhaft. Sie wäre gültig, wenn die zweite Prämisse lauten würde: »Alle iPads sind Schrottapparate.«

→ S. 46

LOGIK-CHECK

Die Bedeutung von »Geist«

»Der Geist vergangener Zeiten«: »Geist« im Sinne der kulturellen Ausrichtung einer Epoche (engl. *spirit* oder *genius*)
»Ein Mann des Geistes«: Geist im Sinne von Esprit, Intellekt und Kultur (engl. *wit*)
»Körper und Geist«: »Geist« im Sinne von Bewusstsein und Intellekt (engl. *mind*)
»Der Geist von Schloss Canterville«: »Geist« im Sinne von Gespenst (engl. *ghost*)

→ S. 50

DENK DIR WAS!

Software Neue Welt

Hier können Sie sich in der virtuellen Welt tummeln und Ihrer Phantasie freien Lauf lassen. Sie können ja jederzeit umprogrammieren.

→ S. 56

DENK DIR WAS!

Laborversuch Naturzustand

Die hier angeführten Beispiele werden in der philosophischen Diskussion ganz unterschiedlich behandelt:

»Ein Versprechen darf nur einmal gebrochen werden«: Dass man gegebene Versprechen halten muss, gehört zu den Grundlagen der Moral und damit jedes Zusammenlebens. Die Erlaubnis, ein Versprechen brechen zu können (wenn auch nur einmal), stellt den Zusammenhalt einer Gesellschaft in Frage.

»Keiner darf Privateigentum haben. Alles gehört allen«: Dies ist eine klassische Forderung des Sozialismus/Kommunismus, die aber umstritten ist. Bei liberalen politischen Philosophen und bei den Begründern der neuzeitlichen Vertragstheorie, z. B. bei John Locke (1632–1704), gehört der Schutz des Privateigentums zu den unumstößlichen Grundrechten. Dies ist auch in die Verfassungen der westlichen Demokratien eingeflossen.

»Keiner darf mehr als einen Partner heiraten«: Dies gehört weder zu den Grundrechtem noch zu den Grundlagen der Moral. Es bleibt entweder Sache konkreter Rechtsbestimmungen oder religiöser Überzeugungen. Während in westlichen Ländern die Ehe mit nur einem Partner vorgeschrieben ist, ist in anderen Staaten Polygamie üblich. Kenia hat 2015 die Polygamie gesetzlich verankert.

»Alle müssen gleich viel arbeiten«: Auch dies ist keine Grundlage des Rechts oder der Moral, sondern eine politische Forderung. Die Forderung nach Freiheit und Gleichheit meint in der Regel »Gleichheit vor dem Gesetz«, beinhaltet aber keine konkreten Forderungen bezüglich der Arbeits- und Lebensgestaltung.

»Keiner darf einem anderen Gewalt antun«: Das Recht auf körperliche Unversehrtheit gehört zu den unumstrittenen Grundrechten.

Zu Kap. 4: Die Antike als Ursprung der westlichen Philosophie

ZWEI PHILOSOPHISCHE KOPFNÜSSE → S. 64

Das Problem der Zeit und der Bewegung

Bei beiden Kopfnüssen geht Zenon in einer ähnlichen Weise vor. Er geht mit der Zeitachse wie mit einer ruhenden, räumlichen Strecke um, bei der er einen Endpunkt festlegt. Im Fall der Achill-Paradoxie ist dieser Endpunkt der Zeitpunkt, an dem Achill die Schildkröte einholt. Die Strecke bis zu diesem Punkt teilt er in immer kleinere, unendlich viele Intervalle, sodass der Endpunkt zum Grenzwert wird, der nie erreicht wird. Zenon tut so, also könne man den Zeitablauf, wie bei einem auf dem DVD-Player abgespielten Film, mit Hilfe einer Stopptaste unendlich oft anhalten. Doch die Wirklichkeit ist kein Film, den man nach jedem Intervall unterbrechen kann. Hier läuft die Zeit kontinuierlich weiter. Die räumliche Intervallbildung ist nicht identisch mit dem tatsächlichen Zeitablauf. Im tatsächlichen Zeitablauf hat Achill die Schildkröte nach ein paar Sekunden überholt.
Das Pfeilparadox benutzt den gleichen Trick: Grenzpunkt ist hier der

Zeitpunkt, an dem der Pfeil die Zielscheibe erreicht. Die Zeitspanne, in der der Pfeil fliegt, wird wie eine räumliche Strecke in eine Reihe distinkter Punkte, also Orte eingeteilt, an denen der Pfeil angeblich unbewegt ist. Doch das der Pfeil ständig seine Position von einem Punkt zu anderen ändert, befindet er sich in Bewegung und hat auch eine bestimmte Geschwindigkeit. Er wird also ganz schnell die Zielscheibe treffen. Die Mathematik hat auch eine Formel dafür, wie man die Geschwindigkeit eines Gegenstandes zu einem bestimmten Zeitpunkt ermitteln kann: Geschwindigkeit zu einem bestimmten Zeitpunkt x wird bestimmt als Grenzwert von Durchschnittsgeschwindigkeiten während jener Intervalle, die gegen 0 tendieren und den Zeitpunkt x enthalten.

→ S. 68

DER KLEINE PHILOSOPHENSTECKBRIEF

Der große Nichtwisser

Sokrates (469–399 v. Chr.)

→ S. 70

LOGIK-CHECK

Der federlose Zweibeiner

Die Schwäche der platonischen Definition des Menschen besteht sicherlich darin, dass sie sich ganz auf äußerliche Merkmale beschränkt und von den spezifisch menschlichen Eigenschaften wie Sprache oder Vernunft völlig absieht.
Im Übrigen nennt Platon allenfalls eine notwendige, aber keine hinreichende Bedingung für »Menschsein«.
Diogenes als Kyniker zog die Lebenspraxis, das konkrete Tun, der theoretischen Diskussion vor. Auch sein Widerspruch gegen Platons Definition ist nicht theoretisch, sondern konkret praktisch.
Platons Reaktion ist insofern bemerkenswert, als er auf die Kritik reagiert, indem er seinen Vorschlag verbessert. Dies sagt eine Menge über das Philosophieverständnis der Griechen, die die Philosophie als einen kritischen Diskussionsprozess verstanden, in dem man die Meinungen der Vorgänger und Kritiker aufgreift und verarbeitet.

DER KLEINE PHILOSOPHENSTECKBRIEF → S. 71

Der Philosoph, der sich selbst in die Tonne klopfte

Diogenes von Sinope (ca. 412–323 v. Chr.)

PRO UND CONTRA → S. 72

Notwendige und nicht-notwendige Bedürfnisse

Auto? Kühlschrank? Computer? Bücher? Soziale Beziehungen?

Die Frage, welche Bedürfnisse und Güter notwendig oder nicht notwendig für ein glückliches Leben sind, wird wohl in jedem Zeitalter, jeder Gesellschaft und wohl auch bei jedem Einzelnen unterschiedlich beantwortet. Vermutlich wird kaum jemand ab dem späten 20. Jahrhundert auf einen Computer verzichten wollen oder können.
Vor allem in der antiken Ethik hat diese Frage eine große Rolle gespielt. Dort gibt es eine relativ einhellige Meinung dazu: Notwendig sind jene Bedürfnisse und Güter, die auf die unmittelbare Lebenssicherung zielen: Nahrungsmittel, Wohnung, Kleidung sowie die Mittel, sich diese zu beschaffen.
Nicht notwendig ist alles, was darüber hinausgeht und was man deshalb als »Luxus« ansehen muss. In diesem Sinne könnte man einen Kühlschrank (und sogar einen Computer) noch als notwendiges Bedürfnis oder Gut akzeptieren, ein Auto jedoch nicht.
Die Frage ist natürlich immer: Notwendig wozu? Die klassische Lebensphilosophie antwortet hier: um glücklich zu werden, und dies erreicht man nur durch ein »naturgemäßes« Leben, das auf Überflüssigkeiten verzichtet. Für die Antike bedeutete »naturgemäß« vor allem, der Vernunft und den geistigen Gütern Vorrang zu geben, weil der Mensch von Natur ein vernünftiges Wesen ist. Man sollte gerade so viel besitzen, dass man frei ist, sich den geistigen Gütern zuzuwenden. Zu diesen gehört z. B. auch die Pflege der Freundschaft. Bücher und soziale Beziehungen würde man deshalb streng genommen nicht zu den notwendigen Gütern zählen, sondern zu den erstrebenswerten Glücksgütern.

Wenn man die Grundannahmen der antiken Glücklehre nicht teilt und das, was »notwendig« ist, ganz anders definiert, folgt daraus natürlich auch eine andere Einschätzung der genannten Güter. Für die Philosophie wichtig ist es, dass man sich überhaupt über Maßstäbe wie »notwendig« und »nicht notwendig« Gedanken macht und seine Meinung auch begründet.

→ S. 76

PRO UND CONTRA

Jedem das Seine

»Jedem das Seine« ist eine mehrdeutige Forderung, die zum Missbrauch einlädt. Sie kann sowohl im Rahmen eines Gleichheitsgrundsatzes als auch im Rahmen eines Ungleichheitsgrundsatzes formuliert werden. Platon selbst ging von der natürlichen Ungleichheit der Menschen aus und rechtfertigte mit der Forderung »Jedem das Seine« die unterschiedlichen Rechte und Pflichten von Bürgern. Diese Art von Zementierung der Ungleichheiten gibt es in allen Staaten, in denen unterschiedlichen Bevölkerungsgruppen (manchmal auch der Mehrheit) unterschiedliche Rechte zugestanden werden – in denen es also rechtliche Diskriminierung gibt. Bekannte Beispiele sind Südafrika zur Zeit der Apartheid (wo die Schwarzen Bürger zweiter Klasse waren) oder Nazi-Deutschland, wo die Juden systematisch diskriminiert wurden. Die Nazis brachten den Spruch »Jedem das Seine« sogar an den Toren von Konzentrationslagern an.
Der Satz »Jedem das Seine« bedarf also einer Unterordnung unter einen höheren Grundsatz wie »Alle Menschen haben gleiche Rechte«. Dann erhält er einen rechtsstaatlichen Sinn im Sinne von: Jeder hat Anspruch darauf, dass die ihm zustehenden Rechte respektiert werden.

→ S. 76

DER KLEINE PHILOSOPHENSTECKBRIEF

Der Fremde aus Makedonien

Aristoteles (384–322 v. Chr.)

PRO UND CONTRA → S. 78

Substanz oder nicht Substanz?

Die Beispiele verdeutlichen das Problem, das sich stellt, wenn man den Substanzbegriff des Aristoteles zugrunde legt. Vorbild für »Substanz« als reale Gegenstände sind räumlich abgrenzbare Dinge. Bei den Beispielen handelt es sich aber durchweg um prozessuale Gebilde, entweder in der Natur oder in der Geschichte, die als »Gegenstände« nicht klar abgrenzbar sind. Dies spricht dagegen, sie als »Substanzen« zu bezeichnen. Wie überhaupt der Substanzbegriff in der physikalischen Welterklärung keine große Rolle mehr spielt.
Dafür spricht wiederum, dass man sie auf der sprachlichen Ebene als Prozesse sehr wohl abgrenzen und ihnen (aufgrund der sprachlichen Unterscheidung zwischen »Subjekt« und »Prädikat«) Eigenschaften, also »Akzidenzien« zusprechen kann. Strom etwa hat bestimmte physikalische, die Industrialisierung bestimmte ökonomische und soziale Eigenschaften, der Klimawandel physikalische, ökologische und soziale Eigenschaften.

LOGIK-CHECK → S. 80

Richtige oder falsche Schlussfolgerung?

Alle Menschen sind sterblich.
Sokrates ist sterblich.
→ Sokrates ist ein Mensch.
Wenn man die Sterblichen in einer Menge zusammenfasst, sieht man, dass sie mehr enthält als die Klasse der Menschen (z. B. auch alle Tiere). Also ist Sterblichkeit kein Alleinstellungsmerkmal des Menschen. Wer sterblich ist, kann auch ein Vogel oder ein Fuchs sein. Deshalb handelt es sich um eine falsche Schlussfolgerung.
Im ersten Beispiel dagegen:
Alle Menschen sind sterblich.
Sokrates ist ein Mensch.
→ Sokrates ist sterblich.
ist Sokrates dadurch, dass er der kleineren Menge »Mensch« zugehört, auch Teil der Menge der »Sterblichen«, weil diese die Menge »Mensch« umfasst. Also ist der Schluss gültig.

→ S. 81
PRO UND CONTRA
Ist die richtige Mitte immer »richtig«?

Die Antwort muss zwischen moralischem und klugem Handeln unterscheiden. Moralisch ist die Mitte keineswegs immer richtig. Bei beiden Beispielen gibt es zwar eine Mitte (z. B. situationsbedingte Wahrhaftigkeit, begrenztes Mitgefühl), die aber als moralische Tugend gegenüber »Wahrhaftigkeit« und »Mitleid« zurückstehen. Die Lehre von der richtigen Mitte ist im Grunde keine Morallehre, sondern eine Klugheitslehre, die mir Orientierung im sozialen Handeln geben soll. So hat z. B. die Forderung, dass ich freigiebig, aber weder geizig noch verschwenderisch sein soll, etwas mit einem angemessenen, klugen Umgang mit Geld zu tun. Die Moral bleibt davon unberührt. Moralisch wäre z. B. die Forderung, mein Geld nicht durch Ausbeutung anderer zu verdienen.
Das Problem entsteht dadurch, dass bei Aristoteles wie fast in der gesamten antiken Philosophie Klugheitslehre und Morallehre nicht scharf getrennt werden.

Zu Kap. 5: Logik, Sprache, Argumentation
Aus dem Werkzeugkasten der Philosophie

→ S. 90
EINE PHILOSOPHISCHE KOPFNUSS
Selbstbezügliche Aussagen

Selbstbezügliche Aussagen sind Aussagen, in denen eine Aussage etwas über sich selbst aussagt, in der also eine metasprachliche und eine objektsprachliche Aussage miteinander verschmelzen.
In: »Diser Sats hat vier Feeler« gibt es drei »normale« Fehler: »Diser« (statt »Dieser«), »Sats« (statt »Satz) und »Feeler« (statt »Fehler«).
Dadurch, dass der Satz die selbstbezügliche Aussage trifft: »Dieser Satz hat vier Fehler« kommt ein weiterer Fehler vor, der sich im Unterschied zu den anderen drei aber durch den Selbstbezug der metasprachlichen Aussage ergibt. Der Satz ist falsch, wenn man ihn auf den objektsprachlichen Teil bezieht und wahr, wenn man die metasprachliche Aussage einbezieht. Man muss also den meta- und objektsprachlichen Teil trennen, z. B. so:

Der Satz »Dieser Satz hat vier Fehler« hat vier Fehler. Dann sieht man gleich, dass er nicht paradox, sondern falsch ist.

Das Lügner-Paradox

Der Satz »Der Kreter Epimenides sagt: ›Alle Kreter lügen‹« ist ebenfalls ein selbstbezüglicher Satz mit einem objektsprachlichen und einem metasprachlichen Teil. Die Paradoxie löst sich, wenn man sieht, dass beide Teile auf verschiedenen sprachlichen Ebenen liegen und die Wahrheitsuntersuchung beider Teile getrennt werden muss. Die Wahrheit oder Falschheit der objektsprachlichen Aussage »Alle Kreter lügen« ist also unabhängig von der Wahrheit und Falschheit der metasprachlichen Aussage »Der Kreter Epimenides sagt: ›Alle Kreter lügen‹«. Im einen Fall wird untersucht, ob alle Kreter wirklich lügen, im anderen Fall, ob Epimenides dies sagt oder nicht. Das Paradox ergibt sich auch hier dadurch, dass man beide Ebenen vermischt.

LOGIK-CHECK → S. 90

Gebrauch von Objekt- und Metasprache

Der Abendstern (objektsprachlich) wird auch »Morgenstern« (metasprachlich) genannt, der Morgenstern (objektsprachlich) wiederum häufig als »Abendstern« (metasprachlich) bezeichnet. »Morgenstern« (metasprachlich) und »Abendstern« (metasprachlich) bezeichnen denselben Stern. Der Morgenstern (objektsprachlich) ist mit dem Abendstern (objektsprachlich) identisch.
29 besteht aus zwei Ziffern und ist eine Primzahl: Hier werden beide Ebenen miteinander vermischt. »›29‹ (müsste hier in Anführungszeichen gesetzt werden) besteht aus zwei Ziffern« ist eine metasprachliche Aussage, während »29 ist eine Primzahl« eine objektsprachliche Aussage ist.
Der Satz »29 ist eine Primzahl« ist wahr (metasprachliche Aussage), wenn 29 eine Primzahl ist (objektsprachlich).

→ S. 92

LOGIK-CHECK

Intensionale und extensionale Bedeutung

Einhorn
Intensionale Bedeutung: ein pferdeähnliches Fabeltier mit einem spitzen Horn auf der Stirn
Extensionale Bedeutung: keine

Gott
Intensionale Bedeutung: überirdisches Wesen, das die Welt erschaffen hat.
Extensionale Bedeutung: Atheisten sagen, es gibt keine; Anhänger der monotheistischen Religionen sagen, dass es genau eine gibt. Für Anhänger polytheistischer Religionen (wie z. B. die alten Griechen) gibt es mehrere.

Bundestagsabgeordneter
Intensionale Bedeutung: gewählter Volksvertreter und Mitglied des Deutschen Bundestags.
Extensionale Bedeutung: Im Jahr 2015: alle 633 für den 18. Deutschen Bundestag gewählte Abgeordnete.

→ S. 93

PRO UND CONTRA

Verwendung des Begriffs »Nichts«

Intensionale und extensionale Bedeutung von »Nichts«: Intensional wird das Substantiv »Nichts« in der Philosophie am häufigsten im Sinne einer leeren oder negativen Wirklichkeit gebraucht, also als Gegenbegriff zu »Sein«. Er kann auch, wie bei Sartre, einen Raum noch nicht realisierbarer Möglichkeiten bezeichnen.
Die Frage, ob »Nichts« eine Extension hat, ist sehr viel schwieriger zu beantworten. Da Extension immer die real existierenden Dinge bezeichnet, auf die ein Begriff verweist, muss man beim Begriff »Nichts« wohl von keiner oder einer »negativen« Extension ausgehen.
Argumente für die Verwendung von »Nichts«: Ob es sinnvoll ist, mit einem Begriff zu operieren, der lediglich den logischen Gegensatz zu »Sein« bezeichnet, aber keine (beschreibbare) extensionale Be-

deutung hat, ist eine berechtigte Frage. Andererseits haben die Philosophen in ihrer Geschichte immer wieder Begriffe neu geprägt, um Sachverhalte zu bezeichnen, die sie mit herkömmlichen Begriffen nicht ausdrücken konnten. Wenn ein Philosoph den Begriff also hinreichend klar für seine Zwecke definieren und einführen kann, spricht nichts gegen seine Verwendung.

DER KLEINE PHILOSOPHENSTECKBRIEF → S. 94

Der logico Philosophicus

Ludwig Wittgenstein (1889–1951)

LOGIK-CHECK → S. 97

Ist das ein Argument und wenn ja, welches?

BEISPIEL A: »In unserer Kultur ...«: Argument aus der Autorität
BEISPIEL B: Jedes Mal, wenn ...«: Argument post hoc ergo propter hoc

LOGIK-CHECK → S. 99

Hinreichende und notwendige Bedingung

BEISPIEL 1: »Wer fünf Jahre ...«: hinreichende Bedingung
BEISPIEL 2: »Einem Strafgefangenen ...«: gute Führung und Einsicht in die begangene Straftat sind notwendige, aber keine hinreichenden Bedingungen.
BEISPIEL 3: »Studieren darf ...«: Abitur und Meister sind hinreichende Bedingungen.

LOGIK-CHECK → S. 100

Naturalistischer Fehlschluss

Die korrekte Schlussfolgerung in dem Beispiel:
In der Natur setzt sich immer der Stärkere durch.
Auch die menschliche Gesellschaft ist Teil der Natur.
müsste heißen: → Auch in der menschlichen Gesellschaft setzt sich der Stärkere durch (nicht: *sollte* sich durchsetzen).

»Die Straßenverkehrsordnung …«: kein naturalistischer Fehlschluss, weil das »Sollen« nicht aus einem »Sein«, sondern aus dem »Sollen« der Straßenverkehrsordnung gefolgert wird.

»Alle Deine Altersgenossen …«: naturalistischer Fehlschluss

→ S. 103

DER KLEINE PHILOSOPHENSTECKBRIEF

Das Universalhirn

Gottfried Wilhelm Leibniz (1646–1716)

→ S. 105

DER KLEINE PHILOSOPHENSTECKBRIEF

Radikaler und Vordenker der Logik

Bertrand Russell (1872–1970)

→ S. 107

LOGIK-CHECK

Wahrheitstafel für Adjunktion und Negation

Adjunktion (»oder«)

p	q	p ∨ q
w	w	w
w	f	w
f	w	w
f	f	f

Negation:

p	¬ p
w	f
f	w

→ S. 109

LOGIK-CHECK

Tautologie

Die logische Form einer klassischen Tautologie ist: q ∨ ¬ q (q oder nicht q)

Dem entspricht scheinbar die Aussage: Entweder ändert sich das Wetter oder es ändert sich nicht (bleibt wie es ist). Eine Tautologie zeichnet sich aber dadurch aus, dass sie immer wahr ist, ob die Einzelaussage »q« nun wahr ist oder nicht.
Die logische Form der hier vorliegenden Gesamtaussage ist aber: p → (q ∨ ¬ q) (Wenn p, dann q oder nicht q). Es handelt sich also um ein Konditional.
Die Wahrheitstafel für ein Konditional ist aber folgende:

p	**q**	**p → q**
w	**w**	**w**
w	**f**	**f**
f	**w**	**w**
f	**f**	**w**

Das Konditional ist als Aussagenverknüpfung also nur in einem einzigen Falle falsch: Wenn p wahr und q falsch ist. Da es sich bei dem zweiten Glied der Aussagenverknüpfung aber um die Verknüpfung q ∨ ¬ q handelt, also um eine Tautologie, d. h. eine Verknüpfung, die immer wahr ist, ist auch dieses Konditional immer wahr. Also ist dieses Konditional ebenfalls eine Tautologie.

PRO UND CONTRA → S. 109

Die Bedeutung wahrer Aussagen

Nietzsches These ist hier, dass die Wahrheit im Sinne von Aussagenwahrheit für ihn ein untergeordneter Wert ist gegenüber dem, was er als »lebensfördernd« oder »arterhaltend« versteht. Damit wertet er die gesamte Philosophiegeschichte ab, die von ihrem Selbstverständnis eine Suche nach der Wahrheit ist. Mit dem Wahrheitsanspruch verliert die Philosophie auch ihre Funktion, dem Menschen Orientierung über sich selbst und die Welt zu geben. Auch gerät sie in Gefahr, sich zum Diener politischer Programme zu machen, die sich solcher suggestiven Begriffe wie »artzüchtend« bemächtigen (wie z. B. die deutschen Nationalsozialisten). Nietzsches These ist eine Art Enthauptung der Philosophie durch Entfernung ihres rationalen Anspruchs.

Argumente für Nietzsches These kann es also allenfalls dann geben, wenn man die Bedeutung der Philosophie herabstuft zugunsten eines pädagogischen Programms mit dem Ziel einer »Anthropotechnik«, also einer »Menschenzüchtung«, wie dies der Philosoph *Peter Sloterdijk* (geb. 1947) in seinem Aufsatz ›Regeln für den Menschenpark‹ (1999) genannt hat.

→ S. 111

LOGIK-CHECK

Syllogismen

Syllogismus: »Alle Nasenbären haben Nasen ...« ist ungültig, weil die Menge der nasentragenden Wesen größer ist als die der Nasenbären. Demnach sind nicht alle, die eine Nase haben, auch Nasenbären.
Syllogismus: »Je mehr Käse ...« Dieser zu einem paradoxen Schluss führende Syllogismus, der schon aus dem 18. Jahrhundert überliefert ist, ist ebenfalls ungültig. Er ist ein Fehlschluss aus »Äquivokation«, d.h. der Begriff »Löcher« verweist hier auf zwei unterschiedliche Sachverhalte: »Löcher« im ersten Satz bezieht sich auf den Käse als Gesamtmasse; im zweiten Fall hingegen auf ein einzelnes Stück Käse.
Syllogismus: Kein berühmter Philosoph hat Kinder.
Alle Kinderlosen erreichen ein hohes Alter.
Schlussfolgerung: Alle berühmten Philosophen erreichen ein hohes Alter.
Jeder Spieler der Mannschaft trägt ein Tattoo.
Jan trägt kein Tattoo.
Schlussfolgerung: Jan ist kein Spieler der Mannschaft.

→ S. 112

LOGIK-CHECK

Zweiwertige Logik

Nur die Aussagen: »Die anglikanische Kirche hat sich vom Papst getrennt« und »Alle Prophezeiungen des Weltuntergangs haben sich als falsch herausgestellt« lassen sich als wahr oder falsch nachweisen, also mit Hilfe einer zweiwertigen Logik erfassen.
»Der Papst ist aus der anglikanischen Kirche ausgetreten« kann we-

der wahr noch falsch sein, weil der Papst per Definition (Oberhaupt der römisch-katholischen Kirche) nie Mitglied der anglikanischen Kirche sein kann. »In den nächsten hundert Jahren wird die Welt untergehen« ist als Aussage über zukünftige Ereignisse ebenfalls nicht als wahr oder falsch nachweisbar.

DENK DIR WAS!

→ S. 112

Das Adressbuch könnte z. B. Namen von denjenigen enthalten, die gar keine E-Mail-Adresse haben. Dazu gehören z. B. auch fiktive Namen. Wahr und falsch könnte nur die Zuordnung bei Namen von realen Personen sein, die eine E-Mail-Adresse besitzen.

LOGIK-CHECK

→ S. 114

Die Haufenparadoxie

PRÄMISSE 1: Ein Stoß von 10 000 Körnern ist ein Haufen
PRÄMISSE 2: Für jede Zahl *n*, die größer ist als 1, gilt: Wenn ein Stoß von *n* Körnern ein Haufen ist, dann ist auch ein Stoß von *n* minus 1 Körnern ein Haufen.
SCHUSSFOLGERUNG (KONKLUSION): Also ist ein Korn ein Haufen.

Die hier vorgenommene Formalisierung ist nur eine Möglichkeit, die aus der Antike bekannte »Haufenparadoxie« darzustellen. Es geht zunächst um die Frage: Wann ist ein Haufen ein Haufen und wann ist er keiner mehr? Auf einer allgemeineren Ebene geht es um den Umgang mit nicht genau zu definierenden Quantitätsbegriffen.
Klar ist: Die erste Prämisse ist wahr: 10 000 Körner sind ein Haufen (Man hätte auch irgendeine andere große Zahl wählen können). Ebenso klar ist, dass die Schlussfolgerung falsch ist: Ein einzelnes Korn ist *kein* Haufen.
Der Fehler muss also in der zweiten Prämisse liegen. Es gibt hier mehrere Herangehensweisen. Wir wählen den Weg der »Wahrheitsgrade«. Die Bedeutung des Begriffs »Haufen« ist nicht eindeutig quantifizierbar. Es gibt jedoch Ansammlungen von Körnern, die man eher als Haufen bezeichnen kann als andere. 10 000 minus 1 ist auf

jeden Fall noch ein Haufen, ebenso wie 9 999 minus 1 100 Körner vielleicht noch als kleiner Haufen durchgehen könnten, aber 50? 10 Körner reichen jedenfalls nicht mehr zu einem Haufen. Dies bedeutet: Je mehr Körner wir wegnehmen, umso weniger handelt es sich um einen Haufen und umso mehr sinkt der Wahrheitsgrad der zweiten Prämisse. Die zweite Prämisse ist also nicht immer gleichermaßen wahr. Irgendwann wird sie definitiv falsch. Deshalb ist auch der Syllogismus ein Fehlschluss.

→ S. 114
LOGIK-CHECK
Konträre und kontradiktorische Aussagen

»Heute Morgen ...«: konträrer Gegensatz
»Der Hausmeister ...«: kontradiktorischer Gegensatz
»Unser Bewusstsein ...«: konträrer Gegensatz

Zu Kap. 6: Gott

→ S. 123
DER KLEINE PHILOSOPHENSTECKBRIEF
Der Philosoph, der Gott in der Welt versteckte

Baruch de Spinoza (1632–1677)

→ S. 127
DIE PHILOSOPHISCHE KOPFNUSS
Pascals Wette

Zwei Argumente, die man gegen Pascals Wette anführen könnte sind folgende: Es stimmt zwar, dass Gott entweder existiert oder nicht existiert und es stimmt auch, dass die Chancenverteilung bei einer Wette so wäre, wie sie Pascal beschrieben hat. Doch die These, dass wir uns in der Situation von Spielern befinden, die verpflichtet sind zu spielen, stimmt nicht. Wir sind nicht gezwungen zu spielen und können uns auch der Stimme enthalten, wie dies die sogenannten »Agnostiker« tun. Der Standpunkt eines Agnostikers ist: Ich weiß nicht, ob Gott existiert oder nicht und entscheide mich auch nicht für die eine oder andere Option.

Ein zweites Argument richtet sich gegen die Vorstellung eines Gottes, der einen Menschen aufgrund einer falschen Wettentscheidung in die Hölle schickt, nach dem Motto: Du hast Pech gehabt und aufs falsche Pferd gesetzt! Dass »ewiges Leben« von einer Wettentscheidung abhängen soll, wird kaum jemandem einleuchten.

DER KLEINE PHILOSOPHENSTECKBRIEF → S. 127

Der Allrounder

Blaise Pascal (1623–1662)

DER LOGIK-CHECK → S. 128

Das Problem der Allmacht

Man kann an dieses Paradox von verschiedenen Seiten herangehen. Wir wählen hier eine logische. Man kann den Begriff »Allmacht« definieren als »eine Macht, über die hinaus es keine größere Macht geben kann«. Eine »Macht, über die hinaus es keine größere Macht geben kann« kann aber keine Macht hervorbringen, die mächtiger ist als sie selbst, weil dies zu einem klaren logischen Widerspruch führt. Man kann also das Argument umdrehen: Eben *weil* Gott allmächtig ist, kann er kein Wesen schaffen, das mächtiger ist als er selbst.

EINE PHILOSOPHISCHE KOPFNUSS → S. 128

Das Theodizeeproblem

Diese Kopfnuss ist im Grunde unlösbar und ein echtes Dilemma für alle, die an einen guten und zugleich allmächtigen Gott glauben. Das Böse und das Leiden in der Welt sind Tatsachen, die nicht wegzuleugnen sind. Die Frage: Warum ein angeblich guter und allmächtiger Gott eine solche Welt erschaffen hat und sie weiterhin duldet, ist mit Mitteln der menschlichen Logik nicht lösbar. Der Philosoph, der sich auf rationale Argumentationsmittel stützt, kann dem Theologen nur sagen: Hier hast du ein Problem!

→ S. 129
PRO UND CONTRA
Die beste aller möglichen Welten

Die Argumente der Gegner stützen sich auf die Tatsache, dass es im Verlauf der Evolution auch immer viele Fehlversuche gegeben hat und dass immer wieder Arten aussterben, weil sie nicht überlebensfähig sind. Dies bedeutet, dass unsere Welt nicht die beste aller möglichen Welten ist, sondern eine verbesserungswürdige und verbesserungsfähige Welt.
Ein (auf Gott und »creative design« verzichtendes) Gegenargument könnte lauten, dass es sich gerade deswegen um die beste aller möglichen Welten handelt, weil sich letztlich in der Natur immer die beste, zweckmäßigste Form des Lebens durchsetzt.
Etwas anders wird die Argumentationslage, wenn man nicht nur die Natur, sondern auch die menschliche Geschichte einbezieht. In Anbetracht der Kriege und der Zerstörungswut des Menschen hat es hier die Argumentation für die beste aller möglichen Welten schwer.

→ S. 132
PRO UND CONTRA
Das fliegende Spaghettimonster – Eine nützliche Gedankenkonstruktion?

Die Idee des fliegenden Spaghettimonsters ist deshalb nicht ganz sinnlos, weil sie demonstriert, wie man eine Idee und eine Weltanschauung gegen empirische Argumente abschirmen und immunisieren kann. Es handelt sich, wie viele religiöse Weltanschauungen auch, um ein geschlossenes Denksystem, das auf alle Einwände eine Antwort hat. Auf die Frage z. B.: »Wie lässt sich die Evolution mit der Idee eines Spaghettimonsters vereinbaren?« lautet die Antwort: »Das Spaghettimonster hat die Evolution in Gang gesetzt, um die Glaubenstreue seiner Anhänger zu testen« – ein Argument, das man nicht widerlegen kann, weil es sich jeder Überprüfungsmöglichkeit entzieht.

LOGIK-CHECK → S. 132

Der ontologische Gottesbeweis

Der klassische Fehler des ontologischen Gottesbeweises besteht darin, dass er »sein« zu einem »realen Prädikat« macht, d. h. dass er die Begriffsintention von »Gott« (Gott *ist* ein allmächtiges Wesen, das die Welt erschaffen hat) mit der Begriffsextension (Es *existiert* ein allmächtiges Wesen, das die Welt erschaffen hat) gleichsetzt. Dies aber ist sprachlogisch unzulässig. Kurz gesagt: Aus der Tatsache, dass es den Begriff »Gott« gibt, dem man bestimmte Eigenschaften zuschreibt, folgt nicht, dass auch tatsächlich ein Gott existiert.

DENK DIR WAS! → S. 132

Gottesvorstellung und Wissenschaft

Mit dem wissenschaftlichen Weltbild ist nur die erste Variante vereinbar, d. h. ein Gott, der sich völlig aus der Welt zurückgezogen hat und nicht in die Naturgesetzlichkeit eingreift.

Zu Kap. 7: Raum und Zeit, Kosmos und Geschichte

LOGIK-CHECK → S. 145

Ein logischer Blick auf Platons Ideen

Inspiriert wurde Platon wahrscheinlich von geometrischen Figuren wie Dreieck, Kreis usw. Wenn wir in der Mathematik von einem »Dreieck« reden, meinen wir nicht irgendein konkretes Dreieck, sondern so etwas wie eine ideale Form des Dreiecks. Sprachlogisch ist dies identisch mit der intensionalen Bedeutung des Begriffs »Dreieck«. Platons »Ideen« im Sinne von »idealen Formen« sind intensionale Bedeutungen, die zu eigenen Wesenheiten, zu idealen Gegenständen erklärt werden und damit auch einen extensionalen Charakter erhalten. Dass solchermaßen unzulässigerweise eine intensionale Bedeutung zu einem existierenden Gegenstand gemacht wird, kann zu weitreichenden philosophischen Konsequenzen führen, z. B. dazu, dass aus einem beliebigen gegebenen Begriffsinhalt (z. B. übernatürliche Wesen) auch die Existenz eines Gegenstandes abgeleitet wird.

→ S. 152

DER KLEINE PHILOSOPHENSTECKBRIEF

Der Mann, den ein fallender Apfel zum Grübeln brachte

Isaac Newton (1643–1727)

→ S. 153

DENK DIR WAS!

Welche in Griechenland entstandenen Theorien spielen heute noch eine Rolle?
Zwei wichtige naturphilosophische Theorien lassen sich hier nennen: Der von *Demokrit* (ca. 460–371 v. Chr.) und anderen antiken Materialisten gelehrte Atomismus, nach dem das Universum aus unteilbaren Elementarteilchen besteht, spielt in der heutigen Physik noch ebenso eine Rolle wie die Konsequenz aus der von *Heraklit* (ca. 544–480) aufgestellten These: »Alles fließt«, womit der prozessuale Charakter der Wirklichkeit betont wird.
Natürlich kann man auch die von *Aristoteles* (384–322 v. Chr.) aufgestellten Gesetze der Logik nennen, die bis heute Grundlage der Begriffslogik sind.

→ S. 153

EINE PHILOSOPHISCHE KOPFNUSS

Um wie viel Uhr fing die Welt an?

Dies ist eine alte, immer wieder diskutierte philosophische Kopfnuss, die sich nicht nur im Zusammenhang mit der Zeit (Wann fing alles an?), sondern auch im Zusammenhang mit der Kausalität stellt. (Gibt es einen Anfang in der Reihe der Ursachen? Gibt es also eine erste Ursache?)
Eine mögliche Auflösung des Dilemmas ist die, dass »Zeit« und »Kausalität« Konzepte sind, mit deren Hilfe wir die Wirklichkeit wahrnehmen (vielleicht auch nur wahrnehmen können), die aber nicht unbedingt »objektive« Eigenschaften der Wirklichkeit sein müssen. Eine Welt ohne Raum/Zeit und Kausalität entzieht sich aber unserer Anschauung. Deshalb können wir eine Theorie wie die Urknalltheorie, die einen Beginn der Welt und damit einen Beginn der Zeit annimmt, intellektuell zwar registrieren, aber anschaulich nicht nachvollziehen, weil wir uns auch die Schöpfung und den Urknall immer *in* einem

Raum und *zu* einem bestimmten Zeitpunkt vorstellen. Der Widerspruch, dass der Urknall zu einem »Zeitpunkt« stattfand, als es noch gar keinen »Zeitpunkt« gab, entsteht also durch die perspektivische Art des Menschen, Wirklichkeit wahrzunehmen. Die These liegt nahe, dass unser Gehirn evolutionsbedingt nicht dazu gemacht ist, Wirklichkeit objektiv wahrzunehmen, sondern unsere Überlebensfähigkeit zu sichern.

PRO UND CONTRA → S. 154

Hat Gott den Urknall überlebt?

Urknalltheorie und Schöpfungstheorie haben eine gewisse Ähnlichkeit: Beide gehen davon aus, dass die Welt in einem Schwung, in einer Art Schöpfungsakt (sei es naturgesetzlich oder durch Gott) entstanden ist. Man könnte also auch Gott als Urheber des Urknalls annehmen. Ob es einen Auslöser für den Urknall gab und worin dieser besteht, wissen wir allerdings nicht. Die Hypothese, dass hinter dem Urknall eine planende Hand stehen könnte, wird in der Wissenschaft kaum diskutiert.

DENK DIR WAS! → S. 154

Reise in die Zukunft

Rückkehrender Raumfahrer trifft auf seinen Sohn: Bei entsprechend langem Aufenthalt könnte der Raumfahrer zu Hause auf einen Sohn treffen, der genauso alt ist wie er – im extremem Fall sogar noch älter. Beispiele: Ein 20-jähriger Vater mit einem 4-jährigen Sohn hält sich 40 Jahre im Weltraum auf. Wenn er zurückkehrt, ist der Sohn 44 Jahre alt. Er selbst ist nur um 24 Jahre gealtert und ist also ebenfalls erst 44.
Rückkehrender Raumfahrer trifft auf seinen Zwillingsbruder: Der Zwillingsbruder könnte inzwischen etliche Jahre älter sein als der Raumfahrer, was für Zwillingsbrüder wahrscheinlich traumatisch wäre.

→ S. 155

DENK DIR WAS!

Benjamin Button

Das Problem ist vornehmlich, dass man hier eine Zeitentwicklung in umgekehrter Zeitrichtung schildern müsste und damit auch das Konzept der »Entwicklung« umkehren müsste: Das eigene Leben wird normalerweise bestimmt durch Ursachen, die eine Wirkung hervorrufen (Kennenlernen eines Partners, Umzug ins Ausland, Jobangebot, berufliche Veränderung usw. usw.) oder durch Pläne und Absichten, die durchgeführt oder vereitelt werden. Bei einer Biographie »rückwärts« stößt man dann auf das große Problem, dass man alle Wirkungen zu Ursachen machen muss. Dabei ergibt sich die zusätzliche Frage, ob die umgebende Welt ebenfalls von dieser Umkehrung betroffen ist oder ob dort alles in der »normalen« Zeitrechnung weiterläuft – also auch die Frage, ob man sich außerhalb der normalen Naturgesetzlichkeit stellt. In dem Film ›Benjamin Button‹ hat sich der Protagonist rückwärts entwickelt, während in der umgebenden Welt ein normales »Altern« stattfand.

→ S. 155

DENK DIR WAS!

Parallelwelten

Es ist für uns leichter, uns verschiedene Räume zur gleichen Zeit vorzustellen als verschiedene Zeiten im gleichen Raum, was darauf hindeutet, dass die zeitliche Wahrnehmung der Welt grundlegender sein könnte als die des Raumes.

→ S. 158

DER KLEINE PHILOSOPHENSTECKBRIEF

Der Bischof, der die Geschichtsphilosophie erfand

Augustinus (354–430)

→ S. 159

PRO UND CONTRA

Fortschritt in der Geschichte?

Um die Frage beantworten zu können, sollte man zunächst den Begriff des Fortschritts klären. Fortschritt im Sinne von technischem

Fortschritt lässt sich sehr wohl in der menschlichen Geschichte feststellen, wenn auch nicht in allen Weltgegenden gleichermaßen und es auch Rückschritte gab (wenn z. B. bestimmte handwerkliche Fähigkeiten verloren gingen und wiederbelebt werden mussten).
Politischer Fortschritt im Sinne von mehr Freiheit und Gerechtigkeit, wie er z. B. in der Geschichtsphilosophie *Georg Wilhelm Friedrich Hegels* (1770–1831) behauptet wird, ist im globalen Maßstab sehr viel schwerer festzustellen. Er vollzog sich sicherlich, mit Rückschritten, in Europa und der westlichen Welt, aber nicht überall. Ein Fortschritt besteht vielleicht darin, dass die Idee der Menschenrechte inzwischen in den meisten Weltgegenden anerkannt, wenn auch nicht immer umgesetzt wird.

DENK DIR WAS!

→ S. 159

Blick eines Außerirdischen auf die Erde

Ein außerirdisches Wesen würde vermutlich das Bevölkerungswachstum, die technischen Veränderungen und die Veränderungen in der Oberflächengestalt der Erde (Rodungen, Naturzerstörung) bemerken. Was die geschichtliche Entwicklung angeht, würde der Außerirdische vermutlich die Entwicklung flächendeckender administrativer und politischer Strukturen feststellen, aber weiterhin auch die zahlreichen kriegerischen Konflikte und die verbreitete Armut sehen. Ob er insgesamt den Eindruck einer »positiven« Entwicklung hätte, ist keineswegs sicher.

LOGIK-CHECK

→ S. 160

Reise in die Vergangenheit

Das logische Problem, das sich hier ergibt, ist natürlich, dass der Sohn dann in einer Zeit lebt, in der sein Vater noch nicht geboren war. Er wäre also, nach unserem Verständnis, älter als sein Vater – was nicht möglich ist.
Auflösbar ist der Widerspruch evtl. durch die Annahme eines Paralleluniversums, in dem eine andere Zeitrechnung herrscht. So könnten beide »gleichzeitig« zu verschiedenen Zeiten leben.

→ S. 161

PRO UND CONTRA

Ist die Zeit subjektiv oder objektiv?

Argumente für die Objektivität der Zeit müssen mit Blick auf die Relativitätstheorie (die eine Raumzeit und eine Relativität der Zeit annimmt) im Rahmen unserer vom Bewusstsein gesteuerten raumzeitlich strukturierten Wahrnehmung verbleiben, die regelmäßige Veränderungen registriert (z. B. in der Natur), gerichtet ist (nach vorne in die Zukunft, nach hinten in die Vergangenheit) und einer mechanischen Messung, wenn auch mit Unschärfen, zugänglich ist. Von einer »absoluten« Objektivität der Zeit können wir also ohnehin nicht mehr sprechen.
Argument für eine »subjektive Zeit« ist z. B. die Tatsache, dass mit fortschreitendem Alter der Zeitfluss als schneller empfunden wird als in jungen Jahren und das in bestimmten Grenzerfahrungen Zeitgrenzen übersprungen werden können. Auch gibt es das in der sogenannten »Chronobiologie« diskutierte Konzept einer selbst erzeugten »Eigenzeit« für jedes Lebewesen, die das Zeitempfinden steuert.

→ S. 162

PRO UND CONTRA

Sind Träume realer als Realität?

Träume und die Realität unterscheiden sich vor allem dadurch voneinander, dass wir in unserer gewohnten Wahrnehmungsrealität alles in einem von den Naturgesetzen bestimmten Raum-Zeit-Kontinuum erleben. Dies ist im Traum aufgehoben. Im Traum können wir durch Wände gehen oder aus dem Fenster springen, ohne dass etwas passiert. Es begegnen uns auch Personen, die »in Wirklichkeit« längst verstorben sind.
Die Frage, welches von beiden die »wahre Realität« ist, wird auch in der Philosophie ganz unterschiedlich beurteilt. Für diejenigen Philosophen, wie z. B. *Arthur Schopenhauer* (1788–1860), die die raumzeitliche Welt nur als »Vorstellung«, also nur als eine Oberflächenwirklichkeit ansehen, gewährt der Traum einen Blick in die wahre Welt »hinter« unserer Welt, in eine Welt, in der der Unterschied zwischen Vergangenheit, Gegenwart und Zukunft aufgehoben ist. Die am meisten verbreitete Meinung ist aber die, dass Träume Produkte

von Hirnfunktionen, also unseres Bewusstseins oder Unterbewusstseins sind, in denen Realitätspartikel auf neue Art verarbeitet werden.

Zu Kap. 8: Kausalität, Zufall, Freiheit

LOGIK-CHECK → S. 169

Teleologische oder kausale Erklärung

Die Blüten sind genau so geformt, damit die Bienen Honig daraus schöpfen können = teleologische Erklärung
Wegen der Klimaerwärmung überwintern immer mehr Zugvögel in Deutschland = kausale Erklärung
Autos enthalten Katalysatoren, weil dadurch der Schadstoffausstoß verringert wird = teleologische Erklärung
Er hatte einen Unfall, weil seine Bremsen versagt haben = kausale Erklärung

In der dritten Aussage (Katalysatoren) ist die teleologische Erklärung sinnvoll, weil es hier um eine nachweisliche Zweckbestimmung durch den Menschen geht. In der ersten Aussage (Bienen) dagegen wird lediglich der Natur vom Menschen ein Zweck unterlegt.

DENK DIR WAS! → S. 170

Lebenslauf: kausale und teleologische Zusammenhänge

Hier ein Beispiel für einen kleinen (fiktiven) Lexikoneintrag:
A wurde 1920 in Hannover geboren. Von 1926–1930 besuchte er die Volksschule, danach wechselte er aufs Gymnasium. Da seine Eltern im Naziregime verfolgt waren, musste er 1933 die Schule verlassen (kausal). Um den Schulbesuch fortsetzen zu können (teleologisch), emigrierte er mit seinen Eltern nach England, wo er seine Schulbildung 1939 abschloss. Um einen Beitrag im Kampf gegen die Nazis zu leisten (teleologisch), ließ er sich 1939 als Mitarbeiter des britischen Geheimdienstes anwerben. Bis 1945 war er in einer Abteilung tätig, die militärische Botschaften des Gegners dechiffrierte. Der Mangel

an Ärzten nach dem Krieg (kausal) veranlasste ihn, 1946 ein Medizinstudium aufzunehmen, das er aber 1948 abbrach, um sich noch im selben Jahr seiner eigentlichen Neigung zu widmen (teleologisch), nämlich der Mathematik. Sein Mathematikstudium schloss er 1953 mit der Promotion ab. Da er keine akademische Stellung fand (kausal), arbeitete er zunächst, von 1953–1958, in einer Versicherungsgesellschaft. 1958 berief man ihn, aufgrund seiner inzwischen bekannten Publikationen (kausal), an die London School of Economics, wo er bis zu seiner Emeritierung 1985 lehrte (kausal). Sein plötzlicher Tod 1990 ist bis heute ungeklärt. Man vermutet eine Verwicklung in eine noch ungeklärte Geheimdienstaffäre (kausal). Seine Standardwerke zur Mathematik und Logik, insbesondere sein populäres Werk ›How to make life logical‹, sind in mehr als 30 Sprachen übersetzt.

→ S. 173

LOGIK-CHECK

Realgrund oder logischer Grund

Weil die Triebwerke ausfielen, stürzte das Flugzeug ab = Realgrund
Weil es ein Kiwi war, flog der Vogel nicht weg = logischer Grund
Weil er den Führerschein hatte, durfte er das Auto seines Vaters benutzen = logischer Grund
Weil er bei nasser Fahrbahn ins Rutschen kam, stieß er mit dem Wagen gegen einen Baum = Realgrund

→ S. 174

LOGIK-CHECK

Notwendige – nicht notwendige Aussagen

Alle Körper sind ausgedehnt = notwendig (Körper sind durch Ausdehnung definiert)
Es gibt kleine unteilbare Bestandteile der Materie = nicht notwendig
Dreiecke sind nie rund = notwendig
Entweder gibt es Drachen oder es gibt keine Drachen = notwendig
Entweder gibt es Drachen, die Feuer spucken, oder es gibt keine Drachen = nicht notwendig

PRO UND CONTRA
→ S. 178

Ist Moral determiniert?

Dass wir in unseren moralisch Handlungen durch unseren Charakter festgelegt sind, wird in der Philosophie u. a. durch *Arthur Schopenhauer* (1788–1860) vertreten, im Gegensatz z. B. zu *Immanuel Kant* (1724–1804), der die Freiheit und Verantwortlichkeit des Menschen betont.

Wenn alle unsere moralischen Entscheidungen und Handlungen determiniert wären, könnten wir uns nicht mehr als für unsere Handlungen verantwortlich begreifen. Dies würde auch die Grundlage unseres gesamten Strafrechts untergraben. Ein Grund für die Annahme von Freiheit und Verantwortlichkeit ist die Fähigkeit des Menschen, Gründe und Gegengründe für sein Handeln abzuwägen.

Andererseits ist aber auch klar, dass wir in unserem Handeln nicht immer Herr über uns selbst sind (Alkohol, Drogen, Krankheiten usw.). Auch spielen erbliche Belastungen bei manchen eine Rolle. Deshalb ist es vermutlich sinnvoll, Beeinträchtigungen und verschiedene Grade von Verantwortlichkeit anzunehmen, die aber in jedem Einzelfall abgeschätzt werden müssen. Im Falle des Lehrers wird man trotz des Tumors dennoch einen gewissen Grad von Verantwortlichkeit annehmen müssen.

DER KLEINE PHILOSOPHENSTECKBRIEF
→ S. 179

Menschenfreund und Skeptiker

David Hume (1711–1776)

DENK DIR WAS!
→ S. 180

Kausalität abschalten

Eine Welt, die sich nicht mehr kausal deuten ließe, wäre im Alltag kaum zu bewältigen, weil die verlässlichen Koordinaten für unsere Bewegung in Zeit und Raum entfallen würden. Wir wüssten nicht, ob im nächsten Augenblick der Boden unter unseren Füßen nachgibt oder plötzlich eine Mauer steht, wo keine stehen dürfte. Wir würden vermutlich völlig unsere Weltorientierung verlieren, was zeigt, dass kausale Deutungen vermutlich ein genetisches Erbe der menschlichen Evolution sind. Wie eine nicht-kausale Welt funktioniert, erleben wir häufig im Traum.

→ S. 182

PRO UND CONTRA

Gibt es Zufälle im Leben?

Wenn wir mit einer kausalen Deutung an die Welt herangehen, gehen wir normalerweise davon aus, dass *alle* Ereignisse kausal verursacht sind. »Löcher« in der Kausalität entwerten das Deutungsmuster. Solche Löcher sind jene in der Quantenphysik im Zusammenhang mit dem Verhalten von Elementarteilchen bekannten »objektiven Zufälle«, die aber bei der Interpretation von Alltagsgeschehen kaum zum Tragen kommen.

Die Frage ist, wie man ansonsten mit scheinbar »unerklärlichen« Ereignissen umgeht. Im Fall des erwähnten Romans von Thornton Wilder bietet sich z. B. die Interpretation des »subjektiven Zufalls« an. Es handelt sich demnach um Ereignisse, die zwar objektiv kausal verursacht sind, für die wir aber keine kausale Erklärung finden – z. B. weil uns die entsprechenden Hintergrunddaten fehlen oder weil die kausalen Zusammenhänge äußerst verwickelt sind. Wenn wir das Leben der einzelnen Personen im Roman mikroskopisch genau bis zu dem Zeitpunkt verfolgen würden, an dem sie an der Brücke ankommen, könnte uns klar werden, warum sie genau zu diesem Zeitpunkt an diesem Ort sein mussten. Dies könnte man auch im Fall der verunglückten Frau tun.

Eine teleologische Deutung wird häufig von religiös motivierten Menschen bevorzugt, zu denen auch der Autor Thornton Wilder gehörte. Sie greifen auf das Konzept der göttlichen Vorsehung und Vorherbestimmung zurück. Für sie steht Gott (oder eine übernatürliche Macht) außerhalb der Kausalität und kann in den Weltlauf eingreifen, indem er kausale Prozesse selbst in Gang setzt oder auch durchbricht. Für Menschen, die teleologische Deutungen bevorzugen, bietet sich im Fall der Frau die Interpretation an, dass es ihr bestimmt war umzukommen.

EINE PHILOSOPHISCHE KOPFNUSS → S. 184

Kann man Wahrscheinlichkeit ausrechnen?

Es geht darum, auszurechnen, was in den verbliebenen, nicht gespielten Begegnungen hätte passieren können. Es wären maximal noch vier Begegnungen nötig gewesen, um das Spiel zu entscheiden. Wenn man alle Möglichkeiten durchspielt, wären bei diesen 16 Möglichkeiten 11 für A und 5 für B entschieden worden. Das Preisgeld muss also im Verhältnis 11: 5 aufgeteilt werden. A erhält 55 € und B 25 €.

EINE PHILOSOPHISCHE KOPFNUSS → S. 184

Das Gefangenendilemma

Wenn beide nicht kommunizieren, ist die sicherste Variante die, dass man gesteht. Dann bekommt man maximal 5 Jahre Gefängnis. Wenn man nicht gesteht, gibt es zwar die Chance, dass der andere ebenfalls nicht gesteht, was nur 1 Jahr bedeuten würde. Aber ebenso groß ist das Risiko, dass der andere gesteht. Dann muss man 10 Jahre ins Gefängnis.
Wenn beide miteinander kommunizieren können, ist es natürlich das Beste, wenn keiner gesteht. Es bedeutet nur 1 Jahr für jeden.

EINE PHILOSOPHISCHE KOPFNUSS → S. 185

Gibt es sichere Voraussagen?

Die sicherste Voraussage ist: »Auch in tausend Jahren wird die Winkelsumme eines Dreiecks 180 Grad betragen.« Sie ist absolut sicher, denn sie enthält eine notwendige Aussage im logischen Sinn, die in allen möglichen Welten, also auch in allen zukünftigen, wahr ist, weil sie nur das sagt, was im Begriff des Dreiecks schon enthalten ist. (Siehe auch Kap. 5: Aussagen, S. 94)
Die Aussage »Auch in tausend Jahren wird die Sonne immer noch morgens aufgehen« ist eine Prognose mit sehr hoher, fast sicherer Wahrscheinlichkeit, solange unser Universum in der gegenwärtigen Form besteht. Der Aufklärer *David Hume* (1711–1776) war der Erste,

der darauf hinwies, dass wir nicht mit absoluter Sicherheit ausschließen können, dass die Sonne eines Morgens nicht mehr aufgeht.
Bei der Prognose »Wenn bis 2050 nicht mehr als 1100 Tonnen CO_2 ausgestoßen werden, kann die Klimaerwärmung auf zwei Grad beschränkt werden« handelt es sich um eine »normale« wissenschaftliche Prognose. Sie kann lediglich hohe Wahrscheinlichkeit beanspruchen, da ihre Erfüllung von zahllosen weiteren ökonomischen, sozialen und anderen Faktoren abhängt, die nicht alle überblickt werden können. Eine solche Prognose gibt einen einigermaßen verlässlichen Richtwert, aber keine Sicherheit.

→ S. 187

LOGIK-CHECK

Induktion oder Deduktion?

»Das neue Medikament ...«: eine klassische Induktion, die eine einigermaßen verlässliche wissenschaftliche Prognose erlaubt

»Alle Körper dehnen ...«: eine klassische Deduktion, erlaubt wissenschaftlich sichere Aussagen
»Alle Schwäne sind weiß ...« ist der Sonderfall einer Deduktion, die von einer Begriffsdefinition ausgeht. Der wissenschaftliche Wert ist begrenzt, da solche Aussagen empirisch nicht widerlegbar sind. Anders liegt der Fall, wenn »Alle Schwäne sind weiß« nicht als Definition, sondern als Hypothese aufgefasst wird, die durch das Auftauchen schwarzer Schwäne widerlegt werden kann.

→ S. 188

EINE PHILOSOPHISCHE KOPFNUSS

Induktiver Schluss oder faules Ei?

Goodmans Induktionsrätsel, dass wir also gleichermaßen zu zwei verschiedenen Schlüssen kommen können (was logisch nicht möglich ist), stellt sich nur dann, wenn ein empirisches Hintergrundwissen außer Acht gelassen wird, dass bei allen Induktionsschlüssen zur Anwendung kommt.
Die grünen Smaragde stellen uns vor keine Probleme – sie waren immer grün. Die »blünen« Smaragde aber waren angeblich vor der Prü-

fung blau. Das bedeutet, dass sie durch den Prozess der Prüfung von »blauen« zu »blünen« Smaragden werden. Es wird also die Möglichkeit angenommen, die Smaragde könnten sich im Prozess der Prüfung (z.B. durch Lichteinwirkung) verfärben. Eine solche Möglichkeit – so sagt uns unser Hintergrundwissen – können wir aber bei Smaragden ausschließen. Goodmans Annahme ist also künstlich und konstruiert und stellt uns vor kein echtes Rätsel.

DER KLEINE PHILOSOPHENSTECKBRIEF → S. 188

Der Falsifikator

Karl R. Popper (1902–1994)

Zu Kap. 9: Ich-Bewusstsein, Leib/Seele, Individuum

LOGIK-CHECK → S. 197

»Ich denke, also bin ich« – ein logisch gültiger Schluss?

Mehrere Philosophen, darunter *Friedrich Nietzsche* (1844–1900), aber auch *Rudolf Carnap* (1891–1970), haben darauf aufmerksam gemacht, dass man aus dem »Cogito« nicht die Existenz eines »Ich«, sondern nur die Existenz eines »Seins« oder die Existenz von etwas Denkendem ableiten kann. Ein korrekter Schluss müsste etwa lauten: »Ich denke, also gibt es etwas Denkendes.«

PRO UND CONTRA → S. 197

Haben Tiere eine Seele?

Die These, dass der Mensch eine besondere Art von »Geistseele« besitzt, die ihn unsterblich macht und von allen anderen Wesen grundsätzlich unterscheidet, wird nur noch von religiösen Kreisen, aber nicht mehr wissenschaftlich vertreten. Es kann kaum mehr bestritten werden, dass sich bei höher entwickelten Tierarten, insbesondere bei Primaten, ausgeprägte psychische Dispositionen und ein hoher Grad an Leidensfähigkeit nachweisen lässt. Je höher entwickelt ein

Tier, umso komplexer auch sein »Seelenleben«. Was »Seele« im Sinne von »Psyche« angeht, dürften zwischen Primaten und Menschen keine qualitativen, sondern eher graduelle Unterschiede bestehen.
Aufrechterhalten werden kann aber, dass der Mensch im Unterschied zum Tier eine Art »moralisches Gewissen« und eine moralische Unterscheidungsfähigkeit entwickeln kann, die ihn auch befähigt, regelorientiert zu handeln.

→ S. 198

PRO UND CONTRA

Wie viel Körper braucht der Geist?

Wie stark sich Körper und Geist gegenseitig beeinflussen, ja, ob es sich bei »Körper« und »Geist« überhaupt um zwei verschiedene Funktionsbereiche handelt, gehört zu den schwierigsten Fragen der Philosophie und ist bis heute nicht geklärt.
Alkohol, Drogen, Medikamente sind nur einige der Beispiele dafür, wie geistige Fähigkeiten durch körperliche Einflüsse beeinträchtigt werden können. Ohne ein Mindestmaß an körperlicher Funktionsfähigkeit gibt es auch keine geistige Funktionsfähigkeit.
Wo dieses Mindestmaß genau liegt, ist aber nicht ganz klar. Erwiesen ist, dass auch die Heilung von Krankheiten entscheidend durch »mentale« Prozesse, durch geistige Einstellungen beeinflusst und körperliche Belastungen dadurch ausgeglichen und überwunden werden können.

→ S. 203

DER KLEINE PHILOSOPHENSTECKBRIEF

Der Erz-Rationalist

René Descartes (1596–1650)

→ S. 204

EINE GROSSE PHILOSOPHISCHE KOPFNUSS IN ZWEI STÜCKEN

Stück 1: Bin ich Teil eines Traumes?
Der Nachweis des *René Descartes* (1596–1650) belegt nicht schlüssig, dass es ein »Ich« wirklich gibt. Er weist lediglich einen Denk-

vorgang nach, der auch von außen gesteuert sein könnte. Das wir in unserem Ich-Bewusstsein Teil eines Traums sein könnten, lässt sich nicht mit absoluter Sicherheit ausschließen. Dagegen spricht allerdings die Kontinuität unserer Welterfahrung in ihrer räumlichen, zeitlichen und kausalen Struktur und damit auch unserer Erinnerung.
Arthur Schopenhauer (1788–1860) war der Meinung, dass eine irrationale Lebenskraft, der »Wille«, hinter allen Lebensäußerungen steht und die Aufspaltung der Welt in Einzelwesen nur eine Selbstentzweiung des in Wahrheit einheitlichen Willens ist. Unser »Ich« wäre damit eine Illusion und wir wären in Wahrheit Teil eines großen, einheitlichen Weltwesens.

Stück 2: Bin ich ein künstlich erzeugtes Ich?
Auch diese Variante lässt sich im Grunde nicht mit Sicherheit widerlegen, vor allem deswegen nicht, weil es inzwischen durchaus möglich erscheint, realitätsähnliche Zustände durch Computerprogramme zu simulieren. Die Simulation eines »Ich-Bewusstseins« scheint dabei weniger das Problem zu sein als die Simulation der komplexen psychischen Zustände und geistigen Aktivitäten, die mit dem »Ich-Bewusstsein« »in der Realität« verbunden sind. Lässt sich z. B. eine menschliche Grundbefindlichkeit wie Melancholie simulieren?

LOGIK-CHECK → S. 205

Was ist der Sinn von »Ich«?

»Der, den du gestern im Kino gesehen hast, war ich«: Hier wird einfach der Hinweis auf die eigene Person durch die Verwendung des »Ich« im Sinne des Personalpronomens der ersten Person Singular gegeben. Es ist dies die einzige Verwendungsweise von »Ich« die der Philosoph *Thomas Metzinger* (geb. 1958) für sinnvoll hält.
»Dein Ich und mein Ich, das sind immer noch zwei verschiedene paar Schuhe«: Hier meint das »Ich« mehr, nämlich die Persönlichkeitsstruktur im Sinne von »Charakter«.
Hotel »Ferien vom Ich«: Hier ist eine ganz spezielle Verwendung von »Ich« gemeint: »Ich« als Sammelbegriff für das routinegesteuerte Alltagsleben.

→ S. 206
DENK DIR WAS!
Was ist mein Ich?

Wenn man das »Ich« über eine Introspektion, über eine Selbstwahrnehmung erreichen will, so stellt sich immer das Problem, dass ich einzelne Inhalte, also Gedanken, Gefühle, Erinnerungen usw. wahrnehme, aber eigentlich nicht denjenigen oder diejenige, der oder die »hinter« diesen Inhalten steht. Das »Ich« bleibt immer eine Art Brennpunkt, im dem sich diese Inhalte bündeln und von dem sie auszugehen scheinen. Es ist so etwas wie die formale Klammer meiner Bewusstseinsinhalte, aber es hat selbst keinen Inhalt und damit auch kein Profil. Etwas anderes ist eine Selbstbiographie im Sinne der Beschreibung meiner Eigenschaften sowie dessen, was das Leben aus mir gemacht hat. Hier setzt sich das Profil des Ich nicht aus Introspektion, sondern aus »Lebenserfahrungen« zusammen. Ähnlich urteilt der französische Philosoph *Jean-Paul Sartre* (1905–1980), der das »Ich« als eine Art leeres Blatt versteht, das durch eigene Lebensentscheidungen ausgefüllt werden muss.

→ S. 206
PRO UND CONTRA
Kann mein Ich sich einen anderen Körper suchen?

Wenn wir erfahren würden, dass unser »Ich« schon einmal in einem anderen Körper gelebt hat, dann müsste dieses »Ich« etwas Geistiges, vom Körper Getrenntes sein. Das ist, nach allem, was wir über den engen Zusammenhang zwischen Körper und Geist wissen, nur schwer vorstellbar. Es ist auch nicht einfach, sich als Person vorzustellen, ohne den eigenen Körper dabei mitzudenken. Nehmen wir trotzdem einmal an, unser »Ich« wäre tatsächlich ein wiedergeborenes Ich. Dann würde dies vermutlich unser Bewusstsein kaum verändern, weil wir keinerlei Erinnerung an ein früheres Leben haben. Vielleicht wäre es für einige reizvoll, sich mit einem früheren Leben zu identifizieren. Aber man würde es dennoch immer aus einer gewissen Distanz betrachten müssen. In der Regel würden wir uns fragen: Das soll »Ich« gewesen sein?

PRO UND CONTRA → S. 207

Kann ich mein altes Ich ablegen?

Es gibt vielfältige Formen von Identitätswechsel, die aber alle durch eine Einschränkung betroffen sind: Man nimmt die Vergangenheit mit und teilt somit mit der alten Identität die gemeinsame Vergangenheit. Ausgenommen davon sind lediglich Ich-Verluste durch Erkrankungen wie Schizophrenie, Alzheimer u. Ä.

Der Fall von Petra und Peter K. (es gibt für diesen Fall ein reales Vorbild) ist nicht eindeutig zu beurteilen. Eine Geschlechtsumwandlung bedeutet sicher eine wesentliche Änderung der eigenen Persönlichkeitswahrnehmung, vor allem auch, weil es ein anderes Körpergefühl nach sich zieht. Andererseits handelt es sich noch um denselben, wenn auch veränderten, Körper und dasselbe, wenn auch veränderte Ich-Bewusstsein.

Identitätswechsel im Sinne einer radikalen Veränderung der Lebensrichtung gibt es immer wieder: Nicht nur Lebensverhältnisse (Arbeit, Partner, Wohnort) können wechseln, sondern auch die gesamte kulturelle und religiöse Orientierung – z. B. durch Übertritt in eine andere Religion mit Namenswechsel.

Eine besondere Form des Identitätswechsels ist das Hin-und-her-Wechseln zwischen Identitäten, z. B. bei Agenten, Menschen mit Pseudonymen, die beruflich und privat zwei völlig verschiedene Personen sind, und generell Menschen mit einem Doppelleben. Hier kommt die Fähigkeit des Menschen ins Spiel, Identität zu simulieren, wobei es im Einzelfall ganz offen ist, welche Identität als die »wirkliche« empfunden wird.

DENK DIR WAS! → S. 208

Ein zweites Ich?

Im Gegensatz zu einem Identitätswechsel im wirklichen Leben kann sich die Konstruktion eines fiktiven oder virtuellen Ich völlig von der eigenen Biographie lösen. Hier eine kleine Kostprobe für eine virtuelle Internetbiographie:

Roswitha Ballerina: private E-Mail: rosball@gmail.com; twittert unter »mausklick«

Geb. 1990 in Zwischenwasser (Vorarlberg/Österreich)
2008 Abitur am Gymnasium in Bregenz, danach Ballettausbildung in Wien, wurde 2010 im österreichischen Fernsehen für die Sendung »Dancing Queen« entdeckt, seitdem zahlreiche Engagements als freiberufliche Tänzerin in Shows, Varietés und Tanzveranstaltungen. Bietet seit 2012 private Tanzkurse an. Website: www.ballqueen-vienna.at

→ S. 209
PRO UND CONTRA
Ein neues Ich-Gefühl aus dem Katalog?

Ein Nozick stützendes Argument gegen die Erlebnismaschine könnte sein, dass der Anschluss an Elektroden ein ähnliches Gefühl vermittelt wie das, das man im Kino oder Konzert hat: Man weiß, dass man diese Erlebnisse von außen empfängt wie eine Filmvorführung oder ein Konzert, obwohl man sie wie von innen erlebt. Es bleibt jedoch eine Bewusstseinsdistanz, die ein wahres, unmittelbares Erleben verhindert. Solange man ein Erlebnis »in echt« von einem virtuellen im Bewusstsein unterscheiden kann, wird man das echte Erleben vorziehen. Anders liegt der Fall, wenn uns nicht bewusst ist, dass wir an Elektroden angeschlossen sind. Dies ist der von Putnam konstruierte Fall (siehe Eine philosophische Kopfnuss: Bin ich ein künstlich erzeugtes Ich?, S. 205). Hier verschmelzen echtes und virtuelles Erleben.

→ S. 213
PRO UND CONTRA
Bin ich für mein früheres Ich verantwortlich?

Generell ja, sonst würde weder der moralische Zusammenhalt noch das Rechtssystem einer Gesellschaft funktionieren, weil man sich dann immer auf eine neue Identität berufen könnte, die mit der alten nichts zu tun hat. Moralisch und juristisch ist mit der körperlichen Kontinuität auch die Kontinuität der für ihre Taten verantwortlichen Person gegeben.
Es gibt allerdings Bedingungen, unter denen man nur als eingeschränkt verantwortlich betrachtet werden kann, wenn man z. B. durch Krankheit oder andere Einflüsse zum Tatzeitpunkt nur bedingt zurechnungsfähig war.

Im **FALL 1)** wird Herr F. sich, wenn die Tat nicht juristisch verjährt ist, voll der Verantwortung stellen müssen.
Im **FALL 2)** wird Herr P. vermutlich ebenfalls verantwortlich erklärt werden, weil er zum Zeitpunkt der Tat voll zurechnungsfähig war. Dennoch könnte in diesem Fall die Amnesie ein strafmildernder Umstand sein.

DER KLEINE PHILOSOPHENSTECKBRIEF → S. 215

Schwarzes Schaf und arme Sau

Max Stirner (1806–1856)

PRO UND CONTRA → S. 216

Die Fankurve. Macht die Masse mich zum Tier?

Es ist kaum umstritten, dass gemeinsame Aktionen in einer Gruppe, besonders wenn sie sich auf gemeinsame Werte und Vorlieben stützen, ein positiv empfundenes Gemeinschaftsgefühl erzeugen und eine wichtige Rolle in der Sozialisation und Persönlichkeitsbildung spielen. Die oft geäußerte Ansicht, dass der Mensch ein Herdentier sei, ist wohl nicht ganz unrichtig, und Elemente einer frühgeschichtlichen Stammesorientierung sind in unserem Sozialverhalten unübersehbar.
Problematisch wird es, wenn sich in einer Gruppe »totalitäre« Strukturen bilden, d. h. wenn von den Gruppenmitgliedern absolute Unterordnung und Unterwerfung gefordert und außerdem ein Gewaltpotential aufgebaut wird, das sich gegen andere Gruppen richtet. Hier wird Individualität nicht gefördert, sondern zerstört. Ähnliche Strukturen haben Massen in totalitären politischen Systemen.
Ultras unter Fußballanhängern sind berüchtigt dafür, dass sie sich mit Ultras anderer Vereine zu Prügelorgien treffen, sich aber wiederum mit diesen verbünden, wenn es gegen die Polizei geht.
Die politischen und gesellschaftlichen Aspekte des Massenerlebnisses hat u. a. *Elias Canetti* (1905–1994) in seinem Hauptwerk ›Masse und Macht‹ untersucht.

Zu Kap. 10: Gerechtigkeit

→ S. 227 **DER KLEINE PHILOSOPHENSTECKBRIEF**

Der Unauffällige

John Rawls (1921–2002)

→ S. 228 **DENK DIR WAS!**

Das Rawls-Spiel

LÖSUNG A) ist das von der politischen Linken, insbesondere von sozialistischen Gruppen favorisierte Modell. Die materielle Gleichheit der Bürger, d.h. die Forderung, dass möglichst keine Schere zwischen arm und reich entstehen soll, ist hier wichtiger als das reale Einkommen der Bürger.
LÖSUNG D) ist die von den meisten westlichen Staaten praktizierte. Es ist das »Sozialstaatsmodell«, das vorsieht, Arbeitslose oder bedürftige Bürger mit Staatsmitteln zu unterstützen. In manchen Ländern mit stark neoliberalen Tendenzen geht die Politik in Richtung B), also des Leistungsgedankens.
Rawls selbst hat die **LÖSUNG C)** gewählt: Soziale Ungleichheiten sind dann zu tolerieren, wenn die sozial Schwächsten am meisten davon profitieren. Danach kann sogar die Schere zwischen arm und reich so lange wachsen, wie die Armut dadurch stärker verringert wird als durch eine Abnahme des Abstandes zwischen arm und reich.

→ S. 230 **PRO UND CONTRA**

Können Menschenrechte immer aufrechterhalten werden?

Diese Frage ist nicht ganz einfach zu entscheiden. Einerseits zeigt die Erfahrung, dass dort, wo die Grundrechte einmal eingeschränkt wurden, dies meist zur Dauerlösung wurde. Man sollte also mit der Einführung von Einschränkungen sehr vorsichtig sein.
Andererseits scheint es unvermeidbar, dass z.B. in einem Kriegs- oder Katastrophenfall bestimmte Grundrechte wie Bewegungsfreiheit, z.T. auch Meinungsfreiheit eingeschränkt werden, weil sonst dadurch Leib und Leben anderer Bürger gefährdet wären.

Ein Vorschlag wäre, institutionelle Vorkehrungen zu treffen, damit diese Einschränkungen nur eine begrenzte Zeit bestehen bleiben. So dürften diejenigen, die über die Aufhebung der Beschränkung entscheiden, nicht mit den politisch Herrschenden identisch sein. Auch müsste eine unabhängige Justiz bestehen bleiben, die die Wiederherstellung der Grundrechte wieder einklagbar macht.

EINE PHILOSOPHISCHE KOPFNUSS → S. 230

Wann ist Widerstand gerecht?

Widerstand gegen eine Regierung ist immer dann gerecht, wenn sie die Grundrechte der Bürger dauerhaft verletzt oder sogar abschafft. Ob diese Regierung demokratisch gewählt ist oder nicht, spielt dabei keine Rolle. Im Falle Hitler war ein Widerstand in dem Augenblick gerecht, in dem er die Verfassung und die Bürgerrechte außer Kraft setzte.
Wenn es noch eine funktionierende unabhängige Justiz gibt, sollte diese darüber entscheiden, ob ein solcher Widerstandsfall vorliegt oder nicht. Wenn es keine demokratisch legitimierten Institutionen mehr gibt, muss der Widerstand aus der Bürgerschaft heraus organisiert werden.

PRO UND CONTRA → S. 232

Relative und universale Rechtsnormen

»Ein Bürger darf nicht gegen die Regeln der Gemeinschaft verstoßen« – ist keine universale Rechtsnorm, weil es auch bedeuten kann, dass Grundrechte des Einzelnen eingeschränkt werden. In manchen Kulturen allerdings, wie in den vom Konfuzianismus geprägten Gesellschaften Asiens, prägt es das Rechtsverständnis.
»Männer und Frauen sind in jeder Hinsicht gleichberechtigt zu behandeln« ist eine von den meisten Ländern akzeptierte universale Rechtsnorm, die allerdings in manchen, wie z. B. den islamisch geprägten Kulturen, missachtet wird.
»Jeder Bürger hat das Recht auf eine Grundversorgung durch den Staat«: Ob es sich dabei um ein universales Grundrecht handelt,

ist umstritten. Auf der politischen Linken wird dies als ein »soziales Grundrecht« eingefordert und es ist in Ländern, die sich auf den Sozialismus berufen, auch durchgesetzt. Auch in vielen westlichen Ländern gibt es eine staatliche Grundversorgung, die aber nicht immer als Grundrecht anerkannt wird.

→ S. 233

EINE PHILOSOPHISCHE KOPFNUSS

Kann militärische Gewalt gerecht sein?

Es ist sehr umstritten, wann es erlaubt ist, militärisch in einem anderen Land einzugreifen. Dass dies nie erlaubt sein soll, wird nur von sehr wenigen vertreten. Den meisten ist einsichtig, dass es erlaubt ist, gegen ein Regime wie das deutsche Naziregime, das sich eines organisierten Völkermords schuldig machte, militärisch vorzugehen. In der UN-Charta haben sich die Staaten auf die Einhaltung gewisser Grundrechte verpflichtet. Wenn es eine organisierte Missachtung von Menschenrechten verbunden mit Gewaltanwendung gegen Teile der eigenen Bevölkerung gibt, stellt sich die Frage des militärischen Eingreifens auch offiziell für die UN. Doch die Frage, ob der Schutz der Souveränität eines Staates hier stärker wiegt als die Rechtsverletzungen, die er begeht, kann nur im Einzelfall entschieden werden. So wäre auch eine humanitäre Intervention beim Völkermord in Ruanda 1994 gerechtfertigt gewesen und hätte wahrscheinlich viele Menschenleben gerettet.
Im Kosovo-Konflikt ist der Fall sehr viel komplizierter. Der Einsatz der NATO erfolgte ohne UN-Mandat. Es gab zwar eine organisierte ethnische Säuberung, aber keinen Völkermord. In vielen ähnlich gelagerten Fällen (wie z. B. im Sudan) hat die internationale Gemeinschaft nicht eingriffen.
Nordkorea ist das Beispiel einer stalinistischen Diktatur, die die eigene Bevölkerung in Geiselhaft nimmt. Es herrschen Terror und Hunger. Dennoch wäre es schwierig, ein militärisches Eingreifen zu rechtfertigen, solange es nicht zu einem organisierten Genozid oder zu Kriegshandlungen gegen andere Staaten kommt.

LOGIK-CHECK → S. 235

Die Freiheit des Andersdenkenden

Wenn man diesen Satz in einen gültigen Syllogismus umwandeln will, muss Freiheit im Sinne von »Freiheit für alle« oder »allgemeiner Bürgerfreiheit« verstanden werden.
Der Syllogismus könnte dann so lauten:
Die in der Verfassung verankerten bürgerlichen Freiheiten gelten für alle Bürger.
Auch Andersdenkende gelten als normale Bürger.
Also gelten die bürgerlichen Freiheiten auch für Andersdenkende.

PRO UND CONTRA → S. 236

Bürgerfreiheit gegen staatliches Recht

»Der Farmer P. ...«: Innerhalb eines Staates ist es schwierig, Bürger wie Farmer P. zu akzeptieren, da sie elementare Pflichten wie Steuerpflicht oder Schulpflicht nicht annehmen. Andererseits: Darf man Bürger zwingen, in einem Staat zu leben? Vielleicht sollte man ein Territorium schaffen, in denen Bürger, die keinen Staat anerkennen, »auf eigene Faust« leben können. In einem liberalen und zugleich flächenmäßig großen Land wie den USA gibt es für Bürger die Möglichkeit, sich in geographische Nischen zurückzuziehen. Manche tun es dort auch.

»Der Künstler C. ...«: Es gibt zwar nationale Kulturgüter, die staatlichen Schutz genießen, aber dabei handelt es sich in der Regel um Kunstschätze der Vergangenheit. Die Werke eines zeitgenössischen Malers, der von seiner Arbeit lebt, gehören normalerweise nicht dazu. Es gehört zu den Grundrechten eines Bürgers, dass er seine Werke auch im Ausland, z. B. durch Ausstellungen, vorstellen kann. Wenn Staaten wie China dies manchen ihrer Künstler verbieten, handelt es sich um einen staatlichen Willkürakt und eine Beschneidung von Bürgerrechten.

»Der Bürger B. ...«: In den meisten liberalen Staaten des Westens wird, wenn ansonsten Wehrpflicht besteht, ein Recht auf Kriegs-

dienstverweigerung aus Gewissensgründen anerkannt. Darin drückt sich eine Grundüberzeugung des liberalen Rechtsstaats aus, dass Bürgerrechte fundamentaler sind als staatliche Interessen. Dadurch werden auch bestimmte religiöse Grundüberzeugungen geschützt. Manche Religionsgemeinschaften wie Zeugen Jehovas, Juden u.a. sind in Deutschland vom Wehrdienst befreit.
Diktaturen erkennen ein solches Recht in der Regel nicht an.

→ S. 236

PRO UND CONTRA

Freiwilliger Kannibalismus

Kannibalismus ist in unserer Kultur mit einem Tabu belegt, ist aber kein offizieller Straftatbestand. Der »Kannibale von Rotenburg« in dem erwähnten Beispiel wurde auch nicht wegen Kannibalismus angeklagt, sondern wegen Mord. Ob ein solcher vorliegt, wenn die Tötung mit Einverständnis des Betroffenen erfolgt, ist zweifelhaft.
Kannibalismus erregt in unserer Kultur Widerwillen und Abscheu. Doch rationale Gründe gegen den Kannibalismus zu finden ist nicht einfach. Wir gehen davon aus, dass jeder frei über seinen Körper verfügen kann. Er kann z.B. ärztliche Behandlung ablehnen, sich selbst auch körperlichen Qualen aussetzen oder seinen Körper zur Prostitution anbieten. Er kann auch verfügen, dass er nach seinem Tod verbrannt oder beerdigt wird oder dass ihm bestimmte Organe entnommen werden dürfen.
Jemandem freiwillig seinen Körper zum Verzehr zu überlassen, würde deshalb nicht unserem sonstigen Rechtsverständnis widersprechen. Das Problem liegt hier mehr in der kulturellen Tradition, die ein solches Recht verhindert. Auch die Frage, ob der Staat die körperliche Unversehrtheit gegen den Willen des Betroffenen schützen muss, muss man eher verneinen. Der Staat ist auch nicht verpflichtet, Selbsttötungen zu verhindern. Dass jemand sich selbst zur Tötung anbietet, ist allerdings ein schwieriger Grenzfall.

PRO UND CONTRA → S. 238

Ist positive Diskriminierung gerecht?

Positive Diskriminierung kann auf kurze Sicht ungerecht sein, da sie auch dazu führt, dass nicht immer der beste Bewerber/die beste Bewerberin ausgewählt wird, sondern eine Person, die die Quote erfüllt. Auf lange Sicht kann dadurch aber ein Zustand größerer Gerechtigkeit hergestellt werden, weil die Erfahrung zeigt, dass diskriminierende Einstellungsgewohnheiten (z. B. dass sehr wenig Frauen in Führungspositionen berufen werden) selten von selbst verschwinden.

DER KLEINE PHILOSOPHENSTECKBRIEF → S. 240

Der schwarze Kerl aus Trier

Karl Marx (1818–1883)

EINE PHILOSOPHISCHE KOPFNUSS → S. 241

Gleichheit und Gerechtigkeit

Gerechtigkeit bedeutet nicht immer Gleichheit, sondern ist ein Maßstab für Angemessenheit, für das, was jemandem moralisch und rechtlich zukommt. Sie kann Gleichheit einschließen, muss aber nicht.

»Wenn es eine Wehrpflicht gibt …«: Hier gehört zur Gerechtigkeit auch Gleichheit, was bedeutet, dass z. B. auch Frauen Wehrdienst ableisten müssten.

»Alle Bürger sollten gleichermaßen das Wahlrecht haben«: Auch hier gehören Gleichheit und Gerechtigkeit zusammen. Einschränkungen darf es höchstens durch eine Altersbegrenzung geben.

»Alle Bürger sollten die gleichen Steuern zahlen«: In diesem Fall gehen Gleichheit und Gerechtigkeit auseinander. Es gehört zur Gerechtigkeit, dass diejenigen, die mehr verdienen, höhere Steuern zahlen müssen als diejenigen, die weniger verdienen.

»Alle Bürger sollen das gleiche Einkommen haben«: Es gibt zwar politische Richtungen, die eine solche Forderung erheben, doch es scheint nicht gerecht, dass derjenige, der mehr und besser arbeitet als andere, das Gleiche verdient wie diejenigen, die womöglich gar nicht arbeiten. Auch hier gehen Gleichheit und Gerechtigkeit auseinander.

→ S. 241

DENK DIR WAS!

Entwurf eines idealen Staates

Die meisten Utopien der Philosophiegeschichte zeichnen sich dadurch aus, dass sie das Leben der Bürger bis ins Einzelne regeln und das »Glück« der Bürger durch eine perfekte Verwaltung und Organisation herstellen wollen. Der Freiheit der Bürger wird dabei wenig Spielraum gegeben. Manche dieser Entwürfe, wie z. B. ›Der Staat‹ von *Platon* (427–347 v. Chr.) oder ›Der geschlossene Handelsstaat‹ von *Johann Gottlieb Fichte* (1762–1814) tragen deshalb schon ausgesprochen totalitäre Züge. Deshalb stellt sich auch die Frage: Ist ein Staat dadurch ideal, dass er alles perfekt regelt oder dadurch, dass er vieles für den Bürger offen lässt? Sollte der »ideale« Staat dem Bürger auch die Freiheit lassen, auszusteigen und sich anderswo anzusiedeln?
Eine besonders brisante Frage ist immer die nach der Verteilung des Eigentums. Bekommt jeder das, was er sich angeeignet hat (durch Arbeit? durch Raub?) oder wird Eigentum »zugeteilt«? Damit zusammenhängend auch die Frage, wie groß die Autorität der staatlichen Organe eigentlich sein soll oder ob sich die Bürger nicht in freier Assoziation ohne Staat organisieren können. Der amerikanische Philosoph *Robert Nozick* (1938–2002) z. B. plädierte in seinem Werk ›Anarchie, Staat, Utopia‹ für einen Mini-Staat, der lediglich das Eigentum und die Grundrechte schützt und sich ansonsten aus dem Leben der Bürger heraushält.
Die Bürger könnten sich evtl. auch ein Rechtswesen sparen, wenn sie ihre Streitfälle immer selbst schlichten könnten. Braucht man also unparteiische Instanzen?
Alle diese Überlegungen sollten das Bewusstsein dafür schärfen, dass der Staat eine vom Menschen gestaltete Organisationsform ist, die der Mensch auch nach rationalen Gesichtspunkten formen und verändern kann.

PRO UND CONTRA → S. 243

Geld ohne Arbeit?

Geldverdienen muss nicht an normale Arbeit gekoppelt sein, solange keine Gesetze verletzt werden. Auch der Staat selbst verdient Teile seines Geldes durch die Einnahmen von Spielcasinos und durch Aktienspekulation.

PROBLEMFALL 1: Dieses Urteil verletzt das intuitive Gerechtigkeitsgefühl. Doch der Mann hätte wissen müssen, dass er, solange er nicht geschieden ist, durch die Ehe mit seiner Frau in einer Rechts- und Vermögensgemeinschaft lebt und deshalb alle Einkünfte aufgeteilt werden. Er hätte ausschließlich im Namen seiner Freundin tippen und das Geld nach der Scheidung mit dieser teilen sollen.

PROBLEMFALL 2: Es ist völlig legitim, dass der Staat Geldvermögen besteuert und auch der Geldspekulation Grenzen setzt. Doppelbesteuerung des gleichen Betrags hingegen ist auch rechtlich fragwürdig.

PRO UND CONTRA → S. 244

Mindestlohn

Um ein Grundrecht handelt es sich beim Mindestlohn nicht, sondern um eine politische Forderung, um mehr Gerechtigkeit in der Arbeitswelt herzustellen.
In der Breite schafft der Mindestlohn vermutlich auch mehr Gerechtigkeit, weil er dem Lohndumping Grenzen setzt. Er sollte in jedem Fall sicherstellen, dass jeder vom Mindestlohn leben kann. Andererseits sollte er auch an die wirtschaftlichen Gegebenheiten angepasst werden und so gestaltet werden, dass er bei kleineren Betrieben keinen wirtschaftlichen Schaden anrichtet. Wenn Frau K.s Friseursalon durch die Mindestlohnregelung schließen muss und dadurch Arbeitsplätze verloren gehen, kann dies nicht im Sinne des Gesetzgebers sein. Dies bedeutet, dass es Raum für Flexibilität geben muss.

Zu Kap. 11: Moral und Glück

→ S. 252 **LOGIK-CHECK**
Seins- oder Sollenssatz?

»Hunde haben zu diesem Lokal keinen Zutritt.« – Sollenssatz in Form einer Vorschrift
»Hunde haben in diesem Lokal keinen Platz, sich auszustrecken.« – Seinssatz
»Ein Versprechen zu halten ist Pflicht.« – Sollenssatz
»Ein Versprechen zu halten ist oft sehr schwer.« – Seinssatz
Naturalistischer Fehlschluss?
»Weil wir ein Teil der Natur sind ...« – Hier liegt ein naturalistischer Fehlschluss vor. Aus der Tatsache, dass wir Teil der Natur sind, kann man keine moralischen oder rechtlichen Forderungen ableiten.
»Wenn wir die Klimavorgaben der UN erfüllen wollen ...« – kein naturalistischer Fehlschluss

→ S. 252 **LOGIK-CHECK**
Ist mit »gut« immer »gut« gemeint?

»Gut« kann nicht nur die Bedeutung »moralisch gut« haben, sondern ganz unterschiedliche Arten von positiver Bewertung ausdrücken:

»Wenn ich jemandem helfen kann, fühle ich mich gut.« – »Gut fühlen« heißt hier einfach »sich wohlfühlen«. Hier ist keine moralische Bewertung im Spiel.

»Meine Devise ist: jeden Tag eine gute Tat!« – Hier ist mit »guter Tat« wirklich eine moralisch gute Tat gemeint, z.B. einer älteren Dame beim Einkauf helfen.

»Zwei freie Tage in der Woche sind eine gute Sache.« – »Gut« ist hier nicht moralisch gebraucht, sondern im Sinne von »mehr Freizeit, mehr Lebensqualität«, oder »gut für die Gesundheit«.

»Was gut für mich ist, ist auch gut für die Anderen.« – »Gut« kann hier im moralischen Sinne gebraucht sein, muss aber nicht. »Gut« heißt hier so viel wie nützlich. Wenn man ein Anhänger des Utilitarismus ist, der »Moral« durch »Nützlichkeit« definiert, dann fallen beide zusammen.

»Es ist überall nichts in der Welt, ja überhaupt auch außer derselben zu denken möglich, was ohne Einschränkung für gut könnte gehalten werden, als allein ein guter Wille.« – In diesem berühmten Satz aus der ›Grundlegung zur Metaphysik der Sitten‹ spricht Immanuel Kant ausschließlich über den guten Willen im Sinne des »moralisch guten Willens«. Nur er ist nach Kant »gut« in dem Sinne, dass er »an sich« gut ist, d. h. sich nicht nach Zwecken oder Nützlichkeitserwägungen richtet.

EINE PHILOSOPHISCHE KOPFNUSS → S. 253

Warum überhaupt moralisch sein?

Wenn man davon ausgeht, dass moralische Normen nicht »gegeben« oder angeboren sind (so wie Gott die Zehn Gebote Moses auf einer Tafel »gegeben« hat), sondern begründet, vereinbart und anerkannt werden müssen, so wird man letzten Endes niemanden zwingen können, moralische Normen anzuerkennen. Man kann ihm lediglich gute Gründe nennen, sich auf moralische Normen einzulassen, z. B. die, dass er sich ohne Moralität außerhalb der menschlichen Gemeinschaft stellt, verlässliche soziale Beziehungen unmöglich werden und er selbst damit auch keinen Anspruch auf eine moralische Behandlung hat. Den Zustimmungsakt, sich auf moralische Normen einzulassen, kann man aber nicht erzwingen. Normalerweise erfolgt dieser Akt auch nicht durch eine formelle Zustimmung, sondern dadurch, dass man sich praktisch in eine Gemeinschaft von Menschen einfügt.

DENK DIR WAS! → S. 254

Moralische Grundregeln für die Insel

Nicht alle moralischen Normen und Gebote sind gleichermaßen

wichtig. Fundamental ist sicherlich die Grundnorm der Gleichheit, nämlich dass alle moralischen Regeln für alle in gleicher Weise gelten. Sonst sind sie nicht zustimmungsfähig.
Fundamental ist auch die Norm, niemandem körperlichen Schaden zuzufügen, also keine Gewalt auszuüben. Für den sozialen Zusammenhalt auch wichtig ist, getroffene Vereinbarungen einzuhalten sowie die Norm, nicht zu betrügen, also auch nicht zu lügen.
Zu den Grundlagen der Moral gehört auch, das Eigentum des anderen zu respektieren. Was allerdings als Eigentum gelten kann, ist eine Frage, die Recht und Politik klären müssen. Eigentum muss nicht immer »Grundeigentum« oder »Vermögen« sein. Es kann sich auch auf wenige persönliche Gegenstände beschränken.

→ S. 254 **PRO UND CONTRA**

Ist Moral eine soziale Frage?

Moral ist normalerweise keine soziale Frage. Wenn moralische Regeln gelten sollen, dann müssen sie für diejenigen, die sich auf sie eingelassen haben, immer und überall gelten. Eine andere Frage ist, wie man moralische Normen anwendet, vor allem dann, wenn verschiedene moralische Ansprüche aufeinander treffen. Moha hat sicherlich ein moralisches Recht auf ein menschenwürdiges Leben. In seinem Fall geht es möglicherweise sogar ums Überleben. Es ist sicherlich moralisch gerechtfertigt, das Land, möglicherweise auch mit Hilfe eines Schleppers, zu verlassen.
Bei der Frage, wie er sich Geld beschaffen kann und eine Überfahrt bezahlen kann, muss er Verschiedenes abwägen, z. B.: Schade ich durch die Geldbeschaffung jemandem? Betrüge ich jemanden? Wenn er diese Fragen verneinen kann, kann er eine Geldbeschaffung moralisch rechtfertigen.

→ S. 255 **DER KLEINE PHILOSOPHENSTECKBRIEF**

Prophet und Moralverneiner

Friedrich Nietzsche (1844–1900)

LOGIK-CHECK → S. 259

Der Kategorische-Imperativ-Test

»Fundsachen von geringem Wert darf man behalten.« – Die Regel Ist mit dem Kategorischen Imperativ vereinbar: Ich kann wollen, dass dies zu einem allgemeinen Gesetz gemacht wird.
»Einem Todkranken, der nach seinem Befinden fragt, muss man immer die Wahrheit sagen« – Kant würde dies im Einklang mit dem Kategorischen Imperativ sehen. In seinem Aufsatz ›Über ein vermeintes Recht aus Menschenliebe zu lügen‹ (1797) vertrat er die Auffassung, dass das Gebot, die Wahrheit zu sagen, unter allen Umständen gilt. Als Vertreter einer deontologischen Ethik (siehe Info-Portal: Grundbegriffe und Strömungen der Moralphilosophie, S. 256), also einer Pflichtethik, glaubt Kant, dass Wahrhaftigkeit eine »Pflicht an sich« ist, die keine Ausnahmen gestattet.
Doch sind hier Zweifel angebracht: Kann ich wirklich wollen, dass es zu einem allgemeinen moralischen Gesetz wird, dass ich in jeder Situation die Wahrheit sagen muss? Ist es bei manchen Todkranken nicht besser, sie in Frieden sterben zu lassen, während es bei anderen geboten erscheint, ihnen die Wahrheit zu sagen? In jedem Fall sollte hier Raum für einen Abwägungsprozess sein.

»Sonntags sollten sich alle festlicher kleiden« – Kann ich wollen, dass dies zum allgemeinen Gesetz wird? Nicht wirklich. Es handelt sich um eine Konvention, von der ich nicht wollen kann, dass sie verpflichtenden Charakter hat.

»Ich bin verpflichtet jedem Notleidenden zu helfen« – Dies ist mit dem Kategorischen Imperativ in jeder Weise vereinbar.

Unterschied und Gemeinsamkeiten zwischen dem Kategorischen Imperativ und der sogenannten »Goldenen Regel« »Was du nicht willst, dass man dir tu, das füg auch keinem andern zu«:
Die Goldene Regel fordert in der Aufstellung von moralischen Normen eine Symmetrie und Gleichbehandlung aller moralisch Handelnden. Dies fließt auch in den Kategorischen Imperativ ein. Mit der Goldenen Regel wären alle oben aufgeführte Beispiele vereinbar. Doch

der Kategorische Imperativ enthält mehr: Er enthält zusätzlich das Kriterium, dass jede Norm verpflichtend sein und sich als allgemeines Gesetz eignen muss.

→ S. 261

PRO UND CONTRA

Sind alle Tugenden moralisch?

Nicht alles, was »Tugend« heißt, ist auch eine moralische Tugend. Es gibt viele Tugenden, die in einem bestimmten gesellschaftlichen Rahmen oder für eine bestimmte Tätigkeit förderlich sind, die aber keine moralische Qualität haben.

»Hilfsbereitschaft« ist eine wahre moralische Tugend, die die moralische Zusammengehörigkeit in einer Gemeinschaft stärkt.
»Ordnungsliebe« ist keine moralische Tugend. Es ist eine Nützlichkeitstugend, die das tägliche Leben erleichtert, zur moralischen Integrität aber nicht beiträgt. Auch die Unordentlichen können moralisch einwandfrei leben.
»Fleiß« ist ebenfalls keine moralische Tugend, auf der gleichen Ebene wie die »Ordnungsliebe«.
»Tierliebe« kann als moralische Tugend akzeptiert werden, da sie der moralischen Behandlung von Tieren förderlich ist.
»Tapferkeit« galt seit der Antike als klassische moralische Tugend, ist aber in Wahrheit eine militärische Tugend oder allenfalls eine Tugend zur Förderung der Lebenstüchtigkeit. Tapferkeit im Sinne einer moralischen Standfestigkeit könnte man als moralische Tugend akzeptieren.
»Einfühlungsvermögen« kann als moralische Tugend gelten, da es den moralischen Umgang der Menschen untereinander erleichtert.

→ S. 261

PRO UND CONTRA

Ist sexuelle Identität eine moralische Frage?

Kein Bereich des menschlichen Lebens ist moralisch so oft und viel tabuisiert worden wie die Sexualität. Dabei hat sicher auch das religiöse Konzept der »Sünde« eine Rolle gespielt. Doch vom Gesichtspunkt einer rational begründbaren Ethik ist der ganze Bereich der Sexualität moralisch völlig neutral. Die moralische Dimension kommt erst ins Spiel, wenn die Integrität und Persönlichkeitsrechte anderer Personen betroffen sind. Dies gilt für alle Formen sexueller Orientierung gleichermaßen.

»Homosexualität ist unmoralisch, weil Gott den Menschen zur Ehe mit dem anderen Geschlecht bestimmt hat.« – Hier liegt ein Argument vor, das sich rein aus der Autorität einer bestimmten Religion begründet. Wer diese Autorität nicht anerkennt, kann dieses Argument vergessen.

»Homosexualität ist unmoralisch, weil sie unnatürlich ist.« – Diese Auffassung kann inzwischen als widerlegt gelten. Sexuelle Orientierungen sind fast immer angeboren und deshalb alle »natürlich«.

»Homosexualität ist wie Sexualität überhaupt weder gut noch böse. Sie hat mit Moral überhaupt nichts zu tun, weil es hier nur um eine natürliche Zuneigung zu einer bestimmten Gruppe von Menschen geht. Das allgemeine Zusammenleben der Menschen ist hier gar nicht betroffen.« – Dies ist der Standpunkt einer rational begründbaren Ethik.

»Homosexualität verstößt gegen das Sittengesetz.« – Wenn man mit »Sittengesetz« die in einer Gesellschaft verankerten Moralvorstellungen meint, so ist dieses nicht unbedingt identisch mit einer rational begründbaren Moral, sondern mit Moralvorstellungen, die sich aus der Tradition und aus Konventionen herleiten und begründen. Diese sind aber historisch veränderbar.

Wenn man mit »Sittengesetz« Maßstäbe einer rationalen Ethik, wie z. B. den Kategorischen Imperativ meint, so ist Homosexualität damit ohne Weiteres vereinbar.

»Freie Ausübung von Homosexualität und von jeder sexuellen Orientierung ist mit dem Kategorischen Imperativ vereinbar.« – Das gilt nicht in dieser absoluten Form, sondern nur mit dem Zusatz, dass dadurch die Persönlichkeitsrechte anderer in keiner Weise verletzt werden dürfen.

→ S. 262
PRO UND CONTRA
Wer ist moralfähig?

Moralfähig heißt hier: moralische Rechte haben zu können, Adressat von moralischen Normen zu sein.
»Es (das Lebewesen) sollte im biologischen Sinne ein Mensch sein«: Dies würde bedeuten, dass alle Menschen, auch Embryonen oder geistig kranke oder unzurechnungsfähige Menschen moralfähig sind, aber keine Tiere.
»Es sollte ein bestimmtes Maß an Vernunft und Selbstbewusstsein haben«: Das könnte bedeuten, dass nur geistig gesunde zurechnungsfähige Menschen ab einem bestimmten Alter, aber auch höher entwickelte Tiere moralfähig sind.
»Es sollte ein bestimmtes Maß an Leidensfähigkeit haben«: Hier wären alle Menschen und viele, vor allem die höher entwickelten Tierarten eingeschlossen.
»Es sollte entweder ein Tier oder ein Mensch sein«: Damit wären auch weniger entwickelte Tiere einbezogen.
»Alle Organismen«: Dies würde Menschen, Tiere und Pflanzen einbeziehen. Die gesamte organische Natur hätte dann einen Anspruch, dass wir sie in unserem Handeln moralisch berücksichtigen. Dies wäre etwa im Sinne der Ethik Albert Schweitzers.

→ S. 264
PRO UND CONTRA
Welche Haltung gegenüber der Natur halten Sie für moralisch gerechtfertigter?

Einige der wichtigsten Positionen zum Thema sind:
Wenn das Leben in der Natur einen Wert »an sich« hat (so wie bei Kant der Mensch), also ohne Rücksicht darauf, ob es für uns nützlich ist, dann verdienen auch alle Wesen, einschließlich der Pflanzen, im Sinne Albert Schweitzers Schutz und Anteilnahme. Dies ist auch die Position von Arthur Schopenhauer, der in seiner Weltdeutung alle Lebewesen als eine Einheit begreift. Wie im Buddhismus und Hinduismus glaubt er, dass ich mich selbst verletze, wenn ich dem anderen schade. Ob eine moralische Gleichwertigkeit aller Lebewesen rational begründbar ist, ist allerdings sehr umstritten.

Eine Pflicht im Sinne Mills, die Natur zu kultivieren, gibt es vom Standpunkt einer rationalen Ethik aus nicht. Da der Mensch aber aus Überlebensgründen die Natur nutzbar macht, ist die Frage, ob es im Eigeninteresse des Menschen ist, die Natur zu schützen und zumindest entwickelten Lebewesen moralische Rechte zuzusprechen. Dies ist die Position Peter Singers. Er gesteht diese Rechte nur entwickelten, leidensfähigen Tieren zu, für Schweitzer verdienen alle Lebewesen eine moralische Behandlung. Schweitzer und Schopenhauer würden sicherlich nicht nur Tierversuche, sondern auch gentechnische Veränderung von Pflanzen ablehnen.
Singer gehört zu den Philosophen, die bei allen Fragen der Tier- und Umweltethik vom langfristigen Interesse des Menschen ausgehen. So geht es etwa bei der Abholzung der Regenwälder für ihn darum, ob wir damit zukünftigen Generationen Schaden zufügen oder nicht. Aus Rücksicht auf zukünftige Generationen ist ein schonender und sparsamer Umgang mit natürlichen Ressourcen auch aus Sicht einer utilitaristischen Ethik (Singer vertritt eine Form des Utilitarismus) moralisch geboten. Das Scheren von Schafen dagegen wäre für die genannten moralphilosophischen Positionen erlaubt. Vertreter einer veganen Position, also Menschen, die auf jegliche Art von tierischen Produkten verzichten, lehnen aber auch dies ab, weil sie argumentieren, die Schafe würden gegen ihren Willen geschoren.

DER KLEINE PHILOSOPHENSTECKBRIEF → S. 264

Der Tabubrecher

Peter Singer (geb. 1946)

PRO UND CONTRA → S. 265

Wenn Rechte, dann auch Pflichten?

Hier könnte man zwei unterschiedliche Argumentationen anführen:
Argumentation 1: Die Symmetrie zwischen Rechten und Pflichten ist Grundlage jeder rational begründbaren Ethik. Sie beruht auf dem Grundsatz der Gleichbehandlung und Gleichwertigkeit aller, an die sich moralische Normen richten. Derjenige, der den Anspruch hat,

moralisch behandelt zu werden, hat auch gleichzeitig die Pflicht, andere moralisch zu behandeln. Voraussetzung dieser Symmetrie ist aber die kognitive Fähigkeit, sich auf die wechselseitige Anerkennung von Rechten und Pflichten einzulassen. Dies kann man aber bei Tieren nicht voraussetzen: Man kann Tieren moralische Rechte zusprechen, doch sie können keine moralischen Pflichten übernehmen. Deshalb können Tiere keine gleichwertigen Moralpartner sein.
Argumentation 2: Die Tatsache, dass es Wesen gibt, die weniger intelligent sind als wir und geringere kognitive Fähigkeiten haben, ist kein Grund, sie nicht mit moralischen Rechten auszustatten. Entscheidend ist ein gewisser Grad von Leidensfähigkeit dieser Wesen. Wenn sie leidensfähig sind, haben sie auch Interessen und diese haben Anspruch darauf, berücksichtigt zu werden. Diese Position wird u. a. von *Peter Singer* (geb. 1946) vertreten.

→ S. 265

PRO UND CONTRA

Leben dürfen und sterben müssen

Zum Fall des Schriftstellers Wolfgang Herrndorf:
Beim Thema Suizid stellt sich für die Moralphilosophie immer die Frage, inwieweit dabei die Verantwortung gegenüber anderen Menschen berührt ist. Wenn es keine Angehörigen oder andere Menschen gibt, denen gegenüber man Verpflichtungen eingegangen ist, liegt die Entscheidung für oder gegen Freitod ganz beim Einzelnen. Im Fall Herrndorf kommt noch hinzu, dass der Autor seinen Freitod lange vorher angekündigt hatte, sodass seine soziale Umwelt darauf eingestellt war.
Zum Fall von Frau P.:
Wenn keine Patientenverfügung vorliegt und die Patientin sich nicht mehr äußern kann, ist eine aktive Sterbehilfe von Seiten des Arztes moralisch nicht erlaubt (und auch rechtlich in Deutschland verboten). Die sogenannte »passive« Sterbehilfe, d. h. wenn durch schmerzlindernde Mittel eine Beschleunigung des Sterbensprozesses in Kauf genommen wird, ist moralphilosophisch eine Grauzone. Sie ist in Deutschland rechtlich erlaubt. Moralphilosophisch ist immer die Überlegung entscheidend, was den Wünschen des Patienten

entsprechen würde und was nicht. Er hat das Verfügungsrecht über seinen Körper. Wenn er sich nicht mehr äußern kann, ist moralisch große Zurückhaltung geboten.

EINE PHILOSOPHISCHE KOPFNUSS → S. 269

Glück oder Moral

FALL 1: Vom Standpunkt des Kategorischen Imperativs ist der Fall klar: S. ist verpflichtet, die Geldbörse abzugeben. Er darf sich nicht fremdes Geld aneignen, um sein Glück zu finanzieren. Auch der Utilitarist würde argumentieren: Wenn es zur Regel wird, dass gefundenes fremdes Eigentum nicht zurückgegeben wird, schadet dies dem Wohl der Gemeinschaft insgesamt. Bei den Hedonisten könnte die Antwort gespalten sein: Die einen könnten argumentieren, man solle das Geld nehmen, weil es unmittelbar dem Lebensgenuss dient. Andere könnten dagegenhalten, dass es für ein freudvolles Leben insgesamt nicht förderlich ist, wenn man sein Glück auf fremdem Geld aufbaut.

FALL 2: Der Vertreter des Kategorischen Imperativs würde gegen eine Trennung der Eltern votieren, weil die Eltern sich durch den Ehevertrag auf eine Lebensgemeinschaft und auf die Erziehung der Kinder verpflichtet haben. Für Kant ist Unglück kein Grund zur Pflichtverletzung.

Der Utilitarist würde einer Trennung zustimmen, weil sie beiden Elternteilen nützt und auch für die Kinder zufriedene Eltern nützlicher sind als unglückliche Eltern.

Der Hedonist würde jeder Lösung zustimmen, die einen unglücklichen Zustand beendet.

EINE PHILOSOPHISCHE KOPFNUSS → S. 270

Kann Moral mir schaden?

La Rochefoucaulds Bemerkung stützt sich auf Erfahrungstatsachen: Dass der moralisch Denkende und Handelnde in einer Welt, die sich nicht an moralische Normen hält, oft den Kürzeren zieht. Es gibt verschiedene Arten, darauf zu reagieren.

Eine Folgerung wäre, dass man Klugheitserwägungen gegenüber moralischen Erwägungen den Vorrang einräumt. Regeln der Klugheit richten sich, anders als Moral, an Zwecken aus, die der Einzelne im Eigeninteresse setzt – z. B. ein glückliches Leben, die Erreichung bestimmter Lebensziele usw. Wenn moralische und Klugheitsinteressen kollidieren, wenn also moralisches Handeln dem Eigeninteresse schadet, sollte man moralische Erwägungen zurückstellen.
Wenn man sich auf den Standpunkt der Pflichtethik Kants stellt, so muss man zu seiner moralischen Einstellung stehen, also den Vorsatz, nie zu betrügen, beibehalten, auch wenn man von einer Welt der Betrüger umgeben ist. Moralisches Handeln darf sich nach Kant nicht an den Folgen ausrichten.
Wenn man sich auf den Standpunkt einer utilitaristischen Ethik stellt, stellt sich die Frage, ob der Vorsatz, nie zu betrügen, Nutzen bringt oder zum Wohle aller ausfällt. Wenn dies nicht der Fall ist, sollte man den Vorsatz aufgeben. Wenn man einen Handlungsutilitarismus vertritt (siehe Info-Portal: Grundbegriffe und Strömungen der Moralphilosophie, S. 256) kann man dies auch von Situation zu Situation entscheiden.

WEITERLESEN: LITERATUR-TIPPS

Dies ist nur eine kleine Auswahl. Sie zeigt Einstiege zum Weiterlesen ohne jeden Anspruch auf Vollständigkeit.

Einführungen in Probleme und Geschichte der Philosophie

Bertrand Russell: Probleme der Philosophie. Frankfurt a. M. 1970 (Suhrkamp)
Eine auch heute noch gültige Einführung in die wichtigsten Probleme der theoretischen Philosophie aus analytischer Sicht. Probleme der praktischen Philosophie bleiben ausgespart.

Karl Jaspers: Kleine Schule des philosophischen Denkens. München 1974 (Piper Verlag)
Ein Gegenstück zu Russell: ein aus Radiovorträgen entstandener Rundgang durch die philosophischen Probleme aus existenzphilosophischer Sicht, der auch Politik und Geschichte einschließt.

Christoph Helferich: Geschichte der Philosophie. München 1998 (dtv)
Eine nicht- akademische, verständlich geschriebene Philosophiegeschichte, die die Philosophie in die Geistesgeschichte einbettet.

Robert Zimmer / Martin Morgenstern: Die großen Fragen. Stuttgart 2011 (Reclam)
Eine problemorientierte Philosophiegeschichte, filtert die wichtigen, großen Fragen heraus und verfolgt sie in verständlicher Form durch die Geschichte.

Große Werke und Große Denker

Will Durant: Die großen Denker. Bergisch Gladbach 1996 (Bastei Lübbe)
Behandelt eine Auswahl großer Philosophen bis zum 19. Jahrhundert; sehr selektiv, aber kulturgeschichtlich sehr informativ.

Wilhelm Weischedel: Die philosophische Hintertreppe. 42. Aufl. München 2005 (dtv)
Eine inzwischen klassische, aus Radiovorträgen entstandene Einführung in das Denken von 34 Philosophen, mit dem Schwerpunkt auf der griechischen und deutschen Philosophie.

Nigel Warburton: Philosophie: Die Klassiker. Von Platon bis Wittgenstein. Reinbek 2000 (Rowohlt)
Behandelt in 20 Essays klassische Werke der Philosophie, wobei manche Philosophen mehrfach vertreten sind; der Schwerpunkt liegt auf der westeuropäischen Philosophie.

Robert Zimmer: Das große Philosophenportal. München 2009 (dtv)
Führt in 34 Essays in klassische Werke der Philosophie ein, wobei Biographie und Werk verknüpft werden.

Robert Zimmer: Basis-Bibliothek Philosophie. Stuttgart 2009 (Reclam)
Kurzessays zu hundert klassischen Werken, kann wie ein Lexikon benutzt werden.

Zu einzelnen Kapiteln

Antike

Luciano De Crescenzo: Geschichte der griechischen Philosophie. 2 Bde. Zürich 1985/1988 (Diogenes)
Eine amüsante, halb-literarische, mit Anekdoten durchsetzte Einführung in die Welt der griechischen Philosophie.

Logik

Wesley C. Salmon: Logik. Stuttgart 1983 (Reclam)
Eine wirklich verständliche Einführung in die Logik, mit vielen guten Beispielen.

Gott

Norbert Hoerster: Die Frage nach Gott. München 2010 (C.H.Beck)
Eine sehr verständliche und nüchterne Darstellung, in der die Grenzen zwischen Philosophie und Religion klar gezogen werden.

Raum und Zeit, Geschichte und Kosmos

Stephen Hawking: Eine kurze Geschichte der Zeit. Reinbek 2011 (Rowohlt)
Die klassische Einführung in unser modernes wissenschaftliches Weltbild.

Rüdiger Vaas: Tunnel durch Raum und Zeit. Stuttgart 2012 (Kosmos)
Eine umfangreiche, aber sehr verständlich und anschaulich geschriebene, ideale Einführung in Fragen der modernen Kosmologie.

Karl Löwith: Weltgeschichte und Heilsgeschehen. Stuttgart 2014 (Metzler)
Dieses inzwischen schon klassische Standardwerk zeigt an zahlreichen Beispielen der Philosophiegeschichte, wie die Erwartung eines »Heils« und eines »Endziels« die Geschichtsphilosophie geprägt hat.

Kausalität
Michael Baumgartner / Gerd Graßhoff: Kausalität und kausales Schließen. Eine Einführung mit interaktiven Übungen. Bern 2004 (Bern Studies Verlag)
Eine vor allem auch wegen der anschaulichen Beispiele sehr gute Einführung in die Probleme der Kausalität und des Determinismus.

Ich-Bewusstsein:
Richard David Precht: Wer bin ich und wenn ja, wie viele? München 2007 (Goldmann)
Inzwischen ein Bestseller, der auf sehr verständliche Art die Erkenntnisse der Hirnforschung einbezieht.

Gerechtigkeit
Michael Sandel: Gerechtigkeit. Wie wir das Richtige tun. Berlin 2013 (Ullstein)
Der an der Harvard University lehrende Philosoph ist bekannt für seine Fähigkeit, theoretische Fragen mit Alltagsproblemen zu verknüpfen.

Moral und Glück
Peter Singer: Wie sollen wir leben? Ethik in einer egoistischen Zeit. München 1999 (dtv)
Peter Singer, der vielleicht berühmteste zeitgenössischer Vertreter der praktischen Ethik, behandelt hier nicht nur mit vielen Beispielen veranschaulichte Probleme der Moralphilosophie, sondern auch die Frage nach dem »Sinn des Lebens«.

Ein paar lesbare »kurze« Klassiker für den Anfänger

Die meisten dieser Werke gibt es in preiswerten Ausgaben.
Viele Texte sind auch im Internet zu finden.

Platon: Apologie des Sokrates (389/388 v. Chr.)
Platon gibt hier die Verteidigungsrede wider, die sein Lehrer Sokrates vor dem Athener Gericht gehalten hat, als man ihn zum Tode verurteilte. Sie begründete Sokrates' Ruf als moralisch unbestechlichen Vertreter philosophischer Weisheit.

Anselm von Canterbury: Proslogion (1077/1078)
Eine schmale Abhandlung aus dem frühen Mittelalter, die in Reinform den berühmtesten Gottesbeweis der Philosophiegeschichte enthält.

René Descartes: Abhandlung über die Methode (1637)
Ein idealer Einstieg in die neuzeitliche Erkenntnistheorie mit dem berühmten »Ich denke, also bin ich«.

Immanuel Kant: »Beantwortung der Frage: Was ist Aufklärung?« (1783)
Ein klassischer Aufsatz, in dem Kant, der wichtigste deutsche Philosoph der Aufklärung, den Zusammenhang zwischen Philosophie, Vernunft, Freiheit und Mündigkeit erläutert.

Arthur Schopenhauer: »Zur Lehre von der Unzerstörbarkeit unseres wahren Wesens durch den Tod« (1851)
Schopenhauers berühmter Aufsatz, ein Kapitel aus seinem Spätwerk ›Parerga und Paralipomena‹, diskutiert eine der großen Fragen der Metaphysik: Worin besteht das Wesen des Menschen und gibt es ein Leben über den Tod hinaus?

John Stuart Mill: Über Freiheit (1859)
Ein unübertroffen klares Plädoyer für Freiheit als Lebensform.

Nicolai Hartmann: Teleologisches Denken (1944)
Hartmann weist nach, dass die gesamte Philosophiegeschichte durchsetzt ist von einem auf Zwecke ausgerichteten Denken.

Rudolf Carnap: Scheinprobleme der Philosophie (1928)
In dieser kleinen Schrift kann man exemplarisch nachvollziehen, wie sich die analytische Philosophie kritisch mit der traditionellen Metaphysik und ihrer Sprache auseinandersetzt.

Karl R. Popper, Alles Leben ist Problemlösen (1994)
Eine Aufsatzsammlung, die, auf der Basis der Wissenschaft, alle wichtigen philosophischen Probleme im Geist der kritischen Vernunft diskutiert.